삶, 그 은총의 바다

성경으로 보는 '사람 사는' 이야기 1

CBS TV 성경 사랑방

삶, 그 은총의 바다

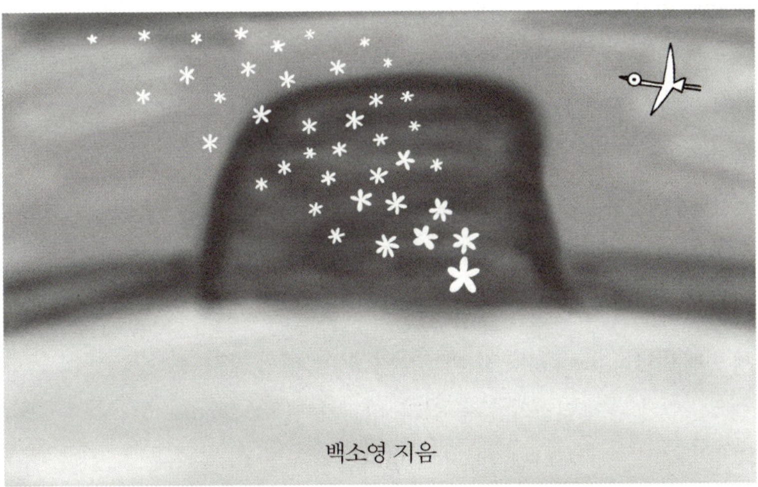

백소영 지음

꽃자리

목차

성경 사랑방 문을 열며…

사랑방 문을 활짝 엽니다. 기웃기웃 조심스러우실지도 모르겠어요. 말과 글의 홍수 속에서 흥미를 잃으셨을 수도 있고요. 정보를 제공하기 위한 책은 아니에요. 그러니 빠르고 효율적인 학습을 원하신다면 굳이 여기 머무르지 않으셔도 좋아요. 책이 넘쳐나고, 더구나 '세계적 베스트셀러'인 성경책에 대한 주석서나 해설 단행본이 이미 '충분'한 마당에, 저는 여러분에게 어떤 새로움을 드릴 수 있을까요? 아니, 이 책을 통해 우리는 어떤 새로움을 함께 만들어갈 수 있을까요?

여러분과의 첫 만남이 주는 어색함을 풀어보기 위해 두런두런 이야기를 나누면서 시작해봅니다. '사랑방'하면 무슨 생각이 드세요? 예전 유교 문화권에서 사랑방은 주로 손님을 맞이하던 공간이었죠. 하긴 남자들의 공간이기는 했어요. 그러니 마주한 손님도 맞이하는 주인도 모두 남자였겠죠? 그런데 '안방마님'같은 제가 이렇게 사랑방에 턱 하니 앉아 손님맞이를 하게 되었으니, 시대가 바뀌기는 했나 봐요. 하지만 남녀노소가 무슨 상관이겠어요? 중요한 건 우리가 둘러앉은 자리가 '사랑방'이라는 거죠. 이런 저런 사는 이야기들을 나누며 행복하고 의미 있는 소통이 가득한 공간이었으면 좋겠네요. 중의적 의미도 있어요. 사랑이 가득한 방, 사랑방! 그런 의미에서 '사랑방' 같은 이 책을 통해 성경 이야기를 하게 된 것이 일단은 무척 설렙니다.

사실 요즘 현대인들이 사는 모습을 보면 너무 바쁘고 힘들어 보여요. 수치화된 성과로 평가받는 세상이고 보니 사람들을 만나도 늘 기능적이기 쉽죠. 효율성 위주로 시간이나 작업을 분담하고 생활을 '나노' 단위로 쪼개어 살다보면 인간적인 이야기는 할 새도 없고요. 정신없이 같이 일하다 헤어져 돌아오는 길에 문득 떠올려보면 정작 그 사람 자체에 대해서는 아는 것이 없는 경우가 많습니다. "그 사람이 어떤 사람이었지?" "저 사람은 어떤 걸 좋아하고 어떤 가치로 살아가지?" 가만히 생각하다 보면 이런 질문이 떠오르게 됩니다. 더구나, 많은 사람이 '쓰이고 버려지는' 세상입니다. 그래서 행여 시간이나 여건이 가능해도 눈을 맞추고 서로에게 의미가 되려 하지 않지요. 금세 헤어질 거니까요. 그리고 어쩌면, 내가 그를 버리는 선택에 가담하게 될 지도 모르니까요. 이래저래 '사람'에 집중할 수 없게 된 삶, 오로지 일이 주인공이 되고 돈이 가치가 된 세상에서 사람은 도구가 되어 그저 주어진 시간을 버티며 살아갑니다.

이런 시절에 '사랑방'이라…, 단어만으로도 왠지 눈물이 납니다. 이곳이라면 한 호흡 쉬어갈 수 있을 것만 같고요. '처리되어야 할' 하나의 일을 놓고 분초를 다투며 일하던 손을 멈추고, 서로 눈을 맞추고 한 사람 한 사람 서로의 이야기에 집중할 수 있을 것 같습니다. 계산하지 않고 탐색하지 않고 그저 이곳에서 '사람 사는' 이야기를 나누는 동안에 어느덧 치유와 성장이 가득해질 것 같고요. '나'의 이야기를 하고 '너'의 이야기를 듣는 동안에 배움이 커지고 어느덧 서로가 부쩍 자라는 곳, 그런 공간이 바로 사랑방이 아닐까 합니다. 허니, 우리도 이곳에서 만남과 소통을 통해 배움이 커지고 깊어지기를 기대합니다.

책을 통해 소통을 하겠다니, 저자의 일방적인 강의지 이게 무슨 '소통'이야? 이런 생각하신 분도 계시죠? 그러게요. 결국은 제가 다 이야기할 거면서. 하지만 이 책을 '소통'이라 부르는 까닭을 먼저 이야기해 볼게요. 이 책은 2014년 가을부터 2015년 겨울까지 1년 2개월 동안 〈CBS 성경 사랑방〉에서 진행되었던 "성경으로 보는 '사람 사는' 이야기"의 내용을 글로 푼 것이에요. 그래서 실제로 마주했던 사랑방 손님들이 있었더랬죠. 네 아이의 아빠이자 사랑방 맏형답게 묵직하고 울림이 있는 감상을 나누어주었던 지헌 형제, 늘 사차원의 질문과 재치 넘치는 답으로 녹화장을 생기 있게 만들어주었던 인영 자매, 그리고 막내답지 않은 의젓함과 막내다운 발랄한 추임새를 함께 선보이며 진행자인 제게 힘이 되어 주던 용환 형제(사랑방에서는 모든 호칭을 형제자매로 할게요. 세상의 타이틀보다는 그리스도 안에서 하나님의 가족된 관계가 더 귀하니까요.), 세 분 모두 저와 의미 있게 소통했던 사랑방 손님이었습니다. 지헌, 인영, 용환 형제자매와 함께 방송에서 나누었던 이야기, 서로 주고받았던 질문과 답을 기억하며 이 책의 본문을 재구성했어요. 매회 유튜브로 올라온 동영상을 보며 온라인, 오프라인 대화를 나누었던 귀한 사랑방 손님들도 기억납니다. 오경석 형제, 장승순 형제, 박한나 자매, 이순영 자매, 유소라 자매, 이예향 자매, 장유미 자매, 김은정 자매, 엄취선 자매, 김용주 형제, 이나영 자매, 최성훈 형제, 문유림 자매, 박지윤 자매, 최영수 자매, 노아라 자매, 최은영 자매…. 여기 다 못 담을 수많은 이름을 적어내려 가며 댓글로 혹은 마주하며 나눈 소통의 내용들을 다시 곱씹어 보았습니다. 동창이 텔레비전에 나오는 모습이 신기해서 모니터링 하다가 새록새록 생기는 질문에 만남이 더 잦아졌던 대학 친구 김현아 자매, 제작팀의 '본분'(?)을 넘어 날카로운 질문과 넘치는 감동의 소감 나눔으로 언제나 녹화 이후의 소통에 불을 당겼던 맹재열 형제, 양승관 형제, 신석현 형제, 반태경 형제, 김보영 자매, 이경남 형제, 정수미 자매, 최혜온 자매. 모두 말로 풀었던 방송을 글로 옮기면서 떠올린 귀한 만남들이었습니다. 함께 했던 이야기들을 사이사이 귀한 흔적으로 남겨두었습니다. 하여 이 책은 저의 독백이라기보다는 한 텍스트(성경)를 매개로 함께 소통한 이야기들을 정성스레 정리한 글의 모음이라고 말씀드리고 싶어요.

말로 했던 이야기를 다시 글로 옮기려니 부족한 것들을 덧붙이고 싶기도 하고, 또 학자적 욕심에 학계에서 진행되는 복잡한 논의들을 옮기고 싶기도 했어요. 하지만 그럴 때마다, 온라인, 오프라인에서 만났던 순하고 신앙 깊은 얼굴들이 떠올라 조심스러워지더라고요. 어쩌면 이 책은 제가 그동안 세상에 내어놓았던 책들 중에서 가장 쉽고, 가장 '은혜로운' 책일 거예요. 학자의 날카로움을 다 내려놓았거든요. 물론 군데군데 들은 풍월이나 평소 생각이 불쑥불쑥 어쩔 수 없이 튀어나올 때가 없지 않겠지만, 기본적으로 아주 단순하고 예쁜 신앙을 가진 평신도들의 마음으로 읽을 때 놀람이나 상함이 없도록 눈을 맞추어 이야기하듯 글을 썼어요. 그래서 가끔 이야기를 푸는 과정에서 꼭 들어가야 했던 특정학자의 독자적 언어를 큰따옴표로 표시한 것 외에는 각주나 더 읽을거리 등의 사족은 달지 않았습니다. 또한, 사람과 사람이 마주보고 눈을 맞추는 것이 중요하듯, 성서본문 그 자체와의 만남 역시 귀하다고 생각했기 때문에 그 어떤 2차 자료보다 성서본문과 직접 대면할 수 있도록 이야기의 틀거리를 구성했습니다. 직접 인용된 성서본문은 한글개역개정판을 사용했지만, 본문 안에서 풀어낸 이야기 안에는 종종 편안한 대화체의 요즘 표현들을 사용해 보았어요. 마치 우리 곁에서 지금 이야기되고 있는 듯 생생하게 전하고 싶어서요.

1권은 1강 "말-걸음, 그리고 이름-불러줌"이란 제목의 창조 이야기부터 21강 "헤렘과 헤세드, 기브온 족속 이야기"의 여호수아서까지 스물 한 개의 강의를 모아봤습니다. 이스라엘이라는 공동체가 형성된 초기의 이야기들이 담겨 있죠. 생명을 지으시고 "살아라"라는 창조명령과 "살려라"라는 구원명령으로 우리에게 말 걸어오신 여호와 하나님, 그리고 불투명한 삶의 길목마다 그분을 만났던 절실한 체험을 언어로 표현한 신앙 선배들의 만남을 이야기체로 담아보았습니다. 인류 역사상 '을 공동체'의 체험이 세계적인 주류서적이 되어버린 아주 독특한 책 '히브리 성경'(구약), 그 책을 '살아낸' 사람들의 이름은 누구며 그들의 '사는' 이야기는 어떠했는지. 교리적 접근보다는 사람 사는 이야기를 추적해 갔습니다. 그들의 경험이 어떤 의미를 추구하게 했으며, 어떤 신앙고백 속에서 어떤 대안적 공동체를 꿈꾸게 했는지, 그 긴 여정을 함께 걸으며 그 방향의 의미를 되새기는 것이 1권의 과제입니다.

2권은 22강 "언약 공동체-세겜 이야기"에서부터 45강 "복음을 전하는 아름다운 발길, 네 사람의 나병환자"까지의 이야기를 통해 가나안 땅에 정착하고 사사시대를 거쳐 왕국을 건설하며 살아간 이스라엘에 대한 본문 묵상을 모았습니다. 1권을 통해 '밝히' 드러난 이스라엘 공동체의 대안적 비전이 현실의 욕망과 맞닥뜨리면서 어떻게 제한받고 때론 좌절되고 또 종종 배반되는지를 한 사람, 한 사람의 사건들을 통해 조명해 보았습니다. 성경 인물이라고 해서 늘 정답을 가지고 있는 반듯하고 모범적인 신앙인들만 있었던 것은 아니니까요. 신앙 선배들의 좌절과 실패를 보며 현재 우리의 무지와 게으름과 타협을 적당히 정당화하고자 함이 아닙니다. 오히려 경계로 삼고자 함이죠. 지난 일들을 기억하는 목적이 거기에 있지 않겠어요? 기억하고 되새기고 반복하지 않도록 주의하기 위해! 하여 2권에서는 성공적이고 영웅적인 사건들 못지않게 넘어지고 깨지고 아파하고 후회하는 이야기들도 거르지 않고 담아냈습니다.

3권은 46강 "회중(카할)의 신앙적 선택"부터 63강 "본향을 향하여"까지 분열된 왕국의 후기 역사를 통해 '결국'은 실패한 이스라엘의 공동체적 비전을 묵상했습니다. 네. 이스라엘은 '실패'한 공동체입니다. 적어도 하나님께서 그들을 "나의 백성"이라 부르며 너희들은 '달리' 살라고, 이 세상에 대안적인 '제사장적' 모습의 공동체로 살아달라고 부탁했던 그 비전을 율법으로 선포하고 온 존재로 외친 예언자들이 존재했음에도 실패했던, 이스라엘의 그 마지막 이야기들이 3권에 담겨 있습니다. 살기 힘든 대한민국의 요즘 현실을 어리고 약하고 힘없는 상태로 경험하며 아이들이 자조적으로 사용하는 '기승전-병(맛)'의 서사구조처럼, 이스라엘의 야심찬 꿈도 '일어나고' '이어지고' '진행되다가' 결국은 '망하고' 말았습니다. 드라마였다면 시청자 게시판이 항의글로 도배가 되었을 일입니다. 어쩌자고 망한 공동체의 이야기를 그동안 그리 길게 진지하게 곱씹었느냐고 반문할 지도 모르겠습니다. 하지만 실은 그 폐허에서 다시 꿈꾼 종말론적 비전이 오늘 우리를 살게 하는 동력이기 때문입니다.

하여 3권 마지막에는 성탄을 맞아 특별 기획되었던 "복음을 노래한 사람들: 마리아, 사가랴, 시므온 이야기"를 부록으로 담아보았습니다. 결국 한 구체적인 공동체로서의 이스라엘이 역사 안에서 꿈꾸고 실험하고 실패했던 공동체적인 비전을, 여전히 '기쁜 소식'으로 노래하며 기대하기를 그치지 않았던 사람들의 이야기죠. 실은 우리의 이야기이기도 합니다. 예수가 그리스도라는 것, 메시아라는 것의 의미가 우리의 삶에 어떤 의미를 주는지, 어떤 힘을 주고, 어떤 동기를 부여하며, 어떤 삶의 방향을 제시하는지, 그런 이야기들을 나누며 글을 마무리했습니다. 그 기다림이 우리의 기다림이 되고, 그 복음이 우리가 살아가는 이유가 되도록.

그 어느 때보다도 하루를 살아내는 것이 버겁고 힘든 시절입니다. 사람이 빵으로'만'은 살 수 없다지만 하루치의 그 빵이 보장되지 않아 매일 일어나는 죽음과 죽임의 사건들이 우리를 슬프게 합니다. 불안하게 하고 지치게 하고 화나게 합니다. 그러니 역시 살 길은, 구원의 길은 '하나님의 말씀'일까요? 네. 저도 그리 생각합니다. 그러나 '하나님의 말씀' 안에 빵이 배제된 것은 아니라는 것이, 제가 읽은 방식의 성경 묵상의 결론이었습니다. 문제가 되는 것은 하나님의 말씀이 빠진 빵이지, 빵이냐 하나님의 (영적) 말씀이냐는 양자택일이 아니라는 것입니다. '하나님의 말씀'인 성경이 왜 '사람 사는 일'에 가장 결정적인 힘이요 동기요 소망이요 이정표가 되는지, 왜 공동체의 윤리규범이 되고 사는 방식이 되고 구체적인 실천이 되는지, 그래서 수천 년 전 타국 땅 사람들의 사는 이야기가 왜 오늘의 우리에게도 여전히 유효한 이야기인지, 그걸 나누는 이 자리에 여러분을 초대합니다. 이 책을 출판하는 출판사의 이름 '꽃자리'처럼, 정진성 목사님께서 아름답게 그려주신 책 표지에서 하나하나 성령의 바람으로 날아오르는 꽃잎들처럼, 하나님을 만난 사람들의 이야기를 나누는 이 자리에서 싹이 나고 꽃이 피고 열매가 맺히기를 소망합니다. 그 기대와 소망을 가득 담아 사랑방 문을 엽니다. 어서 오세요.

2016년 새 봄에, 백소영

말-걸음, 그리고 이름-불러줌

셀 수도 없이 수많은 성경 속의 인물들도 실은 우리와 다를 바 없는 '사람들'이었습니다. 하나님을 만난 사람들이라고 해서 한 번도 흔들려본 적 없고 고통스런 순간이 없었던 특별한 사람들이라고는 생각지 않아요. 어쩌면 우리보다도 더 긴박하고 절실하게, 더 이상 길도 답도 찾을 수 없는 상황에 놓였던, 나약한 사람들이었을 겁니다. 아브라함을 보세요. 그가 얼마나 하루하루 불확실하고 힘든 삶을 살아왔는지는 이집트에서 있었던 일화(창세기 12장)를 봐도 알 수 있어요. 여기저기 떠돌며 일거리를 찾아 유리하던 반(半)유목민이었던 아브라함은 일거리를 찾아 낯선 땅에 들어가면서 아내를 지켜줄 힘조차 없던 무력한 가장이었습니다. 그것 아니고도 생계를 위한 다른 방도가 있었다면 아내에게 굴욕적인 제안을 하면서까지 이집트로 들어갔겠어요? 먹고 살기 위해 할 수 없이 타지로 들어가면서 아브라함은 아내인 사라에게 소심한 당부를 하죠. “너는 외모가 아름다우니 필시 사람들이 너를 얻으려고 나를 죽이려 들거야. 그러니 내 아내라고 하지 말고 내 동생이라고 그래야 한다. 그래야지 너도 살고 나도 살고 우리도 보호받을 수 있잖아.”(이야기처럼 풀기 위해 본문 안 대화나 생각은 제가 구어체로 풀어 의미만 전달한 경우가 많아요. 직접 인용한 구절들은 인용 법칙에 맞춰 구별하였습니다.) 이런 부탁을 해야 하니, 아내 볼 면목이 없을 뿐더러 가장이요 남편인 스스로에게도 얼마나 자존심 상하는 일이었겠어요.

그런데 우리는 성경을 읽을 때 나약한 인간으로서의 이 절실한 삶의 현장을 종종 잊게 됩니다. 이미 ‘은혜 가득한’ 결론을 알기에 덜 긴장하구요. 게다가 교회에서 교리를 먼저 배우고 그에 맞는 성경 구절들을 선택적으로 떼어내 공부하다 보니, 한 장면 한 장면 성경이 전하는 삶의 긴박한 정황들을 놓치는 경우가 많습니다. 전 그것이 늘 아쉬웠어요. 하여 이번 ‘사랑방’ 시간을 통해서는 성경 속에서 하나님을 만난 ‘보통’ 사람들의 ‘사는 이야기’에 초점을 맞춰보았습니다. 그 시절, 그 ‘사람들’의 정황 속으로 들어가 보고, 나아가 그 사람들의 삶의 현장을 21세기로 불러내어보는 훈련을 해보면 어떨까 싶어서요. 그래서 머나먼 옛사람들의 이야기, 우리와는 그다지 상관없는 사람들의 이야기, 혹은 교리 안에서 잠깐 잠깐 등장하는 사람들의 이야기, 또는 마치 단 한 번의 갈등이나 방황도 없이 늘 정답만 가지고 있을 것 같은 그런 사람들의 이야기가 아닌, 우리와 똑같은 ‘사람’의 이야기로 성경 속의 인물들을 만날 수 있도록요. 성경 속의 인물들은 힘들고 어려운 상황 속에서 하나님을 불렀던 사람들이었고, 그들 삶의 중요한 순간에서 하나님을 만났던 사람들이었으니까요. 이것을 기억하면서 그들 한 사람 한 사람의 삶을 따라가 보는 그런 시간이었으면 좋겠습니다.

저의 전공은 기독교 사회윤리학이에요. 잘못하면 삼류 신학자, 삼류 사회학자, 삼류 윤리학자가 될 수 있는 학문이라고 말하며 종종 농담 같은 진담을 합니다. 세 학문 사이를 왔다 갔다 하려고 하니, 신학, 사회학, 윤리학의 한 분과학문만을 연구한 분들에 비해 자칫 그 깊이가 덜할 가능성이 있으니까요. 하지만 깊이는 몰라도 부지런히 오고 가는 동안에 통합적 시각이랄까, 그런 저만의 '시각'이나 '방법론'이 생겼다고 고백합니다. 따라서 제가 성경을 읽는 방식은 성경신학 전공자와는 다를 수 있어요. 정보 차원의 설명이나 정확한 본문 읽기와 같은 방법론보다, 성경 이야기를 현재로 불러오고 우리 삶 속에서 어떻게 하면 윤리적 · 사회적으로 실천하며 살아갈 수 있는 지침이 될까를 물으며 이야기를 풀어볼까 합니다.

다름과 틀림

본격적으로 성경공부를 시작하기 전에 '보는 방식'에 대한 이야기를 조금 더 해보죠. 아롱이다롱이라고 저마다 다르게 지어진 인간은 각각 '다른' 관심사, '다른' 시선을 가지고 있답니다. 하지만 '다르다'와 '틀리다'는 동의어가 아니죠. 시각의 차이가 있기 마련이에요.

일례를 한번 들어볼까요? 우리 모두 스무 살 정도의 나이로 한 번 돌아가 보기로 해요. 응답하라 1988~ 1978~ 어느 해이든 상관없어요. 한참 복고풍 드라마가 유행하던데 상상 속에서 무언들 불가능하겠어요? 자, 눈을 감으시고… 준비되셨나요? 짠! 우리 모두 딱 스무 살이 된 거에요. 고등학교의 엄청난 입시지옥도 이제 막 끝났어요. 새내기 대학생이 되어 두근거리는 마음으로 미팅을 나갔습니다. 우리는 고등학교 시절에 공부만 한 모범생이어서 미팅은 한 번도 해보지 않은 설정이에요.(하하) 첫 미팅이에요. 당연히 기대를 많이 하고 나갔겠지요. 그런데 어머! 쉽지 않은 일인데 첫 눈에 서로가 너무 마음에 든 거예요. 카페에서 커피만 마시고 헤어지는 게 아쉬웠습니다. 그래서 소위 '에프터'로 한강 고수부지를 거닐었죠. 가을이에요. 생각만 해도 너무 낭만적이지 않나요? 길가에 단풍들이 곱게 물들어 있어요. 자, 이정도면 상황몰입이 되셨나요?

여학생이 탄성을 지릅니다. "어머, 저 단풍잎 색깔 좀 봐요. 정말 곱지요?" 너무 촌스러운 설정인가요? 상황이 '사랑방 손님'의 취향인지 여부와는 별도로 여기서 중요한 건 똑같은 질문임에도 불구하고, 남학생의 전공이나 관심사에 따라서 굉장히 다른 대답이 나온다는 겁니다. 매사에 사실관계만을 관심 갖고 있는 신문기자형의 남학생이라면 어떤 응답을 할까요? "9월 중순부터 단풍이 물드니깐 그럴 때가 된 거죠." 건조하긴 해요. 하지만 사실이죠. 현대에는 이런 사람들이 특히 많은 것 같습니다. 철학적으로는 '실증주의적' 시각이라고 말할 수 있어요. 상상이나 환상 혹은 문학적 내러티브에는 관심이 없고, 매사에 인과관계가 분명하게 떨어지는 사실관계만 확인하려 들지요. 이런 사람들은 성경도 딱딱하게 신문기자처럼 보려고 해요. "이게 사실이야? 입증할 수 있어?" 성경 안에 켜켜이 담겨 있는 삶의 이야기는 관심 없이 말이죠.

반면, 문학적이고 서정적인 사람도 있어요. 여학생의 감탄사에 시(詩)로 응답하는 남학생이 있을 수 있습니다. "갑자기 시 한편이 떠오르네요. 빨간 단풍잎, 그대 고운 손 닮은 빨간 단풍잎~" 시가 조야해서 미안합니다. 전 아무래도 시인은 못될 것 같죠? 다만 문학적이고 시적 상상력이 풍부한 남학생은 이런 미학적인 반응을 보일 수 있다는 겁니다. 여학생의 취향에 따라 이런 반응이 더 매력적으로 다가올 수도 있겠죠. 이렇게 문학적이고 서정적인 사람들은 성경을 하나의 문학텍스트로 읽으며 상상의 나래를 더하며 그 안에서 하나님의 음성을 듣기도 합니다.

사실, 우리가 오늘날 한 권으로 받아 들고 있어서 그렇지, 성경은 어느 날 뚝딱 완성본으로 우리에게 주어진 것이 아니랍니다. 분명 성경은 하나님을 만났던 사람들의 생생한 삶의 현장을 담고 있지만, 수천 년 동안 진행된 이야기들의 모음이에요. 처음에는 종이가 없었기 때문에 기록을 통해 후손들에게 남길 수가 없었어요. 하루하루 삶의 과제들이 긴박하여 기록할 상황도 아니었죠. 하여 말로 전해졌습니다. 이를 구전전승(口傳傳承)이라고 해요. 입에서 입으로 전해진 이야기란 뜻이죠. 구전된 기간은 천 년도 넘는 시간들이었습니다. 말 전하기라는 게임을 아시죠? 그 게임을 하다보면 다섯 사람만 건너가도 본래의 이야기가 이상해지는데… 그러고 보면 유대인들은 정말 똑똑한 사람들이에요. 그걸 다 기억하고 그 오랜 시절 후손들에게 입에서 입으로 하나님의 역사하심을 전해주었다니! 물론 그들이 너무나 절실한 상황에서 하나님을 만났던 생생한 경험을 했던 지라 진심을 담아 기도하는 마음으로 전했기 때문일 거예요.

아버지가 아들에게, 할아버지가 손자에게, 그렇게 말로 전하고 전해 온 이야기들이건만, 이 또한 한 번에 다 편집된 게 아니에요. 가장 중요한 건 먼저하고, 또 형편 나아지면 조금 더 확장하고, 시대가 바뀌고 사상이 성숙하면서 새로 깨닫게 된 하나님 이해를 원래의 이야기에 더하기도 하면서요. 유대인만큼 외세에 시달렸던 민족도 드뭅니다. 중간 중간 기록으로 모아놓았던 내용들이 있었지만, 바벨론 포로로 끌려간 동안(기원전 586~538)에는 그나마의 작업도 난관에 부딪혔죠. 그러다가 기적처럼 해방되어 예루살렘 땅, 고향으로 다시 돌아갈 수 있었던 시절이 되어서야 새 공동체를 건설해보려는 열망으로 대대적인 편찬 작업을 진행하기도 했습니다. 그렇게 여러 번의 노력을 통해 만들어진 책이 성경이에요. 물론 이 과정 중에 하나님께서 함께 하셨음을, 저는 의심치 않습니다. 하지만 분명한 것은 이런 오랜 과정을 거치면서 만들어진 성경 안에는 참으로 다양한 문학 양식과 시대 배경, 저자들의 마음이 포함되어 있다는 겁니다. 시, 역사서, 예배서, 신학적 고백…, 언어의 양식도 다양하고 문학 장르도 풍부한 것이 성경입니다. 따라서 시대적 배경을 배우며 더불어 문학적 접근을 한다면 성경 안에 상상력을 더하는 굉장히 아름다운 이야기들을 깊이 묵상할 수 있을 겁니다. 여러분 중에도 필시 성경을 그렇게 읽는 것을 즐기는 분들도 있을 거예요.

다름은 틀림이 아니에요. 종종, 다르다는 이유로 무조건 "넌 틀렸어"라고 이야기하는 사람들을 마주할 때마다 안타까움이 생깁니다. 물론, 문학적 감수성으로 접근하는 사람이 나하고 안 맞을 수는 있어요. 하지만 그건 내가 이 사람하고 다른 것일 뿐이지, 틀린 건 아니거든요. 그런데 요즘 교회나 신학교 현장을 보면, 나와 다르면 무조건 '틀렸다'고 말하는 경우가 너무 많습니다. 자기 이해에 갇혀서 상대방을 비난하지요. 성경이 마치 시간과 공간을 초월한 진공상태의 언어인양 '닫힌' 해석과 화석화된 교리를 근거로요. 하지만 마음 문을 열고 서로 소통하는 공간인 이 '사랑방'에서 만큼은 '닫힌' 자기 주장을 고집하지 말았으면 해요. 서로가 가진 시각과 '다르게 봄'을 존중해 주면 좋겠어요. 성경 속 인물들의 삶의 정황이 우리와 '다르고' 무엇보다 '사람'은 서로 다르게 지어졌잖아요? 우리는 한 사람, 한 사람 하나님께서 오묘하게 지으신 작품인 걸요.

물론 무지개 색으로 영롱하고 곱게 펼쳐지는 '다름'에도 불구하고, 성경 안의 사람들과 오늘을 사는 신앙인들이 함께 공유하는 '같음'도 있음을 고백합니다. '하나님의 뜻'을 묻고 '하나님과의 관계성' 안에서 자기 인생 안에서 일어나는 사건과 만남을 해석을 하려 한다는 점에서, 기독교인들은 '같은 시각'을 함께 나눕니다. '하나님-중심적' 시각이라고 할까요. 한 하나님을 신앙고백하는 이들은 단풍잎의 고운 색깔을 봐도 다른 것은 생각이 안 나요. "어떻게 이리도 오묘하게 지으시지?" 창조주의 놀라운 권능, 그 창조세계 안에 우리가 존재하게 된 기쁨과 감격을 제일 먼저 느끼죠. 성경 안에 있는 인물들도 마찬가지였어요. 모두 같은 감격, 같은 안경을 끼고 있는 사람들이에요. 그런 의미에서 그들은 2000~3000년 전 팔레스타인 땅에 살던 사람들이지만, 엄청난 시간과 공간의 간격을 넘어서 우리와 '같은' 안경을 쓰고 있는 셈입니다. 동시대에 사는 사람들과도 '다름'이 있는데, 수천 년 전 사람들과도 '같음'을 공유할 수 있다는 것이, 저는 놀랍고 신기해요. 성경은 이렇게 매사에 나와 하나님과의 관계성을 중심으로 두고 자기의 삶을 풀어나간 사람들의 이야기입니다. 그러니 함께 성경 속의 사람 사는 이야기를 묵상하며 무엇이 '다름'이고 무엇이 '같음'인지, 그리고 무엇은 '틀림'인지 구별해보는 지혜를 길러갔으면 합니다.

사람의 이름을 불러주시는 하나님

관계성을 이야기할 때마다 늘 기억나는 시가 하나 있어요. 김춘수 님의 '꽃'이라는 시인데, 앞부분이 기억나는지요? "내가 그의 이름을 불러주기 전에는/ 그는 단지 하나의 몸짓이었다/ 내가 그의 이름을 불러주었을 때/ 그는 나에게로 다가와 꽃이 되었다" 시의 표현처럼 이름을 불러주기 전에 우리는 그냥 '몸짓'에 불과합니다. 그냥 존재하는 사물이란 뜻이에요. 영어로 말하면 'Thing', '그것'이란 말입니다. 그 자체로 존재할 때는 나에게 아무 의미가 없죠. 하지만, 내가 그 이름을 불러주었을 때 비로소 나에게 의미가 있는 꽃이 되는 겁니다. 성경은 바로 이렇게 의미 있게 이름 불러주는 이야기들로 가득 차 있어요.

'이름-불러줌'! 그것도 일방향이 아닌 쌍방향의 '이름-불러줌'이었습니다. 하나님만 늘 "아담아", "아브라함아", "사무엘아"라며 사람을 부르신 것이 아니었어요. 성경 안의 사람들은 가장 힘든 상황에서 하나님을 불렀습니다. 이스라엘 사람들이 출애굽하게 된 맥락을 보세요. 사울에게 쫓기던 다윗의 애절함도요. "하나님, 언제까지니이까. 여호와여 우리를 좀 돌아보소서. 우리가 죽게 되었나이다." 쌍방이 애타게 부르는 연인처럼 그렇게 서로의 이름을 불러주었고, 그 불러준 이름들을 통해 서로에게 의미가 된 사람들의 이야기가 성경 속에 가득 담겨있습니다. 하나님과 사람(들)이 만나 연인과 같은 관계를 만들어간 이야기, 그러면서 이스라엘(구약), 교회(신약)라는 공동체를 이루어간 이야기, 그것이 성경입니다. 성경은 그렇게 하나님을 만나고 그 벅찬 경험을 고백한 사람들의 이야기입니다.

성경은 하나님하고 인간 사이의 첫 '말-걸음'으로 이야기를 시작합니다. 그 처음 말-걸음을 기억하세요? "아담아 네가 어디 있느냐?" 이것은 어떤 상황에서의 말-걸음이었을까요? 동서고금을 막론하고 연인들 사이에서 늘 반복되는 '나 잡아봐라' 버전의 낭만적인 (아이들 표현으로는 매우 '오글거리는') 숨바꼭질은 아니었습니다. 정황을 안다면 참으로 서글픈 이야기입니다. 창세기 3장인데요. 9절부터 12절을 읽어보겠습니다.

여호와 하나님이 아담을 부르시며 그에게 이르시되 네가 어디 있느냐. 이르되 내가 동산에서 하나님의 소리를 듣고 내가 벗었으므로 두려워하여 숨었나이다. 이르시되 누가 너의 벗었음을 네게 알렸느냐 내가 네게 먹지 말라 명한 그 나무 열매를 네가 먹었느냐. 아담이 이르되 하나님이 주셔서 나와 함께 있게 하신 여자 그가 그 나무 열매를 내게 주므로 내가 먹었나이다(창세기 3:9-12).

성경 안에서 처음 등장하는 하나님과 인간 사이의 첫 대화가 이러했습니다. 물론 이 말씀이 피조물을 향한 하나님의 첫 말씀은 아니었어요. 천지를 창조하시면서 하나님께서는 명령하십니다. "빛이 있으라, 식물들이 있어라, 동물들아 사람들아 생육하고 번성해라." 하지만 그것은 일방적인 명령이었지 응답을 기대하는 '말-걸음'은 아니었습니다. 대화 장면은 이 부분이 처음이에요. 아, 처음의 말-걸음인데 이만 저만 슬픈 상황이 아닙니다. 단 하나의 금지조항을 어긴 결과 일차적으로 하나님과 인간 사이의 관계가 틀어졌으니까요. 어릴 적 종종 그런 기억이 있으시죠? 아버지가 귀히 여기는 물건을 깨뜨리거나 떳떳하지 못한 일을 하고나면 부모님이 부르시는 것이 두렵잖아요? 숨기 마련이죠. 이는 아이들뿐만이 아닙니다. 하다못해 키우고 있는 반려동물도 마찬가지에요. 거실에다 실례를 해놓고 찔리는지 주인이 오면 슬금슬금 숨더라고요. '숨는다'는 건 관계의 파괴를 말해요.

솔직히 아담의 응답을 듣다보면 치사하다는 생각이 절로 듭니다.

차라리 "잘못했습니다. 어쩌다보니 이렇게 되었습니다. 한 번만 용서해 주세요"라고 인정하면 좋으련만… 아담은 자신의 잘못을 인정하지 않으려고 아주 교묘하게 답합니다. "하나님이 주셔서 나와 함께 있게 하신 여자"(창세기 3:12) 때문이라는 거예요. 말 한마디로 천 냥 빚을 갚기도 한다는데, 아담의 경우는 말 한마디로 하나님과 자신의 짝을 동시에 배반한 거죠. "이 여자가 먹으랬어요"도 아니고, "하나님이 주셔서 나와 함께 있게 한 이 여자가 먹으라고 해서 먹었습니다"라니요! 모든 원인을 하나님께 돌리는 거잖아요. 그럴 의도까지는 없었겠지만, 결과적으로 "혼자였으면 괜찮았는데, 괜히 짝은 만들어주셔 가지고는… 이게 다 하나님 잘못이에요."라는 의미가 되어버린 거죠.('짝'의 의미에 대해서는 '아합과 이세벨 이야기'를 다루면서 자세히 이야기해볼게요.)

아마도 인류 최초의 부부싸움은 이때 발생했겠죠? 이로써 인간과 하나님과의 관계만 파괴되는 게 아니라 아담과 그 짝과의 관계도 파괴되었죠. 아담은 정말 변덕쟁이에요. "내 살 중의 살, 내 뼈 중의 뼈"(창세기 2:23)라고 기쁨의 노래를 불렀으면서, 그렇게 즐거이 만났던 파트너에게, "이 여자 때문"이라는 모욕감을 주다니요. 결국 둘 사이가 멀어지는 것은 물론, 사람과 동물 사이가 멀어지고, 하나님과 사람 사이도 멀어지는 관계의 파괴가 바로 이 첫 응답으로부터 빚어진 거죠.

물론 여자의 잘못을 덮고 가자는 말은 아닙니다. 단 하나의 금지조항을 어기고 선악과를 따먹은 하와의 잘못이야말로 큰 것이었죠.

너무 슬프지 않나요? 인간은 왜 이렇게 잘못된 선택을 했을까요? 하나님께서는 다른 동물들에게는 선악과를 따먹지 말라거나 혹은 별다른 금지조항을 말씀하지 않으셨습니다. 하나님께서 지으신 피조물들을 향해 바라셨던 바람은 한 가지였어요. “있어라.” “존재해라.” “내가 준 생명 그대로를 잘 지키면서 번성해라.” 그런데 오직 사람들에게만 독특한 조건 속에서 살게 하셨고 별도의 명령을 부과하셨죠. 오직 사람만이 자유의지라는 것을 받았어요. 선택할 수 있는 자유죠. 그 능력은 어마어마한 것이어서, 선악과 사건처럼 잘못된 선택을 통해서 관계가 파괴되는 쪽으로 갈 수도 있고, 하나님이 원래 명령하신 대로 모든 피조물 가운데서 가장 고귀한 사명인 ‘살림’을 감당하는 쪽으로 갈 수도 있는 것이었습니다. 다음 시간은 바로 이 엄청난 능력인 인간의 ‘자유의지’에 대해서 공부해볼까 해요.

첫 시간이고 보니 오늘은 사랑방에 군불만 땠네요. 다음 시간부터는 본격적으로 성경 속 ‘사람 사는 이야기’를 열어볼게요. 창세기 1장부터 3장까지에 나와 있는 인간의 이야기에 집중하면서 유대-기독교적 신앙고백 안에서 그려내는 ‘인간의 조건’을 묵상해보겠습니다.

기도

사랑의 하나님, 감사를 드립니다. 저희들 이렇게 귀한 첫 만남을 가졌습니다. 하나님과 사람, 그리고 모든 피조물 간의 만남이 정말 귀하고 설레는 관계성 속에서 이루어졌듯이, 저희들도 하나님 안에서 귀한 만남을 시작합니다. 성경 속에서 하나님을 만났던 사람들, 그 사람들을 저희들 삶 가운데서 만나면서, 이 만남 속에서 큰 교훈을 얻고 신앙의 깊이를 더하게 하소서. 이를 통해 저희들의 삶이 주님 가운데서 올바르게 인도될 수 있도록 주님께서 동행하여 주시옵소서. 그리고 나아가 신앙의 후배들이 저희들의 삶을 통해 그리스도를 따르는 모습을 발견할 수 있도록 옳고 곧게 주어진 삶을 걷게 하소서. 예수님의 이름으로 기도합니다. 아멘.

성경 속 인물들의 이야기는 우리 삶의 방향을 가리키는 아름다운 '이정표'입니다. 그 길을 따라 걸은 신앙 선배들의 발자국을 따라가며, 우리도 하나님과 사람들이 보기에 떳떳하고 옳은 인생의 걸음을 걸읍시다.

인간의 조건, 아담과 하와 이야기

지난 시간에는 첫 사람 아담과 하나님 사이의 처음 대화에 대해 이야기해보았어요. 상당히 비극적인 대화였다고 했지요. 오늘은 그런 비극을 초래한 '인간의 조건'에 대해서 공부하려 합니다. 다른 동물들과는 다르게 오직 인간만이 가진 존재론적 조건, 즉 선택을 할 수 있도록 유일하게 지음 받았다는 것의 의미를 묵상하려 해요.

살아라, 살려라

창세기 1장의 하나님은 '명령어'를 통해 천지를 지으십니다. "빛이 있어라." "땅이 있어라." "바다가 있어라." "바다에 물고기가 있어라." "땅에 식물이 있어라, 동물이 있어라." 이렇게 하나씩 피조물들이 생겨나는 모습을 보며 "보기 좋았다"고 감탄하셨죠. 그리고 그게 다였어요. 그들에게는 사는 데 있어서 특별히 복잡한 과제를 주지 않으십니다. 이렇게 저렇게 살아라, 이것은 하고 저것은 하지 말아라, 굳이 규범이나 특별사명을 내리시지 않으셨다는 말입니다. 아, 한 가지 중요한 사명은 있었네요. "생육하고 번성해라, 잘 지내라, 내가 허락한 생명을 살아내라." 저는 이 명령을 하나님의 '창조(혹은 존재)명령'이라고 이름 붙여 보았어요.

물론 인간도 하나님의 피조물로서 다른 생명들과 함께 '살아라'하는 공통의 창조(존재)명령을 부여받았습니다. 그런데 하나님께서는 오직 인간들에게만큼은 유일하게 한 가지 다른 명령을 더하십니다. 성경을 볼까요? 창세기 1장 28-30절입니다.

> 하나님이 그들에게 복을 주시며 하나님이 그들에게 이르시되 생육하고 번성하여 땅에 충만하라, 땅을 정복하라, 바다의 물고기와 하늘의 새와 땅에 움직이는 모든 생물을 다스리라 하시니라. 하나님이 이르시되 내가 온 지면의 씨 맺는 모든 채소와 씨 가진 열매 맺는 모든 나무를 너희에게 주노니 너희의 먹을 거리가 되리라. 또 땅의 모든 짐승과 하늘의 모든 새와 생명이 있어 땅에 기는 모든 것에게는 내가 모든 푸른 풀을 먹을 거리로 주노라 하시니 그대로 되니라(창세기 1:28-30).

공통적인 복의 명령은 역시 "살아라!"입니다. "살아라, 그게 너희들의 복이다." "내가 가장 원하는 것은 너희들이 살아내는 거다." 하나님께서는 이 이야기를 인간에게도 제일 먼저 해주십니다. 사실 요즘 시절에는 이도 지키기 힘든 상황입니다. 무한 경쟁의 악순환 속에서 숨도 못 쉬고 살아가죠. 하여 생존 자체를 위협받게 되는 사람들은 다들 자조적으로 '과로사 아니면 아사'를 선택해야할 처지라며 비관합니다. 그야말로 일차명령인 "살아라."조차 제대로 지켜내기 힘든 현실입니다. 그러나 이는 결코 창조질서가 아니라는 것이 성경 첫 장의 고백입니다.

하나님께서 세상을 창조하시던 그 처음의 질서에 대해 유대인들의 신앙고백이 이러했습니다. 뭇 생명을 세상에 내어놓으실 때에 창조주의 가장 큰 바람은 "살아라, 번성해라. 행복하게 너의 삶을 살아라"라는 것이었다고요. 하나님께서는 피조물들 위에 군림하시기 위해 생명을 지어놓으신 것이 아닙니다. 하나님의 1차 명령인 '창조(존재)명령'은 내 숨을 불어넣어 생기 있게 만든 너의 숨을 스스로 쉬고 잘 쉬고 건강하게 쉬며 살아내라는 것입니다. 차차 묵상하겠지만 우리 사랑방에서는 이렇게 가장 기본적인 창조(존재)명령조차 지켜내기 힘든 문화와 제도들에 관해 특별히 관심을 가지려 합니다. 그것이 우리를 창조하신 하나님께 응답하는 삶이니까요.

그러나 두 번째 명령, 그러니까 오직 인간만이 받은 또 하나의 명령을 기억해야 합니다. 그것은 바로 '다스리라'는 것입니다. 저는 이 2차 명령을 '구원명령'이라고 부릅니다. 그동안 유대-기독교 전통에서 이 '다스리라'라는 말은 상당히 잘못 해석된 경우가 많았어요. 인간에게만 주어진 이 '다스림'의 명령이 마치 뭇 생명들을 정복하고 그 위에 군림하는 무소불위의 절대권력인 양 '인간중심적'으로 생각한 거죠. 심지어 같은 인간들끼리도 더 힘센 자가 약자 위에 올라가서 마음대로 지배하고 자기 마음대로 착취하라는 뜻으로 해석하고, 자신들의 권력 행사를 정당화하기도 했습니다.

하지만 앞뒤 맥락과 비교하며 '다스리다'란 말을 곱씹어보면 하나님이 인간에게만 부여하신 이 2차 명령은 결코 지배하고 군림하고 짓밟으라는 말이 아님을 알 수 있습니다. '다스리다'의 히브리어 동사는 '라다(radah)'인데요, 그 어원을 거슬러 올라가보면 '목자들이 양떼들을 이끌어가다'란 뜻이 있어요. 물론 강력한 군주들의 힘이나 포도주를 짓이길 때의 동작을 의미하는 단어로 해석하여 '군림하다' 심지어 '짓이기다'는 의미로 푸는 분들도 있습니다만, 인간에게 부여한 이 '다스림'이 '하나님께서 다스림 같이 다스리는' 행위(창세기 1:26)를 의미하는 것이라면 그것은 결코 짓밟음일 리가 없지요. 하나님께서는 분명히 하나님의 다스림과 같이 생명을 다스릴 존재로 사람을 지으신 것이니까요.

때문에 저는 '라다'라는 동사가, 갈 바를 모르거나 혹은 자기 혼자서는 스스로 자기 생명을 추스를 수 없는 약한 생명들을 잘 보듬고 잘 살도록 도와주어야 한다는 뜻이라고 생각해요. 오늘날의 언어로 의역한다면 '살아라!'라고 번역하고 싶어요. 사랑이지요. 구원이구요. 바로 하나님의 품성을 담은 행동입니다. 그러니까 인간은 잘 살아야 한다는 첫째 명령인 '창조(존재)명령'에 더하여 혼자서는 못 사는 데데한 생명체를 보듬어서 잘 살게 해주라는 '구원 명령'을 하나 더 받은 셈입니다. 이것을 유독 인간에게만 부탁을 하신 거예요. 다른 동물들한테는 부탁하지 않으신 명령입니다. 하나님께서는 "동물들아, 식물을 살게 해라." "사자야, 토끼를 살게 해라." 이런 명령을 하시지 않았거든요. 오직 인간에게만 "네 생명을 풍성하게 살아내라. 그리고 또한 너보다 미약한 존재들을 살게 하라"고 명령하신 거지요.

하나님의 형상대로 지음 받은 인간, "유한한 자유"

왜 하필 인간에게만 그런 명령을 하신 걸까요? 대체 인간이 어떤 존재이기에, 또 인간에게 어떤 능력이 있길래요? 오직 인간만이 '하나님의 형상'대로 만들어진 존재이기 때문이에요. 창세기 1장의 해당 부분을 같이 읽어볼까요.

> 하나님이 이르시되 우리의 형상을 따라 우리의 모양대로 우리가 사람을 만들고 그들로 바다의 물고기와 하늘의 새와 가축과 온 땅과 땅에 기는 모든 것을 다스리게 하자 하시고. 하나님이 자기 형상 곧 하나님의 형상대로 사람을 창조하시되 남자와 여자를 창조하시고(창세기 1:26-27).

형상. 바로 이거지요. 오직 인간을 만드는 데 있어서만큼은 하나님은 자신의 형상을 닮게 지어내셨다는 것이 이스라엘 백성들의 신앙고백이었습니다. "하나님의 형상(Image of God)"이라… 하나님의 형상은 뭘까요? 하나님이 모양(shape)이 있으신가요? 우리는 "하나님은 영"이시라고 고백하죠. 또한 하나님께서는 "절대로 내 형상을 만들지 말라"(출애굽기 20:4)는 계명을 주시기도 하셨습니다. 그러니까 적어도 이 '형상'은 눈에 보이는 어떤 구체적인 모양을 의미하는 것은 아닐 거예요.

물론 이 창세기가 고백되던 당시의 문화권에는 관리가 지방에 파견이 될 때 황제의 형상을 본 뜬 주조물과 함께 했다고 해요. 따라서 그 '형상'은 지배권의 상징을 의미했습니다. 그렇게 본다면 "하나님의 형상대로"라는 말은 인간에게 부여된 '만물에 대한 통치권'으로 해석할 수도 있을 거예요. 하지만 성경 본문은 인간 자신이 "하나님의 형상"이라고 전합니다. 인간은 하나님의 형상을 가지고 세상에 간 행정관리가 아니라, 그 형상대로 지음 받은 존재입니다. 그러니까 '인간이 바로 하나님의 형상' 자체입니다. 영이신 하나님은 몸이 없으셔서 그 형상을 알 수도 볼 수도 없지만, 인간이 그 행위를 통해 하나님의 품성을 드러낼 때 하나님은 '형상화'되시는 거죠.

어머나, 정말로 인간이 그렇게까지 '신성'한 존재인가요? 그럼 인성과 신성은 차이가 없거나 적어도 '연속성'을 가지나요? '인성'이라고 할 때 "인"은 사람 인(人)이잖아요. 사람이 가지고 있는 능력, 품성이 인성일 텐데 그럼 '인성은 곧 신성'이라는 의미인가요? 결론부터 말씀드리자면 인성은 신성과 동일시 될 수 없습니다. 하지만 창세기는 분명하게 사람의 성품인 '인성'이 무려 하나님으로부터 기원했다는 고백을 하고 있는 것이죠. 정말 대단한 선언입니다. 다른 동물들과는 구별되는 인간의 품성에는 어떤 것들이 있을까요? 힌트를 드릴게요. 창세기 1장부터 3장 사이를 꼼꼼하게 읽으면 알 수 있는 '인간의 고유 능력'입니다. 바로 "이것" 때문에 인간은 미약한 생명체를 보듬고 잘 다스리고 살릴 수도 있고, 반대로 아담의 첫 번째 죄처럼 관계를 파괴시키고 죄를 저지르는 선택을 할 수도 있었지요. 교회서 아주 많이 들어본 말이기도 해요.

"자유의지"라는 말, 많이 들어보셨지요? 하나님께서는 인간에게 이 "자유의지"를 주셨습니다. 하나님을 닮은 한 면이 바로 이 '자유로움'이 아닐까 싶어요. 하나님은 자유로우신 분이거든요. 하나님은 '완벽한 자유'지요. 폴 틸리히라는 조직신학자는 하나님의 속성을 "무한한 자유(infinite freedom)"라고 이름 붙이기도 했어요. 하나님은 그 어디에도 제한받지 않으시잖아요. 바로 그 하나님의 자유(freedom), 그 어마어마한 능력을 인간에게도 부여하셨다는 고백입니다. 그것의 한 증거로, 하나님께서는 아담이 다른 피조물들의 이름을 짓는 모습을 지켜보십니다. 생각할 줄 모르는 동물이 이름을 어떻게 짓겠어요? 스스로 지어낼 수 없는 존재가 어찌 이름을 상상해 내겠어요? 그러니까 인간이 하나님을 닮았다면 가장 큰 특징은 바로 '스스로 무엇인가를 지어낼 수 있는 능력' 즉 주체성과 창조성이 아닐까 싶습니다.

'이름을 짓는다'는 것은 굉장한 권위예요. 더군다나 고대 근동의 문화에서는 아무나 '이름 짓는' 권위를 부여받는 게 아니었어요. 우리 문화에서도 불과 얼마 전까지도 아이들이 태어나면 할아버지 · 할머니, 그러니까 집안 어른들께서 이름을 지으셨잖아요? 요즘에는 물론 현대화 됐기 때문에 아빠 · 엄마도 짓고 그러지만, 전통 문화에서는 가족 안에서 제일 윗분이 이름을 지어주셨지요. 이와 같이 '이름을 짓는다'는 건 동서고금을 막론하고 굉장한 권위를 의미합니다. 이 막대한 권위를 인간이 행사하도록 하셨다는 것은 무엇을 의미할까요? 하나님께서는 인간에게 그만큼의 권위를 부여하신 겁니다. 어쩌면 하나님의 권위마저 인간과 나누신 셈입니다. 자유의지로 선택하고 지어내고 무언가를 결정할 수 있는 능력을 부여하셨다는 거지요. 그러니까 하나님의 형상대로 지음을 받았다는 건 자유의지를 가지고 '선택'할 수 있는 유일한 피조물이라는 걸 의미해요.

하지만 인간의 자유의지가 하나님의 자유의지만큼 완벽한가요? 아니에요. 우리는 몸을 입고 있어서 시간과 공간의 제약을 받습니다. 피조물이기 때문이지요. 비록 하나님의 형상대로 지음 받긴 했지만, 인성이 곧 신성은 아닌 거예요. 그래서 틸리히는 인간을 "유한한 자유(finite freedom)"라고 표현했지요. 우리가 공부하는 동안 어쩌면 저는 "실존(實存)적"이라는 표현을 자주 할 지도 모르겠습니다. 추상적이고 어렵게 들리지만, "실존"이란 말을 잘 풀어보면 이해가 되실 거예요. 현실에 존재하는, 실제로 우리가 존재하는 그 상황에 중심을 두고 삶의 문제를 풀어나간다는 의미이죠.

이것이 하나의 철학적 패러다임이 될 때 이를 '실존주의'라고 불러요. 틸리히는 이런 실존주의적 시각에서 그의 신학을 전개한 현대 신학자였죠. 저 역시 한 사람의 신학자이자 신앙인으로 고백하건대, 성경은 철저하게 실존주의적인 바탕에 있는 신앙고백이라고 생각해요. 자신의 실존 안에서 하나님을 만난 사람들의 자기 경험에 대한 고백이라고요. 이스라엘 사람들은 첫 사람에 대해 무엇이라고 고백했나요? "우리는 '유한한 자유'다. 하나님 형상대로 지음 받았기에 자유롭고, 따라서 스스로 결정할 수 있는 자유의지를 가진다. 세상에 이름을 부여하고 질서를 만들 수 있는 다스림의 능력을 가졌다." 하지만 그 능력은 유한합니다. 다시 말하면, 하나님만큼 무한하진 않은 자유, "하나님과 같지는 않은" 그 유한성이 바로 인성이 신성과 같지 않음을 말해주는 지점이지요.

우리의 유한성을 드러내주는 이야기가 바로 생명나무 실과인 선악과에 대한 이야기라고 생각해요. 어릴 적 주일학교 시절에 저는 종종 이런 생각을 했었습니다. "하나님은 참 치사하셔. 기왕에 다 따먹게 하시는데, 몽땅 다 따먹으라고 하시지, 왜 동산 한 가운데 있는 선악을 알게 하는 지혜의 나무, 지식의 나무 하나만을 금하신 걸까?" 안 그런가요? 무언가를 만들어 놓고 가까이 두고서 이를 금지하는 것은 너무 치사하잖아요. 그럴 거면 왜 만드셨지? 여러분은 이런 비슷한 질문을 하신 적이 있나요? 혹은 이런 금지조항을 부과한 하나님에 대해 이해가 되었다면 어떤 변론을 하셨나요? 이 질문을 던지다가 주일학교 시간에 꿀밤을 "콩" 맞았던 기억도 있어요. 하지만 스스로 묻고 공부도 하고 기도와 묵상을 하는 과정에서 깨닫게 된 '저의 답'이 있었기에 나누어 봅니다.

성경은 분명 하나님의 계시를 담고 있지만, 철저하게 인간 삶의 실존을 반영하는 텍스트입니다. 이스라엘이라는 공동체의 구체적인 역사와 분리하여 이해할 수 없어요. 앞으로 하나씩 풀어가겠지만, 이스라엘은 사회학적으로는 '을'의 공동체였습니다. 성경 안에는

'을'로 배치된 사람들이 만난 하나님 체험이 가득해요. 어찌 보면 성경은 '을'의 입장에서 기록되고 정경화된 최초의, 그리고 지금까지는 유일한, 경전이지 싶습니다. 그 이야기는 차차 하기로 하고요, 타락 이야기가 쓰인 배경 이야기를 좀 해 보겠습니다.

타락 이야기가 실시간으로 아담과 하와 시절에 쓰였다고는 생각하지 않으시죠? 그렇다면 이 이야기는 언제 기록된 걸까요? 학자들의 추정에 따르면 이스라엘이 왕국을 건설(기원전 1020년경)하고도 백여 년 이상 지난 시점, 그러니까 기원전 9세기 정도라고 합니다. 평소 사람 취급 못 받으며 고대 근동의 도시국가들 사이를 유리방황하며 살다가 '히브리인들의 하나님' 되신 여호와를 만나 이룬 성스러운 공동체가 이스라엘이었거든요. 그래서 이스라엘만큼은 달리 살아보겠다고, 하나님께서 기뻐하시는 생활을 하겠다고 남다른 각오로 출발했었어요.(5강 '히브리 사람, 아브람과 롯'의 이야기 이후 쭉 공동체가 형성된 이야기가 펼쳐집니다.) 그런데 정작 왕국을 건설하더니만 서로 왕 되겠다고 싸우고 권모술수에 죽이기까지 하는 상황으로 치닫게 된 겁니다. 이런 상황에서 무릎 꿇고 기도하면서 쓴 이야기가 바로 이 '타락 이야기'라는 겁니다.

도대체 인간은 왜 '죽이는' 선택을 하고 약자 위에 군림하려고 하는 것일까? 우리는 하나님의 형상대로 지음을 받았는데 이 어마어마한 능력을 왜 남용하고 잘못된 선택을 하는 걸까? 하나님께서는 분명 "살아라!"(창조명령), "살려라!"(구원명령)라고 말씀하셨는데, "우리는 왜 자기도 못 살고, 남도 죽게 하는 이런 선택을 자꾸 하게 되는 것이지?" 이런 고통스런 질문 속에서 기도하고, 생각하고, 그러다가 계시로 받은 것이 창조와 타락 이야기라고, 저는 그렇게 고백합니다.

창세기가 창조 시점에 쓰인 건 아니잖아요. 하나님께서 "빛이 있으라" 하신 그 시점에 누군가 옆에 있다가 실시간으로 "빛이 있으라"고 곧바로 기록하진 않았을 테니까요. 분명히 성경을 쓴 사람들이 있었죠. 하여 성경은 바로 그 사람들의 삶의 실존을 반영할 수밖에 없습니다. "하나님의 백성"인 이스라엘조차 잘못된 선택들을 하는 걸 보면서, 이 공동체의 '처음'을 기억하던 사람들은 너무 안타까웠던 거지요. 고대 근동의 도시국가체제와 제국의 통치 원리 아래 '을'로 살아가는 것이 어떤 삶인지 다 겪어 놓고서, 그래서 우리끼리는 그리 살지 말자 해 놓고서, 도대체 왜 똑같은 선택을 하냐면서요. 그래서 창세기를 기록한 사람들은 필시 하나님께서 귀하게 쓰라고 주신 '자유의지'가 양날의 칼 같은 거라고 생각했겠지요. 자유의지를 정말 선하게 사용할 때는 나도 살고 다른 피조물도 살리는 능력으로 하나님의 통치성을 대리하는 의미로 사용될 수 있어요. 그러나 내 욕심 채우고, 나만 높아지려는 마음가짐으로 자유의지가 활용될 때는 이웃을 죽이고, 관계성도 파괴되고, 하나님과의 관계도 멀어지는 상황이 된다고 신앙고백을 한 거지요.

사실 '선악과'라는 건, 단 하나의 금지조항을 상징하는 문학적 표현이라고 봐요. "피조물로서 인간의 유한성을 깨닫고 인정해라." "인간은 하나님을 닮았지만 하나님과 같아질 수 있는 존재는 아니다.” “그러니 절대자로 군림할 생각, 무한권력을 소유할 생각, 나아가 하나님과 같아질 생각을 하지 말아라.” 인간이 신(神)이 되려는 욕망에 대한 금지조항이 선악과라는 상징적 표현으로 고백된 것이 아닐까요? 그런데 인간이 그걸 어겼어요. 하나님께서 모든 걸 다 주셨음에도 불구하고 인간됨의 유한성을 극복해서 자기가 신처럼 돼보려고, 무한한 존재가 되어 보겠다고, 그 마지막 욕망을 그치지 못한 것이지요. 하여 선악과를 따 먹은 거지요. 그게 우리 인간 고통의 기원이었구나, 그것이 창세기를 기록한 사람들의 신앙고백이었던 겁니다.

이런 접근을 하고 난 다음부터 저는 알게 되었어요. 하나님께서 치사하셨던 게 아니라는 것을요. 인간에게 놀라운 능력과 권한을 주셨지만, 피조물로서, 몸을 가진 유한자로서 인간이 자기 자리를 알게끔 하시는 내용이 이 신앙고백 안에 오롯이 담겨 있다는 것을 깨달았지요. 그런데 처음의 인간이 그걸 지키지 못했기에 자꾸 잘못된 선택을 하면서 이렇게 고통스러운 현재의 삶을 살게 되었다는 이야기구나, 이렇게 풀고 나니 드디어 하나님의 뜻이 무엇인지 마음에 납득이 갔어요.

관계의 파괴, 인간이 유한성을 잊었을 때…

인간이 신과 같아지려 했던 교만함 때문에 인간과 하나님과의 관계가 어그러지고, 인간과 인간 사이의 관계가 어그러지고, 인간과 자연 사이의 관계가 어그러졌다. 그래서 인간사에 고통이 들어왔다.

이것이 '태초'의 이야기를 통한 유대인들의 신앙고백인 거예요. 그 관계가 어그러지는 장면이 타락이야기에 담겨있는 거죠. 창세기 3장 1절부터 3절까지를 읽어볼까요?

> 그런데 뱀은 여호와 하나님이 지으신 들짐승 중에 가장 간교하니라 뱀이 여자에게 물어 이르되 하나님이 참으로 너희에게 동산 모든 나무의 열매를 먹지 말라 하시더냐 여자가 뱀에게 말하되 동산 나무의 열매를 우리가 먹을 수 있으나 동산 중앙에 있는 나무의 열매는 하나님의 말씀에 너희는 먹지도 말고 만지지도 말라 너희가 죽을까 하노라 하셨느니라(창세기 3:1-3).

그야말로 고도의 심리전인데요. 분명히 하나님께서는 모든 실과를 다 먹되, 단 하나만은 먹지 말라고 하셨건만, 뱀은 이렇게 물어요. "하나님께서 모든 실과를 다 먹지 말라고 그러셨냐?" 언제 하나님께서 모든 실과를 먹지 말라고 그러셨나요? 하나님께서는 모든 실과를 다 먹되 하나만 먹지 말라고 그러셨지요. 그런데 인간에게 오는 유혹은 늘 이런 식이에요. 하나님께서 우리에게 주신 많은 능력과 감사의 조건에도 불구하고 인간은 언제나 자신이 갖지 못한 '하나'에 연연하곤 합니다. 자기의 자리를 알아야 한다는 그 작은 금지조항이 하나 있는데, 그거 하나마저 갖고 싶은 욕망 때문에 죄의 유혹에 사로잡히죠.

만약에 뱀이 정직하게 물어보려면 이렇게 물었어야지요. "정말 하나님이 '모든 실과는 먹어도 되는데 중앙에 있는 나무 열매 하나만 먹지 말라'고 하셨니?" 그랬다면 여자는 유혹에 안 넘어갔을 지도 모를 일입니다. "맞아, 다 먹어도 되는데 저거 하나만 금지하신 거야." 이렇게 생각한다면 자신이 이미 누리고 있는 수많은 것들에 자족함을 갖게 되었겠죠. 그런데 "모든 실과를 다 먹지 말라고 그랬어?"라는 질문을 받는 순간, 여자의 마음속에는 불쑥 새로운 욕망이 생겨난 겁니다. "그러게 말이야, 다 먹을 수 있을 텐데, 왜 그거 하나는 먹지 못하는 거야?" 이런 생각에 미치면 욕심을 부리게 되는 거지요. 결국 '다 갖고자' 하는 탐욕으로 인해 하나님이 주신 귀한 선물인 자유의지를 잘못 활용하게 된 것입니다.

이렇게 되면 하나님을 닮아 창조하는 능력을 가진 인간은 엉뚱한 곳에 창조력을 발휘하게 됩니다. 하나님이 하시지 않은 말씀도 지어내죠. 여자의 대답이 어떠했지요? 분명히 하나님께선 그걸 먹으면 죽는다고 이야기하셨지만, 보면 죽는다고 이야기는 안하셨어요. 보거나 만지면 죽는다는 말은 하신 바 없건만, '창조적'으로 마음껏 지어냅니다. 필시 금지조항에 대한 불만이 반영된 것이 아닐까요? "왜 저거만 안 되지?"란 불만 때문에 불만심리가 자꾸자꾸 더해진 것이 엉뚱한 창조력으로 발휘되었겠지요. 여자는 "저거는 먹지도 말고, 심지어 보지도 말고, 만지지도 말라고 그러셨어"라며 말을 부풀렸습니다. 여기에는 불만이 가득 들어가 있어요. 자기가 가진 단 하나의 제한성인 인간의 존재론적 유한성, 그것 하나를 인정하지 못한 까닭입니다. 지난 시간에 관계성의 파괴를 가져온 아담을 탓했지만, 사실은 잘못한 게 아담만은 아닌 거지요.

"아니, 아니, 괜찮아. 너 저거 먹어도 안 죽어, 단지 네가 하나님과 같이 될 거야." 여자는 결국 뱀의 유혹에 넘어갑니다. 하나님을 닮아 만물의 이름을 지어낼 권위도 부여받고 내 존재뿐만 아니라 미약한 다른 생명체들을 보듬고 살려내는 힘과 지혜와 창조력을 부여받았음에도, 인간에게 주신 이만큼의 권한에 만족치 않고, 이를 넘어서서 내가 조물주 하나님 같이 되려 하고 내가 그분과 권한이 같아지려 하지요. 창세기 3장은 바로 이 "경계 넘음" 때문에 인간의 고통이 세계 안으로 들어왔다는 이야기를 전하는 겁니다.

바로 그 유한성을 넘어서서 나도 "무한한 자유(infinite freedom)"가 되보고 싶은 인간의 욕심 때문에 결국 인간의 실존에 고통이 찾아왔다는 거예요. 타락 이전의 에덴동산에 고통은 없었어요. 노동조차도 인간의 타락 이전의 노동은 괴로운 노동이 아니었어요. 많은 분들이 착각하거나 오해하는 것 중의 하나가 모든 노동은 타락 이후에 벌로 주어졌다고 생각하는 경우가 많은데요. 성경을 꼼꼼하게 읽어보면, 노동은 타락 이전에도 있었어요. 한 번 볼까요? 창세기 1장 29절에서 하나님이 우리에게 무엇을 먹거리로 주시는지를 보면 되지요.

> 온 지면의 씨 맺는 모든 채소와 씨 가진 열매 맺는 모든 나무를 너희에게 주노니 너희의 먹을 거리가 되리라(창세기 1:29).

여기에서 보면 재밌는 건, 식물만 먹거리로 주셨다는 겁니다. 에

덴의 질서를 회복하려면 우리가 다 채식주의자 되어야 하는 건지도 모르겠네요. 주목할 지점은 인간에게 먹거리로 주신 식물이 다 씨가 있는 식물이라는 거예요. '씨가 있는 식물'이라는 건 무엇을 의미할까요. 그건 '다음 소산에 대한 약속'입니다. 하나님이 매번 (재)창조 행위를 통해 식물을 주시는 게 아니지요. "한 번 창조해 놓았으니 씨 있는 것들을 땅에 심고 경작해서 다음 소산을 먹으렴." 그런 뜻이 아니었을까요? 경작하는 수고는 인간의 몫이었습니다.

그런데 에덴 시절에는 '다음 소산'을 먹는 일이 고통스럽다고 안 나와 있어요. 땅과 사람의 관계가 화목했기 때문입니다. 혹시 어렸을 때 할머니 댁에 가서 수박 먹고 씨를 뱉어본 적이 있나요? 씨를 "퉤" 뱉고 잊어버리고 지냈는데 며칠 뒤에 마당을 지나다보면 저절로 수박이 자라나 있어요. 우와, 정말 신기한 경험이었어요. 그러니까 땅이 풍요롭고 건강한 땅일 때는 "퉤" 뱉어도 잘 자라고 소산을 잘 내는 법입니다. 쓱쓱 땅을 한 번 갈아 엎어주기만 해도 식물들이 열매를 내던 시절의 노동은 괴롭지 않았다는 고백입니다. 풍요로운 땅이 내는 넉넉한 소산을 감사함으로 따 먹으면 되는 행복한 노동이었을 테니까요. 하나님께서 만드신 '에덴'에서는 사람이 땅과 화목하여서 다음 소산에 대한 걱정 없이 먹을 수 있는 삶의 조건이 주어져 있었다는 겁니다.

그런데 타락 이후에 모든 관계가 틀어졌고 결국 인간은 땅과도 관계가 틀어지게 되었습니다. 애쓰고 땀 흘려 노동하지 않으면 먹고 살기 힘들게 될 거라니… 참 슬픈 현실이지요. 우리가 자유의지를 잘 활용해서 '살게 하는 힘'을 발휘하며 살았더라면 좋았을 텐데 말이죠. 인간이 유한성을 잊고 하나님과 같아지려는 교만함 때문에 결국 이런 모든 고통의 실존에 처하게 됐다는 생각을 해보게 됩니다.

사실, 이게 에덴동산의 이야기만은 아니에요. 오늘날 우리의 삶도 마찬가지입니다. 우리 안에 이미 주어진 감사한 조건들이 너무나 많이 있는데, 거기에 만족함 없이 우리는 "아, 요거 하나만 더요."하는 욕심을 냅니다. 그 욕망이 끝을 모르고 무한히 확장되고 있는 건 아닌지 반성해보게 됩니다. 이 이야기를 통해서 인간이 가진 유한한 능력을 하나님께서 주신 대로 잘 사용하지만, 어느 부분에서 유한성을 가지는지 알고 그 제한됨을 인정하고 겸허하게 받아들이고 자족할 줄 아는, 그런 삶을 살았으면 좋겠다는 생각을 해보게 됩니다. 정말, 인간이 가진 '자유의지'란 양날의 검이란 생각이 들어요. 어떤 사람은 그러더군요, "차라리 내가 토끼였으면 좋겠다.", "사자였으면 좋겠다."라고요. 그러면 그냥 고민 없이, 난대로의 습성대로 운명처럼 살아가면 될 테니까요. 하지만 그것은 하나님께서 지어놓으신 인간의 조건이 아닙니다. 그러니 꼭, "라다(목자들이 양떼를 이끌며 다스리듯 보살피는 행위, 살려라)"를 기억했으면 좋겠어요. 우리 인간이 하나님으로부터 부여받은 자유의지는 "살게 하는" 일에 쓰라고 하신 거예요. 우리가 자유의지를 가지고, 다른 피조물들을 살게 하고 이끄는 삶을 살아갈 때에 우리는 그 삶의 모습을 통해 '영'이신 하나님의 '형상'을 드러내는 존재가 될 수 있는 겁니다.

기도

하나님, 저희 인간을 모든 피조물 가운데서 아주 특별한 존재로 지어주셨음에 감사드립니다. 무엇보다 미미하고 갈 바를 모르는 부족한 피조물을 보살피고 보듬고 이끌며 살게 하는 귀한 '구원명령'을 우리의 사명으로 주셨음에 더욱 감사를 드립니다. 하지만 이 특별한 조건에 만족하지 않고, 그 소명에 감사하지 않고, 인간의 유한성을 잊었던 최초의 인간적 교만이 어떤 관계성의 파괴를 가져왔는지를 오늘 살펴보았습니다. 비단 아담과 하와의 일만이 아닐 진데, 저희가 언제나 사람으로서의 소명과 유한성을 인정하고 살아가는 겸허한 그리스도인들이 되게 하여 주시옵소서. '영'이신 하나님과 동행하며 당신의 모습을 세상에 드러내는 신앙인의 삶을 살게 해 주시옵소서. 예수님의 이름으로 기도합니다. 아멘.

인간은 하나님의 형상대로 지음을 받아 새로운 것을 지어내고 책임 있게 돌볼 능력을 지녔습니다. 단 하나의 금지조항인 "하나님과 같아지려는 욕망"을 내려놓는다면, 하나님께서 인간에게 부여하신 놀라운 능력인 '자유의지'는 연약한 생명을 돌보고 살려내는 선택을 하는데 귀하고 능력 있게 사용될 것입니다.

비교하지 마! 가인 이야기

창세기 4장

지난 시간 가장 핵심적인 단어는 '라다(radah)'였습니다. 어원과 맥락, 그리고 이스라엘의 신앙을 고려할 때, '라다'는 '짓밟고, 지배하다'라는 뜻보다는 '나보다 미약하고 부족한 생명체를 돌보고, 보살펴주다'라는 의미로 의역해야 한다고 말했죠. 살려라! 하나님의 구원명령이라고, 저는 새롭게 번역했고요. 창세기의 고백은 오직 인간만이 다른 피조물들을 향하여 '라다'할 수 있는 능력을 부여받았다는 것이었음을 말했습니다. 어떻게 가능했을까요? 무슨 능력 때문일까요? 인간은 하나님의 형상대로 지어졌기 때문입니다. 하나님의 형상이라…, 말 그대로 인간만이 하나님을 닮게 지어졌다는 뜻이지요. 그래서 우리에게는 스스로 선택할 수 있는 자유의지(自由意志)가 있고, 내 것을 지어낼 수 있는 창조성이 있어요. 여기에 더하여 인간은 우리보다 약하고 부족한 생명들을 돌보고 이끌어줄 수 있는 관계적 능력을 가진다는 거지요.

하나님을 닮은 이 놀라운 성품을 부여받고도 단 하나의 금지조항을 욕심냈던 인간, 하여 '스스로 선택하는 힘'을 '내가 하나님과 같아지려는 욕심'에 사용했던 이야기가 지난 시간에 배운 타락 이야기였습니다. 인간이 선물로 받은 '하나님-닮은-성품'을 '살리는 일'에 사용해야 한다는 것이 하나님께서 원하시는 인간의 삶이었건만, 첫 사람들부터 이 과제에 실패했던 거였죠. 오늘은 그 귀한 능력을 아버지에 이어 슬프게 사용했던 아들의 이야기를 해보려고 하는데요. 아담의 아들 가인의 잘못된 선택 이야기입니다.

학자들은 창세기 1장부터 11장까지의 이야기를 '원인론적 이야기'라 불러요. 조금 어려운 단어 같지만 알고 보면 이해하기 쉽습니다. "인간은 왜 죽게 되었지?" "인간은 왜 늙을 수밖에 없지?" "우리 인간은 왜 자꾸 죄를 짓지?" "우리는 왜 화목하게 살지 못하고 서로 시기질투하고 심지어는 형제를 죽이기까지 하지?" 이와 같이 인간 공동의 삶의 조건에 대해 원인을 묻고 이에 답하는 이야기라는 말입니다. "왜"를 물을 수 있는 능력은 오직 인간만이 가진 것이죠. 다른 생명체들도 태어나고 죽고 살아남기 위해 다른 생명을 취하곤 하지만, 그것을 '삶의 법칙'으로 따라갈 뿐 "왜"를 물으며 삶의 의미를 고민하지는 않죠. 물론 성 프란시스코만큼의 영성과 신앙의 내공을 가지지 못하여 동식물과 대화를 나누어보지 못한 지라, 확답하거나 단언할 수는 없습니다. 하지만 적어도 한 가지 분명한 것은, 인간은 동서고금 공통으로 자신들에게 주어진 조건에 대해 "왜"를 물어왔다는 겁니다. 옛날에, 태초에, 아득한 시원의 시간에… 어느 문명이든 지금의 조건이 주어지게 된 원인을 설명하는 '원인론적 이야기들'을 가지고 있습니다. 성경에서는 창세기 1장부터 11장까지의 이야기가 이 '원인론적 이야기'에 해당해요.

인간의 공동 심리, 비교하기!

이 이야기에서 가인은 성경에 기록된 최초의 살인자입니다. 인간은 왜 '살고/살리라'는 하나님의 명령을 듣지 않고 누군가를 죽이는 이런 슬픈 선택을 하게 되었을까요? 그 '원인'에 대한 답이 창세기 4장의 이야기에요. 우선 창세기 4장 3절에서 5절까지를 읽어봅니다.

> 세월이 지난 후에 가인은 땅의 소산으로 제물을 삼아 여호와께 드렸고 아벨은 자기도 양의 첫 새끼와 그 기름으로 드렸더니 여호와께서 아벨과 그의 제물은 받으셨으나 가인과 그의 제물은 받지 아니하신지라 가인이 몹시 분하여 안색이 변하니(창세기 4:3-5).

얼마나 가인이 속상했겠어요? 형제라곤 달랑 둘인데 말이지요. 아벨도 가인도 하나님께 예물을 드렸는데 하나님은 동생 것만 받으셨지요. 그래서 '안색이 변할'만큼 분하고 섭섭한 마음이 들었다고 성경 본문은 전하고 있습니다. 사실 이 '비교심리'는 인간의 공동심리입니다. 내 제물이 받아들여지지 않았을 때 보통의 사람들은 "내가 뭘 잘못했지?"란 질문보다, "왜 네 제물은 되고 내건 안 되는 거야?"

라는 비교심리를 가지게 됩니다. 엇비슷한 나이로 자라가는 형제간에는 이런 갈등이 더욱 심하겠지요. 그러다보면 부족한 나에 대한 성찰이나 자괴감 보다는 상대방에 대한 미움이 생겨납니다. "너 때문에 내 제물이 받아들여지지 않은 거잖아!" 이런 비난도 마음속에서 스멀 스멀 올라오죠. 상대방 때문에 내가 열등하게 평가받는 거라고 생각되니까요.

가인도 마찬가지였습니다. 왜 아벨 것은 받으시고 내 것은 받아주지 않으시는가에 대한 불만이 생겼습니다. 이 본문을 읽고서 제가 가르치는 대학교 새내기 학생들에게 물어봤어요. "하나님께서는 왜 아벨의 제사만 받으시고 가인의 제사는 받지 않으셨을까요?" 교양필수과목이라 비신자들도 많고 다양한 친구들이 모인 학급이다 보니 풍부한 상상력에 기초한 재미있는 응답들이 나왔습니다. 그런데 그중에서도 인상적인 한 기발한 답이 있었어요. 성경의 맥락을 전혀 모르는 학생이었는데, 현재의 문화적 전제에서 답을 했죠. "이거 배틀(Survival Game) 아니었을까요? 서바이벌인 거죠."

그 학생은 태어나서 지금까지 승자만이 살아남는 삶의 방식을 보고 자란 거지요. 아무리 둘이 다 잘해도 항상 승자가 있고 패자가 있는 비교경쟁식의 삶의 구조. 이런 '서바이벌' 방식의 삶을 살다보니, 가인과 아벨의 이야기도 같은 방식으로 상상한 겁니다. "하나님께서 보시기에 둘 중에 하나를 우열로 평가해서 승자의 것을 받으신 것이 아닐까?" "가인이 특별히 뭘 더 잘못했다기보다는 아벨의 제물이 더 나았으므로 아벨의 것을 가져갔을거야." 이렇게 해석하는 걸 보면서, 또 많은 학생들이 그럴 듯하다는 동조의 끄덕임을 하는 모습을 보며 가슴이 아팠어요. 늘 경쟁 속에서 살아온 학생의 눈으로 본 성경읽기였기 때문이죠.

하지만 본문을 집중해서 읽어보면, 아벨이 특별히 무엇을 더 잘했다거나 가인이 특별히 무엇을 잘못했다는 내용은 언급된 부분이 없어요. 하나님께서 아벨의 점수를 좀 더 높이 매기셨다는 이야기도 없고요. 그렇다면 가인의 제물은 왜 거절된 걸까요? 이 맥락을 잘 이해하기 위해서는 '가인과 아벨 이야기'가 쓰인 시대 배경을 이해해야 합니다. 비록 태초의 사람들에 대한 이야기이지만, 이를 기록한 사람들은 훨씬 후대의 사람들이거든요. 가인과 아벨 이야기를 성경에 담은 사람들은 이스라엘 왕국이 설립된 직후(학자들은 대략 기원전 10~9세기 정도로 추정합니다.)의 사람들이었죠. 그들은 사사시대가 저물고 왕국시대가 전개되던 무렵에 서로 왕권을 놓고 골육상쟁을 벌이는 모습을 지켜본 학자들이요 신앙인들이었다고 전 강의에서 말했습니다.

후에 더 자세하게 다루겠지만, 사사시대 말기에 보면 '기드온'이라는 사사가 나와요. 변변한 군사력이 없던 시절 기드온이 카리스마적인 리더십으로 이스라엘 백성들을 보호하며 전쟁에서 승승장구하자 백성들은 그에게 왕이 되어주길 부탁합니다. 이스라엘 고유의 지도자였던 '사사'는 세습직위가 아니라 하나님께서 필요하실 때에 한 개인을 불러서 쓰시는 '임시직'이었거든요. 하나님의 영이 임한 사람이, 오직 하나님의 영이 함께 하는 동안만 갖게 되는 권위가 사사의 리더십이었습니다. 때문에 하나님의 영이 그 어느 신앙인에게도 내리지 않는다면 그야말로 속수무책이었습니다. 적이 쳐들어와도 오합지졸인 이스라엘 공동체로서는 속수무책으로 당하는 수밖에요. 실제로 이런 일들이 잦았습니다. 물론 후대의 역사가들은 이런 일들이 이스라엘의 불신앙과 행악으로 말미암아 하나님께서 의도적으로 하신 일이라고 고백합니다만, 당하는 입장에서 이런 경험들은 '하나님께서 다음 사사를 안 주실 수도 있다'는 인간적인 불안감을 야기했습니다. 그러다보니 굳이 하나님이 개입하지 않으셔도 인간-왕이 있다면 안전할 수 있다는 생각을 했던 거지요. 하여 기드온에게 왕이 되어달라는 부탁을 하게 된 겁니다.

하지만 기드온은 백성들의 요구를 철저하게 거절합니다. '하비루'들의 공동체였던 이스라엘의 통치원리는 결코 인간-왕 시스템과 같이 갈 수 없다는 것을 잘 알고 있었으니까요. 하여 자기 스스로 왕 되는 것을 거절했을 뿐만 아니라 아들과 손자로 이어지는 인간-왕의 세습 시스템을 거부합니다. "우리 공동체의 왕은 오직 한 분 여호와 하나님입니다." 기드온은 이렇게 고백했어요. 인간끼리 서로 높이고 낮아지는 힘에 의해 설정된 관계는 하나님께서 기뻐하시는 것이 아니라는 신앙고백이었습니다. "야훼만이 우리의 왕이시다." 앞으로 배워나가겠지만, 그것이 이스라엘의 구별된 세계관이었거든요.

그런데 그의 아들들은 그렇지 않았어요. 아버지가 그만큼 힘이 있고 사람들의 추앙을 받는 모습을 보면서 기드온의 아들들은 아버지의 힘을 가지고 싶어 했어요. 그것도 배타적으로 혼자만 소유하고자 했죠. 그래서 그 아들들 중 하나인 '아비멜렉'(이름 뜻도 교만합니다. '내 아버지가 왕이다'라는 뜻이거든요)은 자기 형제 70명을 불러 한 바위 위에서 모두 죽이고 스스로 왕으로 등극하죠. 이후 왕국 초기 역사는 왕좌를 혼자 차지하겠다고 형제들끼리 죽고 죽이는 음모와 반란의 사건들이 연이었죠. 모두 혼자서 권력을 독점하려는 인간의 교만과 자기 확장의 욕망이 빚은 참극이었습니다. 그런 모습을 보고 안타까워하던 신앙적인 저술가들이 기도하며 계시처럼 말씀을 받아 고백한 이야기가 바로 '가인과 아벨의 이야기'였습니다.

그 맥락을 알아야 가인과 아벨 이야기를 더 깊게 이해할 수 있어요. 아비멜렉의 형제 학살에서 유일하게 막내 요담이 살아남았습니다. 숨어 있던 요담은 어느 날 이스라엘 사람들 앞에 나아와 인간의 심리를 비꼬며 질타하는 우화를 전합니다.

> 하루는 나무들이 나가서 기름을 부어 자신들 위에 왕으로 삼으려 하여 감람나무에게 이르되 너는 우리 위에 왕이 되라 하매 감람나무가 그들에게 이르되 내게 있는 나의 기름은 하나님과 사람을 영화롭게 하나니 내가 어찌 그것을 버리고 가서 나무들 위에 우쭐대리요 한지라 나무들이 또 무화과나무에게 이르되 너는 와서 우리 위에 왕이 되라 하매 무화과나무가 그들에게 이르되 나의 단 것과 나의 아름다운 열매를 내가 어찌 버리고 가서 나무들 위에 우쭐대리요 한지라 나무들이 또 포도나무에게 이르되 너는 와서 우리 위에 왕이 되라 하매 포도나무가 그들에게 이르되 하나님과 사람을 기쁘게 하는 내 포도주를 내가 어찌 버리고 가서 나

무들 위에 우쭐대리요 한지라 이에 모든 나무가 가시나무에게 이르되 너는 와서 우리 위에 왕이 되라 하매 가시나무가 나무들에게 이르되 만일 너희가 참으로 내게 기름을 부어 너희 위에 왕으로 삼겠거든 와서 내 그늘에 피하라 그리하지 아니하면 불이 가시나무에서 나와서 레바논의 백향목을 사를 것이니라 하였느니라(사사기 9:8-15).

혼자 살아남은 막내가 피를 토하듯이 고백한 이야기입니다. 왕이 되는 게 중요한 게 아니라는 거지요. 오히려 하나님 안에서 자기가 받은 바 달란트를 가지고 지극정성을 다하는 피조물 된 사람이라면, 인간들 위에 군림하는 건 전혀 관심사가 아니라는 말입니다. 감람나무는 "내 달란트는 기름"이라고 담담히 고백했지요. 감람나무는 양질의 기름을 열심히 만들어내고 이걸 통해서 사람들이 잘 사용하는 걸 보면서 기뻐하는 삶을 살고자 합니다. 그렇기에 감람나무는 자기보고 왕이 되어달라고 부탁하는 다른 나무들에게 오히려 되묻는 겁니다. "난 이걸로 만족해. 하나님과 나와의 관계가 이거면 돼. 내가 왜 굳이 너희들 사이에서 왕이 되어야 하지?" 이런 모습을 보며 하나님께서도 필시 기뻐하셨을 거예요. "감람나무야, 너는 네 생명도 잘 살리고, 기름을 통해서 남들에게 유익을 끼치는구나, 그 삶을 참 행복해 하니 내가 보기에 참 좋구나. 넌 나를 기쁘게 하는 생명이로다."

무화과나무도 마찬가지지요. 잘 익은 무화과나무 열매는 비록 모양은 울퉁불퉁하지만 굉장히 달콤하고 맛이 좋아요. 향기도 대단하지요. "난 그렇게 단 열매를 잘 만들어내라고 하나님이 지으셨지. 그러니 열심히 달고 맛있는 열매를 많이 맺어서 배고픈 사람들에게 먹이고, 그걸로 하나님께도 영광 돌리고, 내 이웃들에게 유익 끼치며 살아야지. 이것이 내 최선의 삶이야." 무화과나무는 이런 마음이었을 거예요. 포도나무도 역시 같았지요. "양질의 포도주를 생산해서 사람들에게 공급하는 게 나의 일이야, 그러니 나는 포도주 만드는 일만 열심히 할 거야. 이게 하나님이 지어주신 내 달란트야." 각자 자기의 달란트대로 살아가면서 '살고/살리는' 일상을 성실하게 만들어가는 감람나무, 무화과나무, 포도나무에게 '왕 되기'는 관심 밖이었기에 모두 그 자리를 거절합니다. 뭐하러 수직축의 시스템 꼭대기에 올라가서 군림하고, 또 그 자리를 탐하는 누군가에 의해 제거되지는 않을까 전전긍긍하는 삶을 선택하겠어요?

그런데 오직 가시나무만이 주변의 부추김에 우쭐거리며 왕이 되겠다고 나섭니다. 가시나무가 하는 말이 참 우스꽝스럽습니다. "다 내 그늘 아래 와서 숨어라." 가시나무에 그늘이 어디 있나요? 괜히 가까이 다가가면 찔리기만 하지요. 가시나무의 이어지는 말은 더욱 어이가 없습니다. "너희가 내 앞에 꿇어 복종하지 않으면 불사르겠다." 위협입니다. 권력을 가진 자가 자신의 권력을 영속화하기 위한 통제욕구이지요. "너는 내 밑에 꿇으라"는 의미이지요. 한자 중에 신하 '신(臣)'자가 있습니다. 등을 구부리고 엎드려 있는 모양의 상형문자에요. 가시나무의 선언은 "너희들은 내 앞에 엎드려서 신하가 돼야 해."라는 것인데, 이런 행동은 하나님께서 가장 싫어하시는 '교만'이에요.

모든 인간을 수직축으로 놓고 등급을 짓는 것, 그리고 그 위계적 등급에 따라 군림하고 조아리는 지배-복종의 삶을 사는 것, 이것은 하나님께서 가장 싫어하시는 질서입니다. 이 메시지는 오늘날까지도 남녀노소 모든 인간을 등급 짓는 세상에서 살고 있는 우리를 돌아보게 합니다. 얼마 전 특강을 하던 중에 한 재기발랄한 고등학생을 만났어요. 제가 칭찬을 하자 그 학생은 그럴 리가 없다는 표정으로 자신을 "나인맨"이라고 소개하더군요. 전체 학생을 시험성적으로 줄지어 세운 사회에서 '나인맨'이라는 것은 모든 과목이 9등급(최저등급)이라는 뜻이죠. 소고기, 돼지고기를 등급 매기듯이 사람도 등급을 매기는 사회를 살아가다보니, 어느덧 우리들은 스스로의 존재를 등수로 인식하고 이런 종적인 삶의 방식을 '당연'으로 받아들이고 살게 되었습니다. A급, B급, C급…, 하지만 생명에 어찌 '급'이 있을 수 있겠습니까? 더구나 획일적 기준으로 독자적인 생명을 평가한다는 것이 말이 되나요? 감람나무, 포도나무, 무화과나무처럼 각 생명이 가진 독특한 자기의 역할들이 있을 텐데 말이죠. 그것들을 잘 살려내는 게 중요한 일이지 획일화해서 줄 지어 놓는 건 하나님의 창조질서가 아니라는 것을 성경은 일관되게 전합니다.

하나님의 창조질서는 동그란 원 같은 존재라 생각해요. 각자가 맡은 자기의 역할을 가장 선하게 잘 해낼 때, 서로 온전히 합력하여 선을 이루는 거지요. 때문에 각자 자기 존재의 존귀함과 개별적 독특성을 깨닫는 것이 중요합니다. 단 열매를 맺는 것, 아름다운 포도주를 만드는 것, 기름을 생산하는 것 등 이런 일들 하나하나가 다 중요합니다. 이렇게 동그란 원 같은 관계 방식 안에서는 하나를 제거한다고 해서 다른 하나가 높임을 받지 않습니다. 오히려 옆자리를 초청하여 채워야 비로소 온전한 원을 만들어 갈 수 있는 겁니다.

하나님으로부터 멀어짐

그런데 가인은 인간의 관계방식을 위 아래로 나누는 시선을 가지고 있었습니다. 가인이 아벨을 제거한다고 자기가 높아지는 게 아님에도 불구하고 말이죠. 하나님께서는 그가 품은 분함과 적대감을 아셨던 것 같아요. 그래서 가인을 향해 경고의 말씀을 담아서 말을 거십니다.

> 여호와께서 가인에게 이르시되 네가 분하여 함은 어찌 됨이며 안색이 변함은 어찌됨이냐 네가 선을 행하면 어찌 낯을 들지 못하겠느냐 선을 행하지 아니하면 죄가 문에 엎드려 있느니라 죄가 너를 원하나 너는 죄를 다스릴지니라(창세기 4:6-7).

하나님께서 1차 경고를 하신 거지요. 이 '말-걸음'은 가인이 살인을 저지르기 전입니다. 하나님께서 이미 가인의 마음을 알아채신 거예요. 가인 마음속에 자리 잡은 욕망을 보신 거죠. "가인아, 네가 아벨을 향해 그런 마음 갖는다고 해서 너의 문제가 해결되는 게 아니야. 먼저 너의 일상을 돌아보렴. 네가 평소에 선을 행했다면 내가 너의 제물을 왜 받지 않았겠니? 모든 건 너(가인)의 문제야. 순전한 마음으로 제사를 드리지 못한 너의 문제란다. 아니 근본적으로는 '살리라' 했던 내 구원명령을 일상에서 살아내지 못했던 너의 일상이 나를 실망시켰기 때문이야. 왜 이게 아벨의 문제냐? 비교하지 말아라." 하나님께서 전하시는 말씀은 이런 의미였을 거라고 생각이 됩니다. 그럼에도 불구하고 하나님의 '말-걸음'이 전하는 메시지를 깨닫지 못했던 가인은 아벨을 제거하면 그 자리에 자신이 설 수 있으리라 생각했습니다. 그래서 결국 동생 아벨을 죽이는 인류 최초의 살인을 저지르게 된 거지요.

내가 낳은 생명이 다른 생명을 돌로 쳐 죽이는 모습을 본다는 것, 그것은 어떤 심정일까요? 그 모습을 보시고 심히 애통하셨던 하나님께서는 가인에게 두 번째 '말-걸음'을 하시게 됩니다. "네 아우 아벨이 어디 있느냐?"(창세기 4:9) 어떤 어조였을까요? 분노에 찬 목소리였을까요? 신음처럼 내뱉은 말씀이셨을까요? 그 무엇이었든 하나님의 입장에서는 참으로 안타까우셨을 일입니다. 가인의 아버지 아담, 죄를 짓고 숨어버린 그에게 하나님께서 하신 처음 말-걸음이 "아담아 네가 어디 있느냐?"였지요. 이제 그 아들 가인에게 묻게 되었습니다. "네 동생 아벨이 어디 있느냐?" 자신이 낳은 피조물을 향해 2대째 계속 '어디 있는지'를 물어야 하는 상황, 너무 슬픈 일이에요. 인간과 하나님은 에덴동산에서 서로 어디 있는지 찾을 필요가 없을 정도로 정말 가까이 있었지요. 그런데 "어디 있느냐"고 물으셔야 할 만큼 그 사이가 벌어졌습니다. 하나님께서 인간과 가까이 계시다가 멀어졌다는 뜻일까요? 아니면, 인간이 가까이 있다가 자기가 숨어버렸다는 뜻일까요? 인간이 숨은 거지요. 인간이 숨으면서 거리가 자꾸 벌어지는 슬픈 일이 생기는 거지요. 심지어 가인은 동생을 죽여놓고서 하나님의 낯을 피하고 있으니, 그 부분에 대해 하나님께서 안타까워하시면서 말-걸음을 하시는 거지요. 이 정도면 깨닫고 얼른 자백을 해야 될 텐데… 가인이 대답하는 것 좀 보세요. "내가 알지 못하나이다. 내가 내 아우를 지키는 자니이까?"(창세기 4:9)

자, 이 대답에 가인이 크게 저지른 잘못이 두 가지 있는데요. 한 번 생각해 볼까요? 첫 번째 죄는 금세 발견됩니다. 첫 문장을 보면, 가인은 "그가 어디 있는지 내가 어떻게 압니까? 나는 모릅니다"라고 말했습니다. '거짓말'이지요. 가인은 자기가 죽이고 숨겨놓고는 하나님께 거짓말을 하는 죄를 지었습니다. 하지만 단순한 거짓말이 문제가 아닙니다. 생명의 근원이시요 종착지인 창조주 하나님 신앙을 가지고 있다면 못했을 말입니다. 어찌 하나님을 속일 수 있겠습니까? 생명의 호흡을 잃은 아벨이 어디로 돌아갔을 텐데요? 이는 하나님을 부정하지 않고서는 뱉지 못할 말이었습니다.

그럼 두 번째 죄는 무엇일까요? 힌트는 "내가 내 아우를 지키는 자니이까?"에 담겨 있습니다. 이번에는 금세 죄목을 찾기 어려우실지도 모르겠습니다. 바로 '책임회피'입니다. '나보다 약한 생명체를 돌보고 지키라'는 것이 하나님께서 인간에게 부여하신 '구원명령'이라고 했습니다. 하나님의 형상을 닮은 인간들만이 할 수 있는 능력이요 사명입니다. 자연의 생태법칙은 적자생존, 약육강식(가끔 '살리는'

선택을 하는 동물들의 영상을 보면 '사람'으로서 더욱 자괴감이 듭니다만)입니다. 하지만 오직 인간만은 하나님의 형상을 닮아서 다스리고 지켜주고 보듬어 줄 수 있는 능력을 가지고 있습니다. 그러므로 가인은 동생을 지키는 자여야 했던 거죠. 어쩌면 가인은 아벨보다 더 강한 사람이었을 거란 생각이 듭니다. 먼저 난 맏이고, 한두 살이라도 더 많고, 좀 더 강하고, 좀 더 능력 있고, 좀 더 많은 걸 알고 있고, 더 가진 자였을 수 있습니다. 그렇다면 나보다 뒤처지고 약하고 덜 가진 형제를 보듬고 다스려야 되는 책임이 있지요. 그런데 가인은 그 책임을 회피한 겁니다. 필시 살인 이전에도 가인은 동생 아벨을 향하여 '보살피는 형'의 모습보다는 자신의 우위에 선 힘을 남용하여 괴롭히고 억누르는 악을 행했을 가능성이 있습니다. 그 행악하는 모습에 하나님께서 노하셔서 그의 제물을 거절하셨을 수 있는 일이죠. "내가 내 아우를 지키는 자니이까?" 그걸 몰랐다면 충분히 평소의 행동이 그러했을 수 있습니다. 지켜야하는 힘이 있고 내 앞에 지켜야하는 대상이 있는데, 그걸 몰랐고 외면했고 심지어 죽이기까지 했다면 그것은 명백한 죄입니다.

지킨다는 것

우리는 보통 어떤 걸 지키고 싶어지나요? 내가 가치를 부여하진 않는 것을 지키는 사람은 없습니다. 보통은 소중한 걸 지키고 싶겠지요. 때문에 '지킨다'는 건 '사랑한다'는 말과 동일합니다. 내가 예쁜 구두를 지키고 싶으면 그 구두를 사랑하는 거지요. 아내/남편과 아이들을 지키고 싶은 건 내 아내와 아이들을 사랑한다는 것이고요. 만약 가인이 아벨을 사랑했다면 아벨을 지키는 게 맞고 기꺼이 지켜주었겠지요. 하지만 이런 것들을 깨닫지 못했기에 가인은 돌이킬 수 없는 끔찍한 죄를 저질렀습니다. 창조질서대로 자신의 삶을 살아냈다면, 하나님이 부여하신 자유혼으로 선을 행하는 삶을 살았다면, 그래서 하나님과의 관계 속에서 자기의 역할을 잘 해내고 자기가 받은 달란트로 하나님을 기쁘시게 하는 삶을 살았다면, 왜 하나님께서 가인의 제사를 안 받았겠어요?

결국 내 형제나 이웃과 비교하여 수직선상에서 비교하는 심리를 그치기 위하여 우리가 명심해야하는 것은 두 가지라고 생각합니다. 첫째, 하나님 안에서 우리가 받은 달란트를 잘 활용하여 나만이 만들어내고 표현하고 하나님과 이웃을 기쁘게 할 수 있는 일을 찾는 것입니다. 두 번째는 그 힘으로 우리보다 연약한 존재를 지켜내는 삶을 살아내는 것이겠죠. 하나님의 구원명령이니까요. 우리에게 그 힘이 주어졌으니까요. 사랑하면 가능할 텐데, 내 의지로 사랑할 수 없는 형제나 이웃이라면 결국 우리는 임마누엘, 동행하시는 하나님의 영으로 선한 사랑을 품어야하겠죠.

기도

사랑의 하나님, 저희를 용서하소서. 이 세상 속에 살면서 하나님께서 원래 사람에게 주셨던 구원명령을 자꾸 잊습니다. 동그란 원처럼 평등하게 지어놓으신 창조질서를 자꾸 망각합니다. 그래서 나보다 나아 보이는 저 사람만 없으면 높이 올라갈 것 같이, 마음으로도 또 행동으로도 그를 끌어내리고 제거하려 할 때가 많습니다. 주님, 저희들의 죄를 저희가 스스로 돌아보게 하시고, 당신께서 저희에게 주신 고유한 능력과 귀한 달란트가 있음을 깨닫게 하여 주시옵소서. 그것을 충분히 잘 살리고, 또 그 능력으로 저희보다 연약한 이들을 돌보면서, 그렇게 이 땅에서 하나님께서 기뻐하시는 삶을 살아내게 하여 주시옵소서. 예수님의 이름으로 기도합니다. 아멘.

하나님께서는 나만이 할 수 있는 재능을 모두에게 허락하셨습니다. 각자가 자신만이 받은 고유한 달란트를 발견하고 잘 가꾸어서 하나님께 기쁨이 되고 사람들에게 유익이 되는 삶을 살아갑시다.

네 번째 만남

죄란 무엇인가, 바벨탑 이야기

창세기 11장

지난 만남에서는 '비교하지 말라'는 주제로 가인 이야기를 나누었습니다. 하나님이 주신 내 모습 그대로를 가장 잘 발현하는 삶을 살아가는 것, 그리고 또한 내가 사랑하고 소중한 사람들을 지켜내며 살아가는 삶이 중요하다는 것을 마음에 꼭 간직했으면 좋겠어요. 그 마음을 잊을 때 우리는 자칫 하나님께서 가장 싫어하시는 '수직적 응시', 즉 위아래로 인간관계를 비교하는 행동을 하게 되니까요. 가인 이야기는 그 비교심리의 가장 극단적이고 비극적인 결말이었죠.

가인 이야기가 개인적 차원의 비극이었다면, 오늘 우리가 공부하게 될 창세기 11장은 구조악을 다룬 '원인론적 이야기'입니다. 창세기 1장에서 11장을 '원인론적 이야기'라고 했지요? 인간 조건의 기원을 묻고 신학적·신앙적 대답을 한 이야기라는 뜻이라고 했습니다. 바벨탑 이야기는 원인론적 이야기의 마지막 에피소드입니다.

'벽돌'의 발명

바벨탑 이야기에서 하나님과 인간은 직접 서로 대면해서 이야기를 나누지는 않아요. 인간 집단과 천상에서 각각 별도로 이루어지는 독백입니다. 하지만 이 장면이 마치 전지적 작가 시점 같이 전개됩니다. 본문을 읽는 독자가 하나님의 생각과 인간들의 의도를 모두 파악할 수 있도록 구성된 구조입니다. 전체 이야기가 총 아홉 절의 길지 않은 본문이니 우선 한 호흡으로 읽어보겠습니다.

> 온 땅의 언어가 하나요 말이 하나였더라 이에 그들이 동방으로 옮기다가 시날 평지를 만나 거기 거류하며 서로 말하되 자, 벽돌을 만들어 견고히 굽자 하고 이에 벽돌로 돌을 대신하며 역청으로 진흙을 대신하고 또 말하되 자, 성읍과 탑을 건설하여 그 탑 꼭대기를 하늘에 닿게 하여 우리 이름을 내고 온 지면에 흩어짐을 면하자 하였더니 여호와께서 사람들이 건설하는 그 성읍과 탑을 보려고 내려오셨더라 여호와께서 이르시되 이 무리가 한 족속이요 언어도 하나이므로 이같이 시작하였으니 이 후로는 그 하고자 하는 일을 막을 수 없으리로다 자, 우리가 내려가서 거기서 그들의 언어를 혼잡하게 하여 그들이 서로 알아듣지 못하게 하자 하시고 여호와께서 거기서 그들을 온 지면에 흩으셨으므로 그들이 그 도시를 건설하기를 그쳤더라 그러므로 그 이름을 바벨이라 하니 이는 여호와께서 거기서 온 땅의 언어를 혼잡하게 하셨음이니라 여호와께서 거기서 그들을 온 지면에 흩으셨더라(창세기 11:1-9).

본문을 보면 인간들은 "성읍을 만들고 탑을 건설"하고자 합니다. 그 이유는 "인간의 이름을 높게 드러나게" 하고 "흩어짐을 면하게 하고자" 함입니다. 그런데 하나님께서는 무슨 까닭인지 이런 행동을 못마땅해 하시고 우려를 표하십니다. 심지어 탑 쌓는 것을 저지하시기 위하여 하나였던 언어마저 "혼잡하게" 하여 사람들 간의 의사소통을 방해하십니다. 결국은 하늘까지 닿을 듯한 하나의 거대한 도시 건설에 실패했을 뿐만 아니라 온 지면에 흩어지기까지 했습니다.

그런데 조금 이상하지 않나요? 성읍과 탑을 쌓는 것이 왜 죄 된 일일까요? 이 글의 배경을 모른 채 이야기만을 쭉 읽다보면 하나님이 조금 심술쟁이 같다는 생각이 들 수도 있습니다. 하나님은 인간에게 자유의지를 주셨고 창조할 수 있는 능력도 주셨습니다. 그런 창조력을 발휘하여 벽돌을 만들어 굽고 성읍도 건설하겠다는 것이 왜 죄가 되나요? 인간들이 뿔뿔이 흩어져 외롭고 불안하게 살지 않고 서로 모여 살겠다는데 그것을 왜 굳이 막으시는지 이해가 되지 않습니다. 높은 탑을 건설하는 것은 또 왜 하나님을 거슬리게 했을까요?

만약에 우리가 이것을 문자적으로 받아들여서 성읍이나 높은 탑 쌓는 것을 하나님께서 싫어하신다고 이해한다면, 오늘날 높은 건축물을 세우는 것은 다 죄가 되겠지요. 하지만 여기에 나오는 성읍과 탑은 건물의 높이만을 의미하는 것이 아닙니다. 성경은 아주 구체적인 역사적 경험을 반영하는 책입니다. 때문에 모든 이야기는 그 이야기가 고백되었던 시대적 상황과 긴밀하게 연결됩니다. 바벨탑 이야기를 고백하는 이스라엘 사람들의 맥락 속에도 '성읍' '탑'이 전달하는 생생한 체험이 담겨 있어요.

팔레스타인과 메소포타미아, 이집트에 이르는 고대 근동 지역에서는 큰 강 유역을 따라 도시국가 형태의 삶이 존재하고 있었습니다. 성읍을 건설하고 도시국가의 경계를 정하려면 당연히 성벽도 쌓고 문도 만들어야 합니다. 벽돌을 구워서 성읍과 탑을 쌓았던 흔적들이 오늘날까지도 많이 남아 있습니다. 사실 인류 문명사에 있어서 '벽돌'의 발명은 인간의 공동체적 삶의 질서에 굉장히 큰 변화를 가져왔습니다. 벽돌 이전에는 어떤 돌이 있었을까요? 그냥 돌, 즉 하나님이 창조해놓으신 자연적인 돌들이 있었겠죠. 비정형의 자연적인 돌들로는 높은 건축물을 지을 수 없었습니다. "벽돌을 만들어 견고히 굽자!" 이것은 아주 일정한 규칙으로 벽돌들을 만들어 굉장히 높은 건물을 쌓을 수 있는 기술을 인간이 갖게 되었다는 것을 의미합니다. 인간만이 하나님을 닮아서 '창조하고 지어낼 수 있는 능력'을 가지니까요. 사실 하나님께서는 무언가를 창조하고 지어내는 것 자체를 나쁘다고 생각하시지는 않으셨을 겁니다. 자기를 닮은 자녀가 무언가를 뚝딱뚝딱 만드는 모습을 보며 부모가 흐뭇하듯, 하나님께서도 인간이 지어내는 '문화'를 무조건 우려하시고 막으신 것은 아니셨을 거예요.

'나의 문'을 건설한다는 것

다만 벽돌이 만들어지면서 아주 슬픈 일이 생겼습니다. 자연 그대로의 돌로 집을 짓는다면 뭐 그리 대단하고 어마어마한 집을 지을 수 있었겠어요? 하지만 일정한 규격의 벽돌이라면 이야기가 달라집니다. 힘을 가진 사람들은 자신의 이름을 드러내고자 점점 더 웅장하고 더 높은 건축물을 짓고 싶은 욕망에 사로잡혔습니다. 자신이 힘이 있다는 것을 나타내고 싶었을 겁니다. 당연히 막대한 노동력이 필요했겠죠. 그래서 전쟁을 통해 이웃 부족들을 사로잡아 오고 빚을 못 갚는 사람은 노예로 삼고 약자들은 힘으로 통제하게 되었겠죠. 지난 시간에 살펴본 대로 '가시나무가 왕 노릇' 하듯이 말입니다. 그렇게 사람들을 끌어와서 그들에게 강요된 노동을 시켰습니다. 벽돌을 만들어 쌓게 하고 큰 탑과 성곽을 짓게 했습니다.

'벽돌을 높이 쌓아 거대한 건축물을 만드는 작업'은 보통 사람들의 복지와는 아무 상관이 없었습니다. 힘 있고 권력 있고 부유한 소수의 사람들을 위한 일이었습니다. 도시국가의 왕들, 귀족들이겠죠. 그들이 거할 궁전, 또는 그들의 통치권을 정당화하는 신전을 짓는 일에 벽돌이 사용되었습니다. 하나님을 높이는 것이 아니라 자신들을 신격화하는 용도였다는 말입니다. 힘을 가진 자들은 벽돌을 하늘 꼭대기까지 쌓아서 자신들이 신(神)이 되려고 했습니다. 하나님은 '인간들이 하늘까지 올라오면 어떻게 하나' 이런 유치한 걱정에 방해공작을 벌이신 것이 아닙니다.

더 높게 쌓고 싶으니까 그만큼 많은 사람을 내 아래로 두어야 되고, 그들을 더 착취하거나 부려먹어야 되는 상황이 펼쳐진 겁니다. 본문에 나오는 '바벨(babel)'이라는 단어는 성문을 뜻하는 말 '바브(bab)'와 신을 의미하는 '엘(el)'이 합쳐진 복합어입니다. 그러니까 '바벨'은 '신의 문'이라는 뜻이죠. 도시국가의 왕이 자신을 신격화하여 본인의 통치권 안으로 들어오는 문을 만든 것입니다. 내 통치권 안으로 들어오려는 자는 다 머리를 숙이고 들어오라는 상징적인 입구가 바로 성문입니다. 그러니 더욱 위대하게, 더욱 화려하게, 더욱 견고하게 지었겠지요.

하나님이 싫어하시는 것은 인간들이 탑을 높이 쌓는 문제가 아닙니다. 나의 문을 만들어서 내 배타적인 영역을 만들어 스스로를 높이 드러내려는 욕망을 싫어하시는 것입니다. 인간은 언제나 인간의 자리를 제대로 알아야, 즉 유한성을 알아야 범죄하지 않습니다. 인간은 물론 스스로 선택할 수 있는 자유와 창조할 수 있는 능력을 가진 존재입니다. 하지만 또 하나의 조건인 유한성을 잊어버리면 자기 확장에의 욕망에 사로잡혀 다른 사람들의 자유를 빼앗게 되기 쉽습니다. 그들 위에 군림하고 싶어지기 때문이죠. 하나님은 모든 인간들이 자유롭고 풍성하게 살기를 원하셨습니다. 그런데 소수의 권력자들이 약한 사람들을 괴롭히는 문명을 만들어낸 것이지요.

고고학자들을 비롯하여 많은 이들이 성경에 나오는 바벨탑이 이 탑인지 저 탑인지 입증하고자 오랜 노력을 해왔습니다. 사실 메소포타미아 문명에서는 이런 탑들이 무척 많았습니다. 지구라트(ziggurat: 고대 메소포타미아의 각지에서 발견되는, 일종의 신전 역할을 하는 건축물)라고 하지요. 그 크기와 규모가 어마어마합니다. 당시에는 기계식 벽돌 공장도 없었던 시절입니다. 사람들이 일일이 진흙을 개고 지푸라기를 섞어 벽돌 모양을 만들었습니다. 일생을 다 바쳐서 벽돌만 만들다가 죽은 사람도 있었겠지요. 몇 대에 걸쳐 벽돌을 만들고 쌓고 했습니다. 기중기도 없던 시절입니다. 그 높은 성벽과 탑을 건설하느라 얼마나 많은 인력이 동원되었을까요? 도시국가의 왕 하나가 바벨, 나의 문을 만들고자 하는 욕망을 품었기에 많은 사람들이 고통을 받았습니다. 자유를 빼앗겼습니다. 즐겁고 창조적인 일을 한 것이 아니라 강요된 노동을 하며 죽어갔습니다. 하나님은 이것을 죄로 여기셨습니다.

이집트에도 굉장히 큰 건물인 피라미드가 있습니다. 피라미드 역시 벽돌을 쌓아서 만든 것입니다. 출애굽기에는 피라미드 만드는 잔혹한 장면이 묘사된 내용이 한 군데 나오죠. 이집트의 왕(바로)과 모세가 긴장관계에 있을 때입니다. 모세가 이스라엘 백성들을 데리고 도망갈 계획을 세우면서 일종의 눈가림으로 왕에게 부탁을 했었죠. 우리의 신에게 제사를 드리고 올 테니 백성에게 조금의 휴식 기간을 달라고요. 이 요청에 이집트 왕은 화가 나서 이렇게 이야기합니다. 출애굽기 5장 5절에서 9절의 이야기입니다.

> 바로가 또 이르되 이제 이 땅의 백성이 많아졌거늘 너희가 그들로 노역을 쉬게 하는도다 하고 바로가 그 날에 백성의 감독들과 기록원들에게 명령하여 이르되 너희는 백성에게 다시는 벽돌에 쓸 짚을 전과 같이 주지 말고 그들이 가서 스스로 짚을 줍게 하라 또 그들이 전에 만든 벽돌 수효대로 그들에게 만들게 하고 감하지 말라 그들이 게으르므로 소리 질러 이르기를 우리가 가서 우리 하나님께 제사를 드리자 하나니 그 사람

들의 노동을 무겁게 함으로 수고롭게 하여 그들로 거짓말을 듣지 않게 하라(출애굽기 5:5-9).

"뭐, 제사를 드리러 간다고? 너희가 아직 살만 하구나. 힘이 남아도는 모양인데, 그럼 일을 더 시켜주마." 이런 심보로 바로는 곧바로 새로운 명령을 내린 겁니다. 요지는 '벽돌을 더 많이 만들게 하라는 것'이었죠. 예전에는 벽돌을 만들 재료를 제공했는데 이제는 아예 재료도 다 이스라엘 백성이 스스로 알아서 준비하라고 합니다. 하지만 만들어내야 하는 벽돌 수는 전혀 감해주지 않겠다고요. 이 노역이 얼마나 힘겨웠으면 히브리인들이 울부짖었겠습니까? 그 울부짖음을 하나님이 들으신 사건이 출애굽기의 이야기이죠.

이런 일들이 이집트, 메소포타미아, 시리아 등 당시 고대 근동의 '비옥한 초승달 지대'(Fertile Crescent: 메소포타미아로부터 시작하여 시리아-팔레스타인을 거쳐 이집트에 이르는 방대한 지역을 부르는 이름입니다. 강줄기를 따라서 비옥한 곡물생산과 무역이 활발한 고대 근동의 문명 발상지였죠)에서는 일상의 일이었던 겁니다. "자, 우리가 성읍과 탑을 건설하자." 이 말은 왕들의 말이었습니다. 그 말이 떨어지자마자 힘없는 백성들은 벽돌을 끊임없이 만들어내야 합니다.

왕의 명령 한 마디에 얼마나 많은 사람들이 강제노역으로 고통을 받는지 알았던 이스라엘 사람들이었습니다. 아니 그런 강제노역의 일선에 있던 사람들이었습니다. 그런 경험 속에서 나온 신앙고백이 바벨탑 이야기에 담겨 있는 겁니다. "이것은 하나님이 만드신 창조

질서가 아니야. 하나님은 이런 것을 원하지 않으셔."

인간의 두 가지 죄, 교만과 자기포기

모든 피조물 중에 환경에 적응하지 않고 환경을 변화시키는 유일한 동물이 인간이라 합니다. 동물들은 추우면 추운 대로 살아갑니다. 그런데 인간은 추운 상황을 극복해보려고 불을 피우고 더 따뜻한 집을 지으려고 노력합니다. 이런 식으로 환경을 이겨내는 지혜가 있는 유일한 동물이 인간인데 그 놀라운 능력으로 벽돌을 만드는 것을 누가 악하다 하겠습니까. 하지만 그 창조력으로 소수의 이름을 높이고 권력을 견고히 하는 상징물로서의 성벽과 탑을 쌓는 것은 결단코 하나님께서 기뻐하시는 삶의 방식이 아닙니다.

또한 '성벽'이 상징하는 바는 '성벽 밖에 있는 사람들에게 배타적'이라는 의미를 담고 있습니다. 성벽 밖의 사람들은 '적'이거나 적어도 우리가 돌보지 않아도 되는 사람들로 여겨집니다. 우리 대 그들이라는 이분법적 응시가 성벽을 사이에 두고 생겨납니다. 자연히 성벽 밖의 사람들에게 배타적이게 되겠죠. 하나님께서는 이런 무책임과 무관심도 바른 삶이 아니라고 책망하십니다.

결국 하나님께서 싫어하신 것은 자신의 이름을 드러내려고 배타적인 경계를 만들고, 이를 위해 다른 이들의 자유를 빼앗아 강요된 노동으로 내모는 권력자(강자)들의 교만이었습니다. 때문에 이들이 중앙집권적으로 그 세력을 모으려는 시도를 악하게 보시어 그들의 언어를 흩으신 겁니다. 물론 이 원인론적 이야기는 인간이 접한 다양한 언어의 기원을 설명하는 내러티브이기도 합니다만, 보다 중요한 메시지는 '그들이 하나의 거대하고 통일된 힘을 가질 수 없도록 만드신 것'이었다고 봅니다. '더 많은 사람을 조직적으로 억압하지 못하도록 하셨다'는 뜻으로, 저는 그리 읽습니다. 타인을 억압시키는 권력을 해체시키기 위해 인간의 언어를 흩으신 하나님!

창세기 1장부터 11장까지 쭉 읽어보면서 원인론적 이야기가 밝히는 인간의 죄란 무엇인가 한번 생각해 보았으면 합니다. 하나님을 만난 이스라엘 사람들의 신앙고백 안에는 인간의 죄에 대하여 두 가지로 정리합니다. 하나님이 제일 싫어하시는 인간의 죄는 한마디로 말하면 '교만(hubris)'입니다. 하나님은 인간이 자신의 유한성을 잊어버리는 것을 싫어하세요. 내가 피조물이라는 사실, 내가 지음 받았다는 것, 내가 유한하다는 것을 잊어버리고 내가 하나님 같아지려는 바로 그 교만함을 가장 큰 죄라고 이야기하시지요. 그런 교만함은 아담 때도 있었고, 바벨탑 이야기에서도 마찬가지로 등장합니다. 자신의 통치권 안으로 고개를 조아리고 들어오는 문을 만들고 자기 권력의 배타적 경계를 의미하는 울타리를 만들고 높이 쌓는 '인간-신들'(권력자들)에게 이 교만함이 가득했습니다.

그런데 여기서 더 나아가 이 교만함만큼이나 하나님께서 싫어하시는 또 한 가지의 죄를 생각해 보고자 합니다. 본문 내용 속에도 들어있지만 가려져서 충분히 강조되지 않았다고 생각하는 죄입니다. 이 두 번째 죄는 권력자들의 교만과 구조적으로 짝을 이룹니다. 즉, 도시국가의 왕들이 교만함으로 하나님 앞에서 죄를 지었다면, 벽돌을 굽는 노동을 하면서 자신들의 처지를 운명으로 받아들이는 사람들도 어떤 면에서는 죄를 짓고 있다고 생각합니다. "내가 그렇지 뭐. 가진 것도 없으니 이렇게 사는 것이 당연해. 난 머리도 나쁘니까." 상황을 바꿔보려는 마음을 접고 자유혼을 버리고 자기를 포기하는 것입니다. 히브리 노예들도 초반에 그렇게 말했어요. "왕이 시키는 것을 해가면서 가끔씩 떡고물 주면 그거 받아먹고 이렇게 사는 거지 뭐. 우리가 잘난 게 있어? 잘난 사람들이 우리를 보호해주니 그걸로 만족해야지. 원치 않는 노동이지만 그래도 굶지 않게는 해주니까." 탈출 후에도 광야를 헤매며 조금만 힘겨워도 자유는 없으나 떡고물은 있었던 이집트 생활로 다시 돌아가자고 불평을 했던 기저에는 이런 삶에 대한 익숙함이 자리 잡고 있었습니다.

이와 같이 '자유혼을 버리고 주체적 삶을 포기하는 것'을 원인론적 이야기에서는 죄라고 말하는 겁니다. 이 두 번째 죄는 그동안 기독교 역사 안에서 충분히 강조되지 않았습니다. 그러나 성경이 기록된 시절부터 오늘날까지도 권력자들의 '교만'과 피지배자들의 '자기포기'는 늘 구조적으로 공존해 온 하나의 '짝'입니다. 21세기 대한민국을 돌아보더라도 그런 일들이 비일비재하지요. 소수의 욕심을 위해서 배타적인 공동체를 만들고 자기 이름을 드높이기 위해서 '탑'을 쌓아가는 권력자들 밑에는, 하나님께서 자신의 형상으로 지으시면서 부여해주셨던 자유혼과 자유의지를 포기한 채 살아가는 수많은 '을들'이 존재합니다.

요새 언어로 표현한다면 '갑질'과 '을질'의 구조적 공존이라고 할까요. 위에 올라가서 다 내 휘하에 잡고 흔드는 것을 보고 '갑(甲)질' 이라고 하죠. 바벨탑 이야기와 너무도 흡사한 일들이 아직까지도 일어나고 있어요. 바벨탑을 쌓던 시대의 일들이 오늘날에도 그대로 반복되지요. 하지만 을들이 '을질'을 해주어야 '갑질'이 가능한 법입니다. '땅콩 회항'이니 '백화점 갑질 모녀'니 '재벌의 수천 만 원짜리 매값'이니 하는 사건들이 갑질의 전형이라면, "뭐 어쩔 수 없잖아. 나는 가진 것도 없고 하라는 대로 해야지." 이런 마음으로 노예 된 삶을 살려하는 행위를 저는 '을질'이라고 표현해 봅니다. 사람으로서 자신이 가진 창조성이나 자유의지, 무언가 새롭게 지어낼 수 있는 능력을 포기해 버리는 것 말입니다.

물론 하나님이 바라시는 세상은 평등한 세상이지만, 사람의 '타고 난' 능력은 평등하지 않다는 것을 인정합니다. 타고나기를 더 기민하고 영특한 사람들이 있습니다. 소위 '잘 난' 사람들이죠. 나기를 잘 난 겁니다. 반면 '못 난' 사람들도 있습니다. 느리고 어눌하고 약한 사람들은 나기를 그리 난 걸 어쩝니까? 하지만 이건 하나님의 축복을 덜 받았기 때문도 아니요, 창조주 하나님의 실수도 아닙니다. '살아라' 하신 창조명령 만큼이나 '살려라' 하신 구원명령을 지켜야 합니다. 나기를 잘 났다면, 그래서 남들보다 더 강하고 빠르고 똑똑하다면, 그건 다른 사람들 위에 군림하여 갑질을 하라고 주신 능력이 아닙니다. 다른 누구보다도 '살려내는' 구원명령에 더 우선적으로 응답해야하는 일입니다. 그런데 잘난 사람이 갑질을 하면 하나님이 얼마나 속상하시겠어요. 반면에 그 밑에서 당하면서 쪼그라드는 사람을 보면 하나님께서는 역시 똑같이 가슴 아파하실 겁니다. 그것이 부모의 심정이니까요. 모두 다 내 아이들인데, 어느 녀석은 갑질을 하고 어느 녀석은 을질을 하면 어찌 갑질하는 아이만 미울까요. 맞서보려 하지 않고, 바꾸어보려 하지 않고, 포기하고 숨고 접어버리는 모습을 보는 것도 '부모'의 심정인 하나님 보시기에 속 끓는 일이 아니겠습니까?

그러므로 교만하지도 않으나 한편으로는 자기포기도 하지 않는 삶, 그것이 하나님께서 가장 기뻐하시는 '인간'의 삶입니다. 나는 아무것도 아니라고 납작 엎드려 자기를 포기하는 일은 '교만함' 만큼이나 하나님이 싫어하시는 일이에요. 사실 교회 안에서 "교만하지 말라"는 말은 참 많이 들었잖아요. 그런데 "나를 포기하지 말라." "자기 비하하지 말라"는 교훈은 거의 들은 바가 없습니다. 생각해보면 그동안 하나님이 얼마나 마음 아파하셨을까 싶습니다. 유한성을 잊지 않고 교만하지 않으나, 동시에 사람으로서 나의 자유를 포기하지 않는 삶, 이것이 하나님께서 기뻐하시는 인간의 삶일진대, 적정선을 유지한다는 것이 참 어려운 과제이지 싶습니다.

어찌하면 우리는 교만하지도, 자기를 포기하지도 않는, "유한한 자유"(이 용어는 신학자 폴 틸리히가 사용한 단어입니다. 인간실존을 이렇게 표현했어요.)로 살아갈 수 있을까요? 정답은 하나라고 생각합니다. 성경이 반복적으로 말하는 메시지입니다. 우리는 하나님으로부터 숨지 말아야 합니다. 하루하루 우리의 유한한 인생을 살아가는 동안 우리 존재의 기반이 되시는 하나님으로부터 숨지 않고 늘 동행할 때에, 우월하지도 않고 열등하지도 않은 그런 마음을 가지고 살아갈 수 있을 겁니다. 하나님 앞에서 숨지 않고 하나님 안에서 나를 계속해서 점검해 가야, 높이지도 낮추지도 않는 삶을 살 수 있겠지요. "유한한 자유"로서의 인간의 삶은 마치 이카루스의 비행과도 같다는 생각을 해봅니다. 너무 높이 날아도, 너무 낮게 날아도 이카루스의 날개는 제 기능을 못하게 되니까요. 사람의 힘만으로는 어림없습니다. 임마누엘, 하나님과 동행할 때만 "유한한 자유"로서의 삶이 가능합니다.

기도

사랑의 하나님, 감사를 드립니다. 이 땅의 많은 사람들이 하나님께서 지어주신 그 모습 그대로 살지 못하고 조금 우월하다고 약자들을 억압하고 착취합니다. 또한 조금 부족하고 상황이 좋지 않다고 쉽게 자신을 비하하고 자기를 포기하기도 합니다. 때로는 생명 자체까지 포기하는 슬픈 소식들을 자주 접하게 됩니다. 그러나 주님, 저희로 하여금 하나님의 자리까지 욕심내는 교만함을 버리되, 하나님이 지어주신 자유의지와 창조성을 선하게 활용해가는 '사람' 본연의 모습으로 살아가게 하소서. 언제나 하나님과 잇대어 하나님 앞에서 늘 유한성과 자유혼을 모두 기억하며 사람의 본분과 책무를 지키는 신앙인들이 되게 하여주시옵소서. 예수님의 이름으로 기도합니다. 아멘.

교만과 자기포기는 모두 하나님께서 싫어하시는 죄 된 행동입니다. 약자 위에 군림하지도, 강자 아래 굴복하지도 않는 자유혼으로 살아내기 위해 늘 임마누엘 하나님과 동행하며 '사람다운' 선택을 하며 삽시다.

히브리 사람, 아브람과 롯

창세기 12-15장, 19장

지난 만남에서는 '바벨탑 이야기'가 전하는 의미에 대해 묵상했습니다. 고대 근동의 초승달 모양의 비옥한 지역들을 따라서 형성되어 있던 도시국가들의 존재와, 그 시스템을 유지하기 위해 쌓아 올린 견고한 성벽과 높은 탑들이 이 이야기의 실제적 배경이라고 했죠. 그 성 안에는 자기 이름을 높이기 위해서 탑을 쌓는 사람들이 있고, 그런 사람들의 권력 아래 강요된 노동을 하며 자기를 포기하는 삶을 살아가는 사람들이 있었습니다. 하나님께서는 이 두 가지 삶, 즉 교만과 자기 포기를 싫어하시고 죄로 여기신다고 했어요. 바로 이 '바벨론 이야기'까지가 학자들이 '원인론적 이야기'라고 말하는 인간 조건의 기원에 대한 이야기였습니다. 창세기 1-11장까지가 하나의 커다란 덩어리인 셈입니다. 이스라엘 사람들의 가장 중심이 되는 신앙고백이지요. 우리의 기원은 무엇이며 우리가 왜 이러한 삶을 살게 되었는지를 밝히는 이야기라고 했죠. 이전 강의에서도 잠깐씩 등장했지만, 이러한 신앙고백을 했던 이스라엘인들은 도대체 어떤 삶을 경험했길래 이런 신앙고백을 하게 되었을까요? 오늘은 이들의 구체적인 역사적 삶의 자리를 공부해보겠습니다. 본격적으로 이들의 삶 안으로 들어가는 거죠. 그 첫 사람, 아브라함과 조카 롯의 이야기를 시작합니다.

아브라함이 받은 약속, 땅과 후손

이스라엘 사람들은 자신들을 '아브라함의 후손'이라고 고백합니다. 우리가 '아브라함'이라고 부르지만 사실 아브라함은 99살이 될 때까지는 '아브람'이라고 불렸습니다. '아브'는 우리말로 아버지라는 뜻이고, '람'은 '높은' 혹은 '큰'의 의미를 담고 있지요. 그러니까 '아브람'이라고 하면 '높은 아버지' '큰 아버지'라는 뜻입니다. 한마디로 씨족 단위로 살아가던 공동체의 부족장이었어요. 당시는 청동기쯤 되는 문명권이었고 주로 부족 단위로 살아갔는데, 아브람은 한 부족의 수장이었던 셈입니다.

그 이름이 나중에 이삭이라는 언약의 아들을 통해서 '아브라함'으로 이름이 바뀌죠. '라함'은 '무리' '떼'라는 의미가 있어요. 그러니까 아브라함은 '많은 무리들의 아버지' 즉, 한 혈연집단만을 위한 아버지가 아니라 믿음을 가지고 하나님을 따라서 동행을 시작했던 그 모든, 앞으로 오고 또 올 모든 무리의 아버지가 되는 사람이라는 의미입니다. 믿음을 가진 모든 후손들의 아버지입니다. 성경 안에서 이름이 바뀌거나 새로운 이름이 부여될 때마다 이렇게 큰 의미가 담겨 있어요.

오늘 본문에서 볼 '아브람'은 아직 '아브라함'으로 불리지 않았던 사람이었죠. 성경을 보면 갈대아 우르를 떠난 것은 아브람만이 아니었어요. 실은 그의 아버지 데라가 먼저 아브람과 그의 조카 롯을 데리고 떠나요. 창세기 11장 31절입니다.

> 데라가 그 아들 아브람과 하란의 아들인 그의 손자 롯과 그의 며느리 아브람의 아내 사래를 데리고 갈대아인의 우르를 떠나 가나안 땅으로 가고자 하더니 하란에 이르러 거기 거류하였으며(창세기 11:31).

여기에 구체적인 지명이 두 군데 나옵니다. 우르와 하란. 이곳은 실제로 있는 지명이에요. 우르는 메소포타미아 강 유역의 아주 발달한 도시국가이고, 하란은 지금의 터키와 시리아 사이의 경계를 이루는 국경 마을입니다. 고대로부터 무역이 활발했던 교통의 요지였습니다. 성경을 보면 아브라함이 기근 때문에 이집트로 내려갔었잖아요. 매우 먼 거리인데 성경의 표현대로 굉장히 광범위한 거리를 유리방황한 삶이었습니다. 우르를 떠나 하란까지 간 것은 아브람의 아버지 데라의 결정이었던 것 같아요. 하란에 거주하는 동안에 아브람이 하나님의 음성을 듣게 됩니다. 일종의 계시의 말씀이죠. 창세기 12장 1-3절에 나옵니다.

> 여호와께서 아브람에게 이르시되 너는 너의 고향과 친척과 아버지의 집을 떠나 내가 네게 보여 줄 땅으로 가라 내가 너로 큰 민족을 이루고 네게 복을 주어 네 이름을 창대하게 하리니 너는 복이 될 지라 너를 축복하는 자에게는 내가 복을 내리고 너를 저주하는 자에게는 내가 저주하리니 땅의 모든 족속이 너로 말미암아 복을 얻을 것이라 하신지라(창세기 12:1-3).

우리는 이미 답을 다 알고 있으니까 쉽게 생각합니다. "나 같아도 하나님의 음성을 직접 듣는다면 그냥 믿고 떠나겠다." 하지만 아브람 시절의 고대 근동은 지금처럼 치안이 발달되어 있지 않았어요. 안전을 보장받기 위해서는 성벽으로 둘러싸인 도시국가 안에 기반을 두고 어떻게든 정착해야 했었죠. 비록 폭군이어도 왕에 의해서 통치되는 성벽 안의 삶은 나름대로 질서가 있고 법적 규제가 있었으니까요. 하지만 성을 떠난다는 것은 말 그대로 무법천지의 세계로 향한다는 뜻이죠. 아무도 나를 보호해줄 수 없는 공간으로 떠난다는 의미입니다. '성벽'은 인간에게 고통을 주고 강요된 노동을 부과하기도 했지만 나름대로 인간적인 보호를 받을 수 있는 공간이었던 것이 사실입니다. '우르'는 그런 대표적인 고대도시국가 중 하나였어요. 그런데 하나님께서는 이 큰 도시를 떠나라고 하십니다. '떠나라'는 말은 결국 '인간적인 보호막을 벗어나서 너는 오로지 나의 약속을 믿고 너의 삶의 여정을 걸어가라'는 뜻입니다. "나 하나님이 너의 성벽이다. 내가 너의 산성이다. 너의 안전을 도모하기 위해 벽돌

같은 것을 애써서 만들 필요가 없다. 성전 탑을 높이 쌓아 너의 권력 기반을 견고히 할 필요도 없다. 내가 너의 방어벽이 되어 줄 것이다. 그러니 믿고 떠나라."

아브라함이 이 약속을 믿고 떠났다는 것은 놀라운 결정이고 엄청난 믿음이었죠. 그래서 이러한 믿음을 높이 평가하면서 지금까지도 계속해서 아브라함을 '믿음의 첫 조상'이라고 이야기를 하는 겁니다. 이 놀라운 믿음은 오늘날까지도 우리의 신앙고백 안에서 이어지고 있습니다. "우리를 보호해주시는 산성은 인간적인 높은 벽이 아니라 여호와 당신이십니다." 시편에서도 반복되는 신앙고백이고 오늘날에도 찬송가나 복음성가에 그런 가사들이 많이 나오죠. "주님은 나의 산성, 주님은 나의 요새 주님은 나의 소망 나의 힘이 되신 여호와"라고요. 이는 엄청난 결단과 마음의 신실한 고백이 아니면 나올 수 없는 아브라함의 마음자세였을 것 같습니다. "나는 강한 인간적인 보호시스템인 우르를 떠납니다. 하란을 떠납니다. 당신이 나의 성벽이 되어주십시오. 당신이 함께하신다면 삶의 여정 중에 그 어떤 고난이 닥쳐오더라도 저는 안전합니다." 그런 신앙고백 말입니다. 역사적 배경을 알고서 찬양을 부르니 훨씬 더 크게 감동이 밀려옵니다. 얼마나 담대했는지가 느껴져 옵니다. 정말 믿음의 조상답습니다.

그런데 열심히 떠난 것까지는 좋은데 하나님께서 아브라함에게 주시는 약속은 듣기에 따라서는 조금 의아해지기도 합니다. 위의 본문에서 3절 말씀을 다시 찬찬히 읽어보면 특히나 질문이 생깁니다. 하나님께서는 "너에게 큰 민족을 이루고 네게 복을 주어서 네 이름을 창대하게 하겠다"고 약속하셨고 심지어 "너를 축복하는 사람은 내가 복을 내리고 너를 저주하는 사람은 내가 저주하겠다"고 언약하시죠. 어떻게 생각하세요? 이 부분을 보면 하나님이 공평하지 않으시고 너무 편파적이라는 생각이 들지 않나요? 아브라함의 편만 들어주시는 것 같잖아요. 믿음을 가진 사람을 예뻐하시는 건 당연하지만 왜 아브라함에게만 그러셨을까요? 만약 아브라함이 정의롭지 못한 일을 했을 때 누군가가 아브라함을 저주하면 그 사람은 하나님께 저주를 받는 건가요? 그건 공평하지 않죠. 말도 안 되잖아요? 아브라함만 특별한 사람인가요? 왜 아브라함만이 '복의 근원'이 되어야하죠?

"히브리 사람" 아브람

저는 그 열쇠를 창세기 14장 13절에서 찾았어요. 거기에서는 아브라함을 "히브리 사람"이라고 표현해요. 아브라함의 이야기를 꼼꼼하게 읽어보면 이웃 족속들이 그를 "히브리 사람"이라고 부르는 표현들이 등장합니다. 아브라함의 후손인 요셉조차도 이집트 땅에서 "히브리 청년"이라고 불립니다. 우리는 유대인을 히브리인이라고도 부르고 이스라엘이라고도 부르죠. 각각 시대적인 배경을 가지고 공동체 전체를 놓고 볼 때 그 구성원이나 지역이 일치하는 것은 아닙니다. 마치 우리나라 사람들을 말할 때 고조선인, 삼한사람, 고려인, 조선사람, 한국인… 이렇게 다양하게 불러온 것처럼. 누군가가 "너는 고려인의 후손이냐?" 이렇게 묻는다면 상세하게 한국사를 설명할 상황이 되지 않을 때 '대략 그렇노라'고 인정하게 되잖아요? 이스라엘 사람들도 마찬가지였습니다. 특히 고대 근동의 사람들은 왕국을 건설하고 살기 이전의 이스라엘 사람들을 자주 '히브리 사람'이라고 불렀어요. 처음 강의에서 '이름-불러줌'의 의미를 묵상했지만, 남들이 불러주는 이 '히브리인'이라는 이름을 고대 이스라엘 사람들은 자신들의 정체성으로 받아들였죠. 도대체 이 '히브리'는 어떤 사람들을 뜻하는 이름이었을까요?

성경과 당시 고대근동의 다른 문서들을 비교연구하면서 학자들은 히브리의 어원이 될 만한 두 가지 가능성을 찾아냈습니다. 하나는 '하비루(hapiru)'입니다. 비옥한 초승달 지대에 있는 숱한 왕들의 비문이나 토판문서들을 보면 '하비루' 혹은 '아삐루(apiru)'라는 단어가 많이 나옵니다. 아브라함과 그 아들, 손자가 살던 시절(학자들의 연대 추정으로는 기원전 1800년 전부터 1400년 사이)의 유적들에는 이 단어가 자주 등장합니다. "우리가 탑을 쌓으려고 했는데 사람들이 부족했다. 그래서 많은 하비루들을 고용했다." "우리가 농사를 많이 지어야 하는데 외부에서 하비루들을 데려와 계약 노동자로 삼았다." "일단의 하비루들이 자신들의 노동조건에 불만을 품고 소요를 일으켰다." 이런 보고들로 미루어 볼 때 '하비루'는 사회의 지도자층이거나 고귀한 사람들을 의미하지 않았음이 분명해지지요.

계약 노동자, 계약 농민, 용병… 즉 자신들의 노동력을 임시로 제공해서 먹거리를 보장받았던 사람들의 이름이 바로 '하비루'였습니다. 한마디로 '사회적 약자' 계층인 이 '하비루'란 이름에서 '히브리'

의 어원을 찾는 거죠. 아마도 아브라함을 비롯해서 롯도 그렇고 이들은 하비루(사회적 약자)였을 것입니다. 물론 신앙의 마음에서 우르에서 나오고 하란을 떠나기는 했지만, 그곳에서의 삶이 갑(甲)은 아니었을 것입니다. 거기서 훌륭하게 떵떵거리며 살던 사람들은 아니었다는 말입니다. 강요된 노동을 하고 인간의 자유의지나 창조성을 마음껏 펼칠 수 없는 삶을 살았던 약자들, 그래서 쫓겨난 사람들, 안전한 법의 보호 밖으로 나간 사람들. 이런 사람들이 '하비루'였을진대, 아브라함을 '히브리 사람'이라고 얘기한 것은 이런 맥락이 아닐까 싶습니다. 이스라엘 사람들도 자신들의 조상을 묘사할 때 그런 표현을 자주 썼죠. 우리 조상은 유리방황하던 사람들이었다. 낯선 땅에서 나그네 된 삶을 살았다. 한 마디로 정착할 땅도, 사회적 안정망도 없던, 수직적 계층구조의 가장 밑바닥의 삶을 살았던 사람들의 이름이 '하비루'였던 겁니다.

이러한 묘사는 학자들이 두 번째 어원으로 자주 언급하는 '에베르(eber)'와 연결됩니다. 에베르는 '저 멀리서' '저 건너서'라는 의미를 담고 있어요. 한마디로 '외지인'이라는 뜻입니다. 토박이가 아니라 밖에서 들어온 사람, 건너서 온 사람, 이주민, 나그네라는 뜻이죠. 나그네는 본토인들이 차지한 땅에서 힘이 없습니다. 물질적 힘도 없고, 인맥도 없습니다. 오로지 의지할 분이라고는 여호와 하나님밖에 없는 '뿌리 들린' 사람들의 삶입니다. 낯선 곳에서 살아가며 눈치 보며 살아야 하는 힘든 삶을 의미합니다. 아브라함도 이삭도 먹고 살기 위한 일자리를 구하느라 낯선 땅에 들어가면서 아내에게 '내 여동생이라고 하라'고 부탁하는 이야기가 나오죠. 그렇게 쭈뼛쭈뼛 타향에서의 삶을 살아가야 하는 외지인의 삶이 고대 이스라엘 조상들의 삶이었어요. 자기 무리에서야 큰 아버지이지만 강한 도시국가, 제국의 틈바구니에서는 참으로 힘이 없는 위치였습니다.

'히브리 사람'의 어원을 '하비루'로 보든 '에베르'로 보든 히브리인의 정체성은 분명합니다. '히브리'라는 이름은 지명도 아니고 혈연집단도 아닙니다. 이것은 당시 고대 근동을 떠돌며 살았던 사회적 약자의 집단을 일컫는 뜻입니다. 그렇게 놓고 본다면 '아브람'은 사회적 약자인 "너"(성경에서 하나님께서 불렀던 "너"), 히브리 사람이라고 볼 수 있습니다. '아브람'이라는 이름을 대신해서 '너, 히브리 사람아!'로 바꾸어 본문을 다시 읽어보죠. "너 히브리 사람을 축복하는 사람을 축복하겠고, 너 히브리 사람을 저주하는 사람을 내가 저주하겠다." 이러한 하나님의 말씀은 약한 자들을 돕겠다는 말씀입니다. "너희 토박이들아, 꽤나 잘 산다고 하는 사람들아. 너희들이 히브리인(사회적 약자)들을 만났을 때 그들을 축복하고 그들을 도우면 나 여호와가 너희를 도울 것이다. 저들이 너희들의 복덩이가 될 것이다. 너희가 그들을 무시하고 배척하면 하나님도 너희를 저주할 것이다."

자기 삶의 영역 안으로 어느 날 불쑥 들어온 타자, 나그네, 그 낯선 이를 보듬고 살리고 도와주는 사람이라면 그 따뜻한 마음으로 인해서 하나님도 그를 기뻐하시면서 축복하시겠다는 약속입니다. 라다~ 여기에서도 우리는 창조(존재)명령과 구원명령을 함께 발견합니다. 히브리도 사람이다. 나의 귀한 피조물이다. 이들이 내가 창조해

준 생명으로 존재케 하라. 이들을 돌보라. 입히라. 먹이라. 구원하라. 그러므로 '히브리인(너)'들은 '나'에게 복의 근원입니다. 이들을 대접함으로 나는 하나님의 복을 얻을 것입니다. 성경은 오랫동안 입에서 입으로 전해졌고 매우 많은 사람이 참여하여 하나님의 경전으로 만들어졌다고 했습니다만, 그런데도 어쩌면 이렇게 완벽하게 하나의 메시지를 꿰뚫고 있는지, 읽으면 읽을수록 놀라울 뿐입니다. 구전 전승된 경전이지만 너무나 완벽한 서사구조를 가진 성경입니다. 물론 한 하나님의 계시 안에서 저술되었기에 가능한 일이겠죠.

이렇게 읽고 나면 여기서 아브라함에게 하신 약속을 보고도 전혀 화가 안 납니다. 왜 하나님이 아브라함만 편애하시는 것처럼 보이는지 궁금증이 다 해결됩니다. 이것은 아브람의 자손만이 아니라 이 약속을 '믿는' 그의 오고 또 올 미래의 '믿음'의 후손들에게 '보편적'인 복음(기쁜 소식)이 되니까요. 이것을 혈연으로 좁게 해석하게 되면 배타적인 자세를 가지게 되고 종종 분쟁의 근거가 됩니다. 사실 요즘 팔레스타인 지역에 폭력적인 전쟁과 분쟁이 많잖아요. 이는 부분적으로는 이 놀라운 보편복음을 혈연적 선민사상으로만 너무 줄여서 해석한 탓입니다. "이 땅은 우리 조상 아브라함에게 주신 땅이다. 우리에게만 주신 땅이니 너희는 나가라. 우리만 선택받았다." 이렇게 주장하는 것은 혈연적 선민사상에 빠져 복음을 좁게 해석하는 행위입니다. 하나님은 아브라함의 혈연적인 자손만을 사랑해서 이 말씀을 하신 것이 아니니까요.

'히브리'라는 단어의 어원을 이와 같이 묵상한다면, 어쩌면 지금

21세기 팔레스타인 땅의 '히브리'는 가자지구에서 무차별 융단폭격으로 죽어가는 팔레스타인 평민들일 수도 있습니다. 물론 IS와 같이 테러와 인명살상을 일삼는 사람들을 편들자는 것은 아닙니다. 그런 행위는 명백한 악입니다. 하지만 이스라엘이 '약속의 땅'이라고 주장하는 그 땅에서 높은 분리장벽에 가로막혀 변방으로 밀려서 사회적 약자로 살아가는 팔레스타인 난민들은 자기 방어도 못하고 매일 매일 죽음의 공포 속에 노출되어 있습니다. 상징적인 의미로 본다면 그렇게 거주하고 있는 사람들이 오늘날의 히브리인입니다. 이스라엘의 융단 폭격으로 언제 삶의 터전을 잃게 될지 죽음의 위협을 받고 고통스러워하는 팔레스타인 사람들이 오늘날의 히브리인일 수 있다는 말입니다.

성경을 깊이 있게 알고 나면 분쟁과 전쟁을 그칠 수밖에 없는 원천이 여기에 있음을 깨닫게 됩니다. 아브라함을 창대하고 위대한 민족으로 바라봤던 시각에서 오히려 작은 민족, 히브리, 약한 백성, 우리 주변의 약한 여러 단체들, 그 모든 생명들을 의미한다고 바꿔서 바라보면 참으로 놀랍습니다. 반전의 해석입니다.

그런 의미에서 아브라함과 그의 백성은 '선민', 선택된 민족입니다. 이스라엘 역사를 보세요. 그 출발부터 홀로코스트의 현대사에 이르기까지 얼마나 고통스런 역사입니까? 약자들의 고통을 온 공동체가 대변하고 있다는 의미에서, 이스라엘은 선민인거죠. 이들이 대접받아야 하고 번창해져야 하는 '선택된 민족'을 상징하는 것은 결코 이들의 혈연적 특수성 때문이 아닙니다. "너의 이름을 창대하게 하리라"는 '하비루'(그리고 '에베르')의 의미 안에서 해석되어야 합니다. "인간으로서의 자유혼을 포기하고 억눌려 사는 너희들아, 강한 사람들 사이에서 이리 저리 쫓기며 유리방황하는 힘든 나그네 같은 삶을 사는 너희들아, 너희들의 이름도 이 땅에서 창대하게 해줄 것이다. 소외되고 방황하는 너희들의 이름도 이 땅에서 높아지고 네 후손들이 많아지게 해주겠다." 하나님께서 믿음의 조상 아브람에게 하셨던 약속은 이런 의미입니다. 복에 복을 더한다는 것은 많이 가진 사람이 더 많이 가진다는 뜻이 아니라 지금 현재 사람다운 삶을 못 누리고 있는 사람들, 그들이 인간다운 삶을 살게 해주시겠다는 약속입니다.

의로운 사람 롯

이런 면에서 롯의 삶은 자기 아버지를 따라 산 것이 아니라, 할아버지와 큰아버지를 따라 우르를 떠났다는 점에서 주목을 받아야 합니다. 우르나 하란 같은 안정적인 곳에서 거주할 수 있었을 텐데 삼촌을 따라 나와서 같이 방황하며 불안정한 삶을 살았다는 점에서 롯도 '믿음의 사람'이라고 볼 수 있습니다. 물론 혈기왕성한 젊은이여서 그랬는지 욕심이 많았죠. 땅을 고를 때 더 좋아 보이는 땅을 골랐던 일화(창세기 13장)를 보면요. 그럼에도 불구하고 하나님은 롯도 의로운 사람이라고 여기셨습니다. 그래서 소돔이 멸망할 때 롯의 가족들만은 구원해 주십니다.

롯은 왜 의로운 사람이라고 평가받았을까요? 무슨 의로운 행동을 했는지 오늘의 주제와 연관해서 살펴보겠습니다. 창세기 19장 말씀입니다.

> 저녁 때에 그 두 천사가 소돔에 이르니 마침 롯이 소돔 성문에 앉아 있다가 그들을 보고 일어나 영접하고 땅에 엎드려 절하며 이르되 내 주여 돌이켜 종의 집으로 들어와 발을 씻고 주무시고 일찍이 일어나 갈 길을 가소서 그들이 이르되 아니라 우리가 거리에서 밤을 새우리라(창세기 19:1-2).

본문 말씀은 롯이 "저녁 때"에 "성문"에 앉아 있었다고 전합니다. 롯은 왜 다 저녁에 하필 성문 앞에 앉아 있었을까요? 그냥 심심해서? 어려서부터 저는 이렇게 성경 안에서 기록하지 않은 부분을 상상하는 것을 즐겼습니다. 한 번 질문하기 시작하면 꼬리에 꼬리를 물었죠. 신학을 공부하고 당시의 삶에 대한 배경을 알게 된 뒤, 저는 이 본문을 다음과 같이 풀어보았습니다.

해가 지도록 성안에 들어오지 못하는 사람들은 보호받지 못합니다. 위험합니다. 당시 성 밖은 무법천지였을 테니까요. 하여 롯은 성문에 앉아 잘 데가 없는 사람들이 있는지 살펴본 것이 아니었을까 싶어요. '히브리 사람' 그러니까 당당히 성 안으로 들어올 용기도 돈도 없는 사람들이 주변을 서성이지는 않는지 살펴본 것이지요. 한때 자신도 그런 삶을 경험했던 기억이 있었기 때문이겠죠. 그래서 매일 저녁 무렵이면 성문에 앉아 있었던 것이라고 생각합니다. 그러다가 두 사람이 지나가는 것을 보고 자기네 집에 머물라고 초청합니다. 물론 성경은 두 사람이 천사인 것을 알았기 때문에 천사라고 표현하지만 그들이 정말 천사 모양으로 나타나지는 않았을 것입니다. 얼굴 뒤에 후광이 있고 날개를 쫙 펴고 다녔다면, 정말 그렇게 힘 있는 모습으로 다녔다면, 나중에 토박이들이 쳐들어와서 그들을 자기네들한테 넘기라고 할 수 있었겠어요? 겁나서도 못했을 일이죠. 아마도 두 천사들은 허름한 차림을 한 나그네의 모습이었을 것입니다. 사실 고대 근동에는 낯선 이들을 '신이 보낸 천사'라고 여기며 환대하는 미풍양속이 있었습니다. 그것이 문화적 풍속 때문이었든 아니면 자신의 옛 시절이 생각나서였든, 이도 아니면 하비루(너)를 축복하는 것이 복의 근원이라는 믿음 때문이었든, 나그네를 영접하는 삶을 일상으로 살아가던 롯이었다고 생각합니다.

하지만 롯의 '자고 가라'는 제안에도 두 천사들은 거리에서 무방비 상태로 자겠다고 합니다. 롯은 간청하여 그들을 강권하여 자기 집으로 들어오도록 초청하였습니다. 이때 '복의 근원'이 되는 '너'는 두 나그네입니다. 그 뒤에 우리가 잘 알고 있는 끔찍한 일이 벌어집니다. 나그네 둘이 왔다는 소식을 듣고 토박이들이 우르르 몰려가서 롯에게 그들을 내놓으라고 합니다. "우리가 그들과 즐겁게 지내야겠다." 하루 이틀의 악행이 아닌 듯합니다. 그 행악함이 도를 넘어 이미 하나님께서는 소돔 땅을 멸망하시기로 작정한 상황이었으니까요. 롯이 천사들을 보호하며 만류할 때에 거주민들이 롯에게 빈정거리며 말했습니다. "저도 들어와서 사는 주제에 우리의 법관이 되려고 하느냐?" "들어와서 사는 주제에"는 '에베르' 혹은 '하비루'의 의미를 담고 있습니다. "토박이도 아닌 주제에, 건너서 온 주제에, 빌붙어 사는 주제에, 너도 나그네인 주제에 우리한테 법관 노릇을 하려고 들어?" 이런 의미죠. 자기도 소돔 땅에서 나그네였지만, 그래도 어느 정도 정착해서 집도 있고 삶이 안정적인 삶을 누리던 롯이었죠. 하지만 옛날의 힘들었던 시절을 잊지 않았습니다. 행여 여전히 그렇게 날이 저물었음에도 몸을 안전하게 뉘일 작은 공간이 없는 사람들이 있을까봐 성문 앞을 서성이고 그들을 내 집에 거하라 초청했던 사람이었던 거죠. 이런 의미에서 롯은 의인이었습니다.

우리의 삶도 이러해야 하나님께서 '의롭다'고 여기실 겁니다. 우리 주변에 '히브리'라고 부를 수 있는 사람들이 있지 않나요? 그 사람들을 내가 품어주고 내 영역으로 들어오라고 하고 그들을 살리면서 살아갈 때 하나님께서는 우리를 축복하십니다. "아니 저 한심한 인간이 왜 내 앞에서 얼쩡거리는 거야? 아유 불쾌해." 이런 불평을 한다면, 아니 나아가 그들에게 '갑질'을 한다면 성경은 엄중하게 말합니다. 그러면 하나님께서도 우리를 저주하시겠다고요. 하지만 저들이 '복의 근원'임을 깨달아 저들을 내가 축복할 때 궁극적으로 나도 하나님의 복 가운데 거하게 됩니다. 히브리인(사회적 약자)들을 축복해야 내게도 하나님의 축복이 임합니다. 이러한 고백을 하며 살아갔으면 합니다. 오늘 배운 교훈을 마음에 잘 새기고 구체적으로 주변을 돌아보았으면 합니다. 쭈뼛쭈뼛 우리의 주변을 서성이며 우리의 도움을 구하는 '복의 근원'들이 아주 가까이 있을 수도 있으니까요.

기도

우리의 산성이시요, 강한 성벽이시요, 피난처가 되시는 하나님. 비록 험난하고 한치 앞을 알 수 없는 인생길이지만, 우리로 하여금 오로지 당신만을 의지하여 흔들림 없이 강건하게 한 걸음 한 걸음 나아가게 지켜 주시옵소서. 그리고 성 밖의 사람들, 이 땅에 연약하고 힘없는 자들인 '히브리'를 보듬고 살려내는 귀한 신앙의 사람들이 되게 하여 주옵소서. 예수님의 이름으로 기도합니다. 아멘.

사회적 약자들을 돌보는 삶을 살 때 하나님께서는 우리의 인생을 기뻐하시고 축복하십니다.

여섯 번째 만남

하갈의 하나님, 엘 로이

창세기 16장, 21장

지난 만남에서는 아브라함과 롯의 이야기를 통해서 하나님께서 축복해 주기를 원했던 '너', 편애하셨던 '너'가 사실은 사회적 약자였던 '히브리 사람'이었다는 것을 배웠습니다. 성경을 자꾸 읽다보면 시대 자체를 잊어버릴 때가 있는데, 21세기 지금 우리의 문화적 상황 속에서 떠오르는 상상력으로 읽어버리면 당시의 맥락을 놓치고 성경의 메시지를 오해할 때가 많습니다. 그래서 성경이 기록되던 당시의 '맥락'을 이해하는 것이 중요합니다. 정확한 맥락을 이해하고 그 감동과 교훈을 '현재'로 끌어와야 성경 안에 담긴 하나님의 계시 사건의 교훈대로 살아갈 수 있는 겁니다.

저녁 무렵 성문에 앉아 있던 롯의 습관도 당시 맥락을 이해했을 때에야 비로소 그의 '의로움'을 파악할 수 있었죠. 한 때 '히브리'였던 자신의 경험을 기억하며 몸을 눕혀 쉴 곳조차 없는 나그네를 대접하려는 그의 마음을 보았습니다. 오늘도 한 강의를 더 '히브리'에 대해 묵상해보려 합니다. 히브리인 중의 히브리인, 사회적 약자 중의 약자, 당시 고대 근동의 성 밖의 사람들인 히브리인 중에서도 여자, 여자 중에서도 정실부인이 아닌, 첩이었으면서도 노예였던 하갈의 이야기입니다. 사라의 여종, 아브라함의 첩이었던 하갈은 어떤 상황에서 하나님을 만나고 그분을 어떻게 고백했을까요?

이집트 여종 하갈

아브라함이 비록 '사회적 약자'이기는 했다지만 도시국가의 귀족들과 고위 사제에 비해 그렇다는 말입니다. 비록 정착할 땅이 없어 여기 저기 유랑하며 먹거리를 얻는 삶이지만 나름대로의 재산과 인력을 거느린 부족장이었습니다. 종들도 어느 정도는 거느리고 있었죠. 하갈은 아브라함의 아내 사라에게 속한 여종이었습니다. 하갈은 이집트 출신입니다. 아마도 이집트에 내려가서 바로와 엮였던 시절에 얻게 된 여종일 지도 모르겠습니다. 사라가 아브라함의 여동생이 아니라 아내인 것을 알게 된 바로가 깜짝 놀라며 사과의 뜻으로 남종과 여종들을 주었다고 기록되어 있으니까요. 그 정도면 양심적인 왕이었지 싶네요.

하여튼 여종 하갈이 아브라함의 첩실이 된 배경은 이러합니다. 하나님께서 아브라함에게 '아들을 주겠다, 네가 큰 민족의 아버지가 될 수 있도록 너의 후손들을 번성하게 하겠다'고 약속하신 것이 아브라함의 나이 75세 때입니다. 사라가 이삭을 임신한 것이 아브라함의 나이 99세 때였으니, 20년이 넘도록 그 약속은 지켜지지 않았습니다. 이 마당에 두 부부는 점점 나이가 들어갔고, 급기야 사라는 더 이상 아기를 낳을 수 없는 몸이 되어버렸습니다. "경수가 끊어졌다"(창세기 18:11)고 기록되어 있죠. 폐경이 된 겁니다. 즉, 불임 상태입니다. 아들을 주신다는 약속은 받았는데 여러 가지 인간적인 기준으로 보면 불가능한 상황인 거죠.

사라 입장에서는 자격지심도 있었을 거예요. 비록 일국의 왕이 탐낼 정도의 미모를 지닌 아내였으나 전통 사회에서 아들을 낳지 못하는 아내의 '부끄러움'과 '불안함'은 오늘 우리가 상상하는 것 이상이었을 테니까요. 그러니 이런 저런 인간적인 고민이 그치지 않았을 것입니다. 당시 문화적 관습은 여종이 아이를 낳으면 그 아이는 여주인의 아이가 될 수 있었습니다. 하여 사라는 젊은 여종 하갈을 통해 '자신의 아이'를 낳아보려고 했습니다. 인간적인 시각에서 사라가 결정해서 행한 일이었지요. 그런데 하갈이 임신하고 나니 사라와 하갈 사이에 관계 변화가 생겼습니다. 그 내용이 성경에 나오는데, 하갈의 아들로 인한 갈등이 창세기 16장에도 나오고, 21장에도 나온다는 것이 흥미롭습니다. 우선 16장 이야기를 읽어봅니다.

여호와의 사자가 광야의 샘물 곁 곧 술 길 샘 곁에서 그를 만나 이르되 사래의 여종 하갈아 네가 어디서 왔으며 어디로 가느냐 그가 이르되 나는 내 여주인 사래를 피하여 도망하나이다… 여호와의 사자가 또 그에게 이르되 네가 임신하였은즉 아들을 낳으리니 그 이름을 이스마엘이라

하라 이는 여호와께서 네 고통을 들으셨음이니라…하갈이 자기에게 이르신 여호와의 이름을 나를 살피시는 하나님이라 하였으니 이는 내가 어떻게 여기서 나를 살피시는 하나님을 뵈었는고 함이라 이러므로 그 샘을 브엘라해로이라 불렀으며 그것은 가데스와 베렛 사이에 있더라(창세기 16:7-8, 11-14).

하갈을 '히브리 중의 히브리'라고 표현한 이유는 그녀가 아브라함의 공동체에서도 쫓겨나기 때문입니다. 하갈은 자신의 고향 이집트에서도 '갑'이 아니었습니다. 종들 중에서도 얼마나 낮은 위치였으면 바로가 나그네에게 주는 하사품목이 되어 자신의 본토를 강제로 떠나야했겠어요? 노예의 삶을 살더라도 말이 통하는 고향이 나은 법인데… 더구나 유목민인 아브라함 족속을 따라 이리저리 옮겨 다니는 삶이 고단했을 것입니다. 그러던 와중에 주인의 아이를 임신하게 되었으니, 어쩌면 사라의 느낌대로 하갈이 사라를 대하는 태도가 달라졌을 수 있습니다. 혹은 하갈은 여느 때처럼 여주인에게 대했어도 사라가 자격지심에 그렇게 느꼈는지도 모르는 일이죠. 성경에 짧게 묘사된 구절만 가지고는 무슨 일이 일어났는지 정확히 알 수 없습니다. 이렇게 행간을 상상하며 성경 이야기들을 인간 심리에 맞춰서 현대적인 극으로 드라마화해도 참 재밌을 것 같습니다.

하여튼 두 여인은 그렇게 미묘한 갈등 속에서 지냈을 겁니다. 그래도 지배자는 사라입니다. 사실 '사래'라는 이름에는 '지배자'라는 의미가 있어요. 이 단어의 여성형이 사라입니다. 여주인이라는 뜻이죠. 권력을 가진 사라는 아브라함에게 하갈이 자신을 무시한다고 쫓아내자고 합니다. 결국 임산부임에도 불구하고 자신의 안전을 지켜주던 공동체를 강제로 떠나게 됩니다. 앞길이 막막한 상황인거죠. 본토를 강제로 떠나온 것도 서러운데, 이제는 마지막 안전망이었던 아브라함 족속으로부터도 쫓겨났습니다.

엘 로이, 나를 살피시는 하나님!

이 상황 속에서 하나님이 나타나 주신 겁니다. 위기의 상황에서 나타난 하나님! 그러니 얼마나 반갑고 감사했겠어요. 하나님께 자신의 상황을 고하자 하나님께서는 걱정하지 말라고 하십니다. 그리고 네 아기도 큰 민족의 아버지가 될 것이라고 약속하십니다. 우선 샘물을 마시고 네 생명을 유지하라고 하십니다. 그때 하갈은 너무도 놀랍게 하나님을 고백합니다. "나를 돌아봐주시는 하나님을 내가 만났다, 나를 살피시는 하나님은 만났다"고 하면서 '엘 로이'라고 고백합니다. 여기서 '로이(Roi)'는 '살피다, 감찰하다, 돌보다'는 의미를 가진 말입니다. 그러니까 '엘 로이(El Roi)'는 '나를 살피시는 하나님'이라는 뜻이죠.

이 장면은 참으로 감동적입니다. 보잘것 없는 여종이 감히 하나님을 명명합니다. 여종이 부른 하나님이 뭐가 그리 대단하다고 성경은 이 부분을 오래도록 입에서 입으로 전하다가 급기야 기록까지 하게 되었을까요? 어떻게 보면 성경은 문명사적으로 참 독특한 책입니다. 약자들이 고백하는 삶의 의미, 약자들이 만난 하나님의 기록들을 약자의 시각에서 기록한 책이라는 점에서, 그리고 그 시각이 주류 담론으로 유일하게 살아남아 지금까지도 우리에게 전해지고 있다는 점에서 분명 계시 사건입니다. 약자들의 이야기가 지금까지 주류 담론으로 남은 유일한 경우이지요. 대부분은 강자들, 역사의 승자들, 지배자들이 자기들의 이야기를 쓰고 그게 살아남는 법인데 말입니다. 그런데 성경은 철저하게 약자들이 만난 하나님의 이야기와 신앙고백이 담겨 있습니다.

무엇보다 저는 이러한 내용을 버리지 않고 기록했다는 사실이 놀랍습니다. 기록하는 사람들이 "아, 이건 외국인 여종의 하찮은 이야기네"하고 뺄 수도 있었을 텐데, 자기들이 고백했던 하나님의 이름으로 하갈의 이야기를 살려낸 거예요. 매우 철저하게 약자들의 신앙고백을 존중하고 그 시각으로 쭉 끌고 가지 않았다면 불가능했을 겁니다. '히브리'라는 이름이 배타적인 혈연공동체였어도 불가능했을 겁니다. 하갈의 이야기는 고대 이스라엘의 신앙고백 즉, 생명이 꺼져가는 사람들을 향한 하나님의 안타까움을 그대로 살린 텍스트였기에 살아남은 거죠. 성경은 '히브리 중의 히브리'인 하갈조차도 살피시는 하나님의 그 섬세함을 찬양합니다.

그런데 창세기 21장을 보면 이스마엘을 낳고 난 후에 한참 지나서 이 모자가 또 쫓겨납니다. 여기서는 초점이 하갈이 아니라 이스마엘 쪽으로 가 있어요. 약간 뉘앙스가 다릅니다. 사라가 하나님의 사자의 조언대로 다시 아브라함 공동체로 돌아가 살다가 두 번째로 발생한 사건일 수도 있고, 아니면 구전되던 하갈의 이야기가 다른 버전으로 전해지다가 중복되어 들어왔을 수도 있습니다. 하지만 그것의 사실 여부는 중요하지 않습니다. 우리가 주목해야하는 본 메시지는 '미약한 생명조차 사랑으로 살피시는 하나님의 시선'이니까요.

> 사라가 본즉 아브라함의 아들 애굽 여인 하갈의 아들이 이삭을 놀리는지라 그가 아브라함에게 이르되 이 여종과 그 아들을 내쫓으라 이 종의 아들은 내 아들 이삭과 함께 기업을 얻지 못하리라 하므로 아브라함이 그의 아들로 말미암아 그 일이 매우 근심이 되었더니(창세기 21:9-11).

이 이야기에서도 역시 사라가 문제를 일으킵니다. 사라는 여전히 의심과 불안의 눈으로 하갈과 그 아들을 쳐다보고 있어요. 이번에는 위험의 요소가 하갈이 아니고 이스마엘입니다. 성경을 꼼꼼히 읽어보면 이스마엘을 낳은 것은 아브라함이 86세 때였어요. 이삭을 낳은 것은 100세이고요. 그러면 적어도 이삭과 이스마엘은 14살 차이가 납니다. 거의 삼촌과 조카 사이 만큼이죠. 본문을 보면 "애굽 여인 하갈의 아들이 이삭을 놀리는지라"라고 묘사되어 있는데, 그렇게 나이 차이가 나는데 놀려봤자 얼마나 놀렸을까 싶습니다. 과연 그 일이 쫓겨날 정도로 과했을까요? 여러분들도 귀여운 어린 조카를 놀려보셨으면 알 일입니다. 어쩌면 사라의 눈에만 안 좋게 보였던 것은 아니었을까요? 장성한 이스마엘과 아직 작고 작은 아기인 이삭과 비교하며 아마도 사라는 위협감을 느꼈을 수도 있습니다. "아브라함의 기업을 이삭이 물려받아야 하는데 이스마엘이 다 뺏어가는 것은 아닐까?" 이런 걱정을 했던 것 같습니다. 그래서 16장에서처럼 아브라함에게 가서 또 저들을 쫓아내자고 합니다.

이번에는 아브라함의 반응이 다릅니다. 하갈을 쫓아낼 때는 '당신 여종이니 당신 마음대로 해요'라고 전권을 일임하며 별다른 고민을 하지 않은 것으로 기록되어 있으나, 이 이야기에서는 아브라함이 큰 근심을 합니다. 하긴 14년간 사랑으로 키운 아들을 내보내려니 어찌 마음이 아프지 않겠어요. 그런데도 내보낼 수 있었던 것은 하나님이 아브라함에게 약속을 주셨기 때문입니다. "걱정하지 마라. 저 아이도 내가 큰 민족의 아버지가 되게 해주겠다. 저 아이의 생존이 너에게 달려 있지 않고 나에게 달려 있으니 걱정하지 말고 내보내라." 하나님의 약속을 '믿고' 아브라함은 그 모자를 내보내면서 떡 조금과 물 한 부대를 줍니다. 이렇게 하여 하갈은 다 큰 아들을 데리고 정처 없이 또 다시 공동체로부터 쫓겨납니다. 그 장면이 얼마나 안타까운지 모릅니다.

> 가죽부대의 물이 떨어진지라 그 자식을 관목덤불 아래에 두고 이르되 아이가 죽는 것을 차마 보지 못하겠다 하고 화살 한 바탕 거리 떨어져 마주 앉아 바라보며 소리 내어 우니 하나님이 그 어린 아이의 소리를 들으셨으므로 하나님의 사자가 하늘에서부터 하갈을 불러 이르시되 하갈아 무슨 일이냐 두려워하지 말라 하나님이 저기 있는 아이의 소리를 들으셨나니 일어나 아이를 일으켜 네 손으로 붙들라 그가 큰 민족을 이루게 하리라 하시니라 하나님이 하갈의 눈을 밝히셨으므로 샘물을 보고 가서 가

죽부대에 물을 채워다가 그 아이에게 마시게 하였더라(창세기 21:15-19).

광야에서 물이 떨어졌어요. 하갈과 이스마엘에게 절체절명의 위기가 닥쳤습니다. 하갈은 그 자식이 죽는 것을 차마 못 보겠어서 관목덤불 아래에 둡니다. 관목은 사람의 키보다 낮은 나무인데 성경에는 '떨기나무'라고도 표현되어 있죠. 키가 작아서 작은 그늘밖에 만들지 못합니다. 그 광야 뙤약볕에서 아주 작은 그늘 아래에 아이를 눕혀 놓고 화살 한 바탕 거리에 떨어져서 하갈이 울고 있습니다. 화살 한 바탕 거리는 어느 정도의 거리일까요? 활시위를 당겨 쏴서 한 번에 나가는 거리라는 데, 사람마다 차이가 있겠지만 보통 100m 내외라고 합니다. 이삭이 가물가물 보이는 거리라는 뜻이죠. 자식이 죽게 생겼는데 어미로서 아무것도 할 수가 없습니다. 가까이서는 도저히 못 보겠습니다. 그렇다고 나 몰라라 두고 갈 수도 없습니다. 어쩌면 아이에게 "쉬고 있으렴, 엄마가 물을 찾아올게"하며 실낱같은 희망을 주고 떨어져 와 있는지도 모르겠습니다. 아이 앞에서 통곡을 할 수는 없으니까요. 그저 아이의 형태가 보이는 곳에 앉아서 울기만 합니다.

그 울음소리를 하나님이 들으셨습니다. 어느 번역본은 아기의 울음소리를 들었다고도 하고, 히브리 원문에는 하갈의 울음소리라고 합니다. 둘 다 울었겠지요. 아이는 배고프고 힘들어서 울고, 엄마는 아이가 죽어가는 것을 보며 피울음을 토하고 있었을 것입니다. 바로 그 울음을 하나님께서 들으셨습니다. 16장과 마찬가지로 '엘 로이'

를 고백하는 본문이지만 여기에서는 이스마엘에게 조금 더 강조점을 둡니다. '이스마엘(Ishmael)'은 우리말로 번역하면 '하나님께서 들으신다'는 뜻입니다. "들으시는 하나님!" 이 모자의 울음소리를 들으시고는 걱정하지 말라고 하십니다. 이 아이도 내 생명 안에 있다고 하십니다. 큰 민족의 아비가 되게 할 것이라고 약속을 주신 후에 떠나지 않으시고 당장의 문제를 해결해 주십니다. 즉, 눈을 밝혀 샘물을 보게 해주십니다. 샘의 근원을 밝혀주시고 물을 먹게 하는 역사가 여기에서 일어납니다. 분명히 약자 중의 약자였던 하갈은 자기의 자식도 지킬 수 없는 그 절박한 상황에서 하나님께 울부짖었고, 그런 하갈에게 기적적으로 샘물을 허락하시고 삶을 허락하셨던 그 하나님을 만나면서 '엘 로이'라고 고백했다는 것이 중요합니다.

내가 만난 하나님의 이름

이 두 버전의 하갈 이야기에서, 또 하나 기억해야할 점이 있습니다. 하갈이 하나님의 이름을 부를 때 보편적이거나 추상적인 고유명사로 이름을 부르지 않았다는 사실입니다. '엘'은 그냥 신(神)이라는 일반명사입니다. 그 앞에 '나를 살피시는'이라는 형용사가 붙은 겁니다. 자신이 만난 그 경험에 기초해서 딱 그만큼 고백한 것이죠. 내 태중에 생명이 또 있는데, 혹은 이제 겨우 열 네 살 된 아들아이인데, 이 아이도 지킬 수 없고 내 생명도 지킬 수 없는 광야 한복판에 던져져 소망이 없었을 때에 나는 '나를 살피시는 하나님, 나를 지켜보시는 하나님, 사각지대가 없는 하나님'을 만났습니다. 하갈의 신앙고백에 삼위일체니 유일신이니 교리화된 조직신학은 없습니다. 그저 자신도 살게 되고 태중의 아기와 14살 된 아이도 살게 된 이 놀라운 기적 사건이 인간으로부터 온 것이 아니라는 사실, 신적 도움이라는 것, 그 신을 내가 만났다는 것, 하여 그 신의 이름을 나는 '나를 살피시는 하나님'이라고 부른다는 것이 하갈의 신앙고백이었습니다.

요즘 '자기가 하나님'인 그리스도인들이 꽤 많습니다. 하나님의 뜻을 다 알고, 하나님의 속성, 하나님의 행위, 그 모든 것들을 본인이 하나님인 것처럼 해석해서 그것을 절대화하는 사람들입니다. "하나님은 이런 분이다. 그것은 하나님이 이런 뜻으로 행하신 것이다. 그건 하나님이 원하신다. 그건 하나님이 저주를 하시는 행위다." 이렇게 '단언'하는 사람들은 '절대'라는 말을 많이 씁니다. 그런데 아브라함에서 요셉에 이르는 족장들의 이야기를 보면 이들은 자신의 삶 속에서 하나님을 구체적으로 고백합니다. 추상적인 이론으로 고백하는 것이 아니라 자신의 삶의 한복판에서 자신이 만난 하나님을, 그 경험한 하나님의 모습만큼'만'을 고백합니다. 아브라함이 이삭을 바치려고 할 때 하나님께서 이삭 대신 제물을 준비해 주시는 이야기에서도 경험으로 하나님을 고백합니다. 그래서 "여호와 이레"(준비하시는 하나님)라고 합니다.

그럼에도 아브라함에서 요셉에 이르는 족장 시대의 삶을 보면 늘 '살리시는 하나님'을 고백하고 있다는 것을 알 수 있습니다. 유리방황하는 낯설고 힘든 삶 가운데서 절체절명의 순간에 하나님이 개입하신다는 신앙고백입니다. 그들은 하나님의 구원 사역을 그들은 경험합니다. 그리고 자신들이 경험한 그만큼만 하나님을 고백합니다.

이렇게 겸허한 자세를 우리 신앙인들도 가져야 하지 않을까요? 어떨 때는 우리가 하나님을 너무 많이 설명하려고 들어요. 다 알지도 못하면서 말입니다. 그 무한하시고 우리를 초월하시는 분을 우리가 어떻게 다 알겠습니까? 자기 임의대로 해석해놓고 이것이 하나님의 뜻이라고 단언하는 것은, 어쩌면 '하나님의 이름을 망령되이 하는 일'일 수도 있습니다. 두려운 일입니다. 정말 진실된 신앙인이라면 자신이 모르는 부분, 건드릴 수 없는 하나님의 크신 부분은 남겨두고, 내 삶 안에서 내가 경험한 그 하나님만을 겸허하고 진지하게 고백해야 한다고 생각합니다. 우리가 '모르는' 하나님의 영역까지 설명하려 들고 확신하고 심지어 교리화한다면, 그것은 인간의 '유한성'을 망각하는 죄가 됩니다. 성경 안에는 구체적으로 고백한 하나님의 속성이 마치 모자이크처럼, 하나씩 하나씩 채워나가는 형식으로 펼쳐져 있습니다. 우리가 아무리 많이 아무리 깊이 하나님을 경험한다고 해도 그 모자이크 조각을 다 맞출 수는 없습니다. 다만 인간이 할 수 있는 것은 계속해서 진실한 고백을 더해 나가는 것 밖에 없습니다.

샘의 근원이신 하나님

또 하나 족장들의 삶에서 강조하고 싶은 부분은 '샘의 근원'인 우물이 주는 교훈입니다. 성경 속 족장 이야기에는 우물 이야기가 많이 등장합니다. 광야 생활에서 우물을 확보하는 것은 생명의 제1 조건이기 때문입니다. 우물곁에 있어야 일단 살 수 있습니다. 생명의 근원이죠. 하갈 이야기뿐만 아니라 이삭 이야기도 보면 우물 이야기가 참 많이 나와요. 먼저 가서 우물을 파면 그 땅의 토박이들이 와서 시비를 겁니다. 그래서 이삭이 다른 곳으로 가서 우물을 파면 또 비키라고 하죠. 미칠 노릇입니다. 내가 수고하여 판 우물인데, 이 우물은 생존을 위해 꼭 필요한 수단인데, 토박이들이 와서 힘으로 빼앗는 겁니다. 그들은 수고하지 않은 채로 내 수고의 대가를 빼앗아 갑니다. 요즘 읽어도 울화가 치미는 이야기입니다. 아마도 오늘날의 독자들은 '우물'에 다른 단어들을 대입하여 묵상하시겠죠.

계속 우물을 파고 다툼이 있고 빼앗기고 다시 우물을 팝니다. 그런데 이삭의 이야기에서 가장 은혜로웠던 부분은 맨 마지막입니다. 마지막 우물의 이름은 '르호봇'(창세기 26:22)이었습니다. 성경은 그 우물을 파고 난 다음에는 다툼이 없었다고 기록합니다. 토박이들이 더 이상 건드리지 않았습니다. 하여 거기서 비교적 오래 머무르면서 이삭의 공동체가 살아갈 수 있었습니다. '르호봇'은 '장소가 넓다'라는 뜻입니다. 장소가 넓어서 더 이상 다툼이 없게 되었다는 말입니다. 감사의 고백이지요.

요즘 흔히 하는 말 중에 '빨대를 꽂는다'라는 표현이 있죠. 누군가의 유익을 수고하지 않고 그냥 쏙쏙 빨아먹듯 다 가져가려는 행동을 속되게 묘사한 말입니다. 어찌 보면 사라도 그 빨대를 아브라함에게 꽂았다고 볼 수 있습니다. 그래서 아브라함의 기업을 자기 자식에게 주어야 하는데 내 아이보다 장성하여 힘을 더 가진 이스마엘이 행여 '그 몫을 독점할까봐' 그를 제거해야겠다고 생각한 것이겠지요. 자기 안전과 부의 근원이 '아브라함'에게 있다고 생각했으니 자신의 아들을 통해 아브라함에게 '빨대를 꽂으려' 했던 것이겠지요.

유한한 원천이니 나누려는 생각을 하지 못했을 것이고요. 하지만 샘의 근원이신 여호와께 '빨대를 꽂은' 사람은 무한한 원천을 경험할 수 있습니다. 나 말고 다른 사람들이 여호와께 '빨대를 꽂아도' 상관이 없습니다. 다툴 일도 시기할 일도 아닙니다. 하나님은 그야말로 '장소가 정말 넓은' 샘의 근원 같은 분이라서 다툴 이유가 없거든요. 르호봇, 그 넓고 풍요로운 샘의 근원이 바로 하나님이십니다.

하갈이 찾은 샘의 근원은 나중에 이삭이 찾게 된 르호봇이라는 우물가와 같은 지역이었습니다. 이 우물을 상징적으로 저는 '하나님'이라고 풀어봅니다. 우리가 '근원'이신 하나님께 잇대어 있다면 작은 자리 하나 가지고 다투고, 장자인지 아닌지, 기업 무를지 안 무를지, 우물이 내 것인지 아닌지 싸울 필요가 없습니다. 이삭처럼 그냥 내주면 됩니다. 하나님만 바라보고 의지하면 인간의 모든 싸움은 불필요하게 됩니다. 무엇을 열심히 했는데 남들이 와서 가져가겠다고 하거나, 내 것이라고 하거나, 내 공헌이라고 가로챌 때 그냥 과감하게 줘버리십시오. 괜찮습니다. 주세요. 왜냐하면 신앙인은 '빨대를 하나님한테 꽂았기' 때문입니다. 우리에게는 무한 공급되는 원천이 있습니다. 우물은 또 파면됩니다. 이렇게 생각하고 살면 다툼이 일어나지 않겠지요. 21세기 무한 경쟁, 개별화된 경쟁 속에서 살다 보니, 작은 것 하나라도 내 것을 만들려고 합니다. 빼앗길까 봐 불안해

합니다. 누군가가 없어야지 이것을 확보할 수 있을 것만 같습니다. 하지만 하갈과 이삭의 이야기를 묵상해 보십시오. 하나님의 나라는 광대합니다. 그 근원에 우리가 잇대어 있으면 우리는 어디서든 무엇이든 무한하게 공급받습니다. 사각지대가 없는 엘 로이, 즉 나를 살피시는 하나님께서 나를 계속 살피시면서 나의 필요를 공급해 주실 테니까요. 사라가 못 본 것은 바로 이 '하나님 나라의 넓은 장소'가 아니었을까 싶네요. 비록 '빨대를 꽂는다'는 점잖지 못한 말로 비유했습니다만, 우리 생명의 근원이 되시는 하나님께 잇대어 삽시다. 그렇다면 우리는 다툼이 없이 서로가 공존할 수 있을 겁니다.

기도

생명의 근원이신 하나님, 작고 작은 자 하갈의 울음도 세밀하게 살피시는 구원의 하나님. 저희들이 무한하고 영원하신 샘물이신 여호와 하나님께 잇대어서 이 땅에서의 삶을 넉넉하고 풍요롭게 살아가게 해주시옵소서. 이 땅의 것을 독차지하겠다고 서로 다투지 말고, 제 것이라고 너무 우기지 말고, 넉넉하게 주고 넉넉하게 나누면서, 진정한 하나님 나라의 시민으로 살아가는 신앙인이 되게 해주시옵소서. 예수님의 이름으로 기도합니다. 아멘.

하나님께서는 언제나 우리의 삶을 살피십니다. 엘 로이! 그 하나님을 믿으며 넉넉하게 넓은 마음으로 우리의 생을 살아갑시다.

일곱 번째 만남

더 큰 법에 순종하는 삶, 십브라와 부아 이야기

출애굽기 1장

지난 강의를 통해 하나님께서 시선을 떼지 않으시고 구원하시며 축복해주신 '히브리인'에 대해 배웠습니다. 핵심 내용은 '엘 로이', 나를 살피시는 하나님이었죠. 사회적 약자의 이름인 '히브리인'을 하나님의 백성, 복의 근원으로 받아들이며 그들을 '살게 하는 일'에 동참하는 것은 우리에게도 복이 된다고 했어요. 오늘은 출애굽기에 나오는 새로운 인물을 통해 같은 메시지를 조금 더 깊게 묵상해 보겠습니다. 출애굽기 1장에는 두 여인이 등장합니다. 매우 중요한 일을 했던 인물인데, 의외로 많은 신앙인들이 그들의 존재를 잘 알지 못하더라구요. 바로 십브라와 부아입니다. 출애굽기 1장에 짧게 등장하지만 히브리 공동체의 역사 가운데 큰 역할을 감당한 여인들입니다. 이들이 무슨 일을 했었고, 하나님이 왜 이들을 축복하셨는지 함께 묵상해 보겠습니다.

파라오의 법, 통치권 유지를 위한 인간의 지혜

이집트 왕의 총애를 받아 요셉이 총리대신이 되고 난 후 이스라엘이 모두 다 애굽으로 와서 행복하게 살았습니다. 창세기는 이런 행복한 이야기로 끝을 맺습니다. 출애굽기 1장 7절을 보면 이스라엘 백성들이 얼마나 행복하게 살았는지 알 수 있어요. "이스라엘 자손은 생육하고 불어나 번성하고 매우 강하여 온 땅에 가득하게 되었더라"(출애굽기 1:7). 이 구절을 보니 창세기 1장에 나오는 말씀이 생각납니다.

> 하나님이 그들에게 복을 주시며 하나님이 그들에게 이르시되 생육하고 번성하여 땅에 충만하라, 땅을 정복하라, 바다의 물고기와 하늘의 새와 땅에 움직이는 모든 생물을 다스리라 하시니라(창세기 1:28).

창조의 목적입니다. 하나님이 인간을 창조하신 후에 하셨던 축복의 말씀입니다. 이스라엘은 이에 부응하여 생육하고 번성하였습니다. 그런데 이 축복을 위협으로 보는 사람이 있었습니다. 바로 이집트의 파라오(왕)이었습니다. 그는 필시 아버지로부터 제국을 통치하는 지혜를 전수받았겠지요. 그래서 우려했을 겁니다. 통치자의 입장에서는 피지배 계층의 사람들의 숫자가 '부려먹기에는 충분하나 통제할 수 있는 정도의 숫자'여야 안전할 테니까요. 파라오의 매뉴얼을 제가 본 바 없지만 그 목록에는 필시 이런 항목이 있었을 겁니다. "피지배층의 숫자가 너무 늘어나면 그 수를 제한하라." 이스라엘이 번성하는 것을 보고 하나님께서는 기뻐하셨겠지만 파라오의 시선은 달랐습니다. 그 마음이 출애굽기 1장에 담겨 있어요.

> 요셉을 알지 못하는 새 왕이 일어나 애굽을 다스리더니 그가 그 백성에게 이르되 이 백성 이스라엘 자손이 우리보다 많고 강하도다 자, 우리가 그들에게 대하여 지혜롭게 하자 두렵건대 그들이 더 많게 되면 전쟁이 일어날 때에 우리 대적과 합하여 우리와 싸우고 이 땅에서 나갈까 하노라 하고(출애굽기 1:8-10).

이스라엘 백성들이 많아지면 이집트와 적대하고 있는 나라들과 연합하여 자신들을 위협할 것이라고 판단한 거죠. 하여 이들을 향하여 '지혜롭게 해야겠다'고 말합니다. 파라오의 지혜는 무엇이었을까요? 파라오의 명령을 볼까요.

> 감독들을 그들 위에 세우고 그들에게 무거운 짐을 지워 괴롭게 하여 그들에게 바로를 위하여 국고성 비돔과 라암셋을 건축하게 하니라 그러나 학대를 받을수록 더욱 번성하여 퍼져나가니 애굽 사람이 이스라엘 자손으로 말미암아 근심하여 이스라엘 자손에게 일을 엄하게 시켜 어려운 노동으로 그들의 생활을 괴롭게 하니 곧 흙 이기기와 벽돌 굽기와 농사의 여러 가지 일이라 그 시키는 일이 모두 엄하였더라(출애굽기 1:11-14).

이것이 왕의 전략이었어요. 인간적인 지혜였습니다. 일을 엄하게 시키면 피곤하고 지쳐서 이들이 생육하고 번성하지 못할 것이라고 생각했던 것이죠. 하지만 이스라엘은 계속 번성했어요. 외롭고 지친 노동을 서로 달래다보니 부부금슬이 좋았던 걸까요? 이유가 뭐였든 파라오의 첫 번째 '지혜'는 실패합니다. 그리고 이어서 이스라엘 백성을 탄압하기 위한 바로의 2차 '지혜'에서 오늘의 주인공들이 등장합니다.

> 애굽 왕이 히브리 산파 십브라라 하는 사람과 부아라 하는 사람에게 말하여 이르되 너희는 히브리 여인을 위하여 해산을 도울 때에 그 자리를 살펴서 아들이거든 그를 죽이고 딸이거든 살려두라(출애굽기 1:15-16).

이스라엘의 힘을 꺾는 또 하나의 방법을 생각한 거죠. 남자 아이가 더 이상 늘어나지 않게 하는 것이 숫자를 조절할 수 있겠다는 판단을 하게 된 겁니다. 여기서 '히브리 산파'라는 말은 많은 정보를 전달합니다. 일단 두 산파는 '히브리인'입니다. 이집트 여인들이 아니죠. 타지에서 살아가는 사람들이었다는 말입니다. 이런 상황에서 이집트 최고의 권력자인 왕 앞에 불려가서 명령을 받습니다. 자신들이 살아가는 땅을 다스리는 왕에게 직접 받은 명령을 어긴다는 것은 상상조차 할 수 없는 일이었을 겁니다. 두려운 명령이었지만 다시 생각해보면 타향살이가 고달팠을 두 여인에게 이는 절호의 기회였을 수도 있습니다. 이 일만 잘 수행하면 승승장구하여 이집트에서 자신들의 입지가 견고해질 것이라 충분히 예측할 수 있는 일이었죠.

'내부자'가 되는 것이니까요.

그런데 여기서 의문이 듭니다. 파라오는 왜 하필 이집트 산파가 아닌 히브리 산파를 '매수'하려 했던 것일까요? 일제강점기 때 조선인을 앞잡이로 세워서 스파이 노릇을 하게 한 것처럼 이것도 하나의 통치 전략이었다고 봅니다. 파라오의 지혜죠. 같은 히브리인이어야 동족인 이스라엘 백성에게 훨씬 더 쉽게 접근할 수 있을 테니까요. 해산하는 여인들은 산고로 정신이 없는 상태여서 아기가 살았는지 죽었는지 살필 여력이 없을 겁니다. 아기를 가장 먼저 볼 수 있는 사람이 산파입니다. 히브리 산파는 보나마나 숱한 경험과 의학적 지식, 그리고 옆집 할머니 같은 푸근함으로 해산하는 히브리 여인들에게는 의지의 대상이었을 겁니다. 요즘처럼 남편들이 해산하는 곳에 함께 들어가 있지 않던 시절이니 그야말로 가장 적절한 '음모가담자'일 수 있는 존재죠. 남자 아이면 그 아기를 죽이고 사산이라고 둘러대는 일을 할 수 있는 사람들이지요. 참으로 섬뜩한 지혜입니다. '죽이는' 지혜니까요.

살리시는 하나님에 대한 신앙고백

자신이 살려면 일단 왕의 명령을 따르는 것이 일반적인 사람의 모습입니다. 최고 권력자의 명령을 거부할 수가 없어요. 그럼에도 다음 구절에 나오듯이 두 히브리 산파는 참으로 멋지고 혁명적인 일을 합니다.

그러나 산파들이 하나님을 두려워하여 애굽 왕의 명령을 어기고 남자 아기들을 살린지라(출애굽기 1:17).

이들은 하나님을 두려워했습니다. 하나님의 약속을 믿은 공동체의 일원이었으니까요. 왕보다 더 큰 분, 더 영원하신 분인 하나님을 두려워했기에 이집트 왕의 명령을 어길 수 있었던 겁니다. 이 이야기를 활자로 읽어서 감흥이 덜하지, 한 번 우리에게 닥친 일이라고 생각해 보세요. 우리들은 하다못해 직장상사의 작은 명령도 어기기 힘든 세상을 삽니다. 비록 부당한 일이고 부정의한 일이라 판단해도 그 명령을 어길 시에 밥줄이 끊어질까 봐 염려하고 불안해하죠. 하물며 당시 왕의 명령을 따르지 않는 것이 얼마나 어려웠을까요? 목숨을 건 일이었을 겁니다. 그야말로 굉장한 결단입니다. 성경은 십브라와 부아가 이집트 왕보다 하나님을 더 두려워하여 남자 아기들을 살렸다고 분명히 기록하고 있습니다.

17절에서 주목해야 할 단어는 '살린지라'입니다. 창세기 1장을 보면 하나님이 원하셨던 창조 명령 두 가지는 '첫째, 너희는 살고 둘째, 연약한 생명을 살려라'입니다. 살리는 것이 바로 하나님이 주신 창조 명령인 것을 산파들은 알았습니다. 하나님이 주신 영원한 법은 생명을 살리는 것이었습니다. 바로는 죽이라고 명령했고, 하나님은 살리라고 하셨습니다. 아기들도 좋은 것이 있으면 꼭 쥐고 놓지 않으려고 합니다. 그때 더 좋은 것을 주면 앞의 것을 버리고 좋은 것을 잡습니다. 아기들도 이러한데 하물며 우리 신앙인들은 어떠해야 하겠습니까? 왕(세상)의 법의 무게보다 하나님의 법의 무게가 훨씬 더 무겁습니다. 훨씬 더 큽니다.

때문에 신앙인이라면 두 명령이 상충할 때 그 사이에서 어떤 결정을 내려야 할까요? 지금 당장 나를 죽일 수도 있는 인간-왕이 아니라 더 크신 분의 법을 따라야겠지요. 이 산파들은 아브라함과 맞먹는 믿음을 가졌다고도 볼 수 있어요. 출애굽기를 읽을 때 이 두 여인의 이름을 스치듯 지나치며 그냥 휙 읽어 나갔던 것이 미안할 지경입니다. 성경을 하나님의 계시로 기록한 사람들은 조상들의 생생한 신앙체험을 모으고 기록하고 편집하는 과정 중에서 기도를 쉬지 않았을 겁니다. 다시 보고 또 읽으며 정말 한 자 한 자 심혈을 기울여 성경 안에 담아내었을 것입니다. 우리도 그들만큼의 치열함과 간절함으로 호흡을 끊어 읽는 것처럼, 성경의 한 글자 한 단어에 집중하며 성경을 읽어나갔으면 합니다. 그렇게 할 때 십브라와 부아가 보이겠지요. 아이들을 살리기 위해 목숨을 걸었던 이들의 귀한 이름과 선택 말입니다.

히브리 산파들의 지혜, 약자들의 생존법

십브라와 부아는 하나님의 명령인 '살려라'를 수행했습니다. 바로가 내 목숨을 가져가도 어쩔 수 없다는 각오를 했겠지만, 그렇다고 하나님의 또 다른 명령인 '살아라'를 가벼이 여겨서도 안 되겠죠. 하나님의 창조(존재)명령인 '살아라'를 수행하기 위해 이들은 기지를 발휘합니다. 파라오의 지혜와는 대조적인 히브리 산파들의 지혜입니다. 이집트 왕이 보니 이스라엘 남자 아이들이 다 살아 있어요. 그래서 자신이 스파이로 심어두었다고 생각한 십브라와 부아를 호출합니다.

애굽 왕이 산파를 불러 그들에게 이르되 너희가 어찌하여 이같이 남자 아기들을 살렸느냐 산파가 바로에게 대답하되 히브리 여인은 애굽 여인과 같지 아니하고 건장하여 산파가 그들에게 이르기 전에 해산하였더이다 하매(출애굽기 1:18-19).

약자들의 생존 지혜가 참으로 놀랍습니다. 지푸라기 같은 삶이지만 자기도 살아내려고 이렇게 지혜를 모았다는 것이 놀랍습니다. 물론 거짓말이죠. 십계명에는 분명 '거짓말'을 하지 말라고 했는데, 두 여인은 십계명을 어긴 걸까요? 시간 순서상 아직 십계명을 받기 전이니 괜찮다고, 농담을 해보기도 합니다만, 저는 약자들이 생존하기 위해, 위기를 모면하기 위해 하는 이런 '둘러댐'은 거짓말로 정죄할 일이 아니라고 생각합니다. 윤리학자가 이 무슨 망발이냐 싶으시겠지만, 분명 하나님께서도 이를 악하다고 생각지 않으셨습니다. 하나님은 이 모습을 '살아남는 지혜'로 여기셔서 그들에게 은혜를 베푸시고 자녀들을 축복했다고 기록되어 있거든요. 가끔 주변을 보면 신실한 신앙인인데, 하나님의 법을 너무 '율법주의적'으로 적용하여 오히려 그 법에 기준하여 사람들을 영적으로 육적으로 사회적으로 심리적으로 '죽이는' 분들을 보게 됩니다. 그런 충동을 느낄 때마다 상기할 본문이지 싶습니다.

십브라와 부아가 하나님 안에서 수행한 그 위대한 결정, '살려내는 선택'은 이스라엘 공동체가 계속해서 생육하고 번성할 수 있도록 큰 역할을 했습니다. 어쩌면 이들이 살려낸 아이 중에 모세가 있었을지도 모릅니다. 성경에 명시되어 있지는 않지만 시간상 그러했을 가능성이 큽니다. 모세는 이 무렵에 태어났으니까요. 만약 십브라와 부아가 파라오의 명령을 따랐더라면, 이스라엘의 구원의 상징인 모세는 생명의 첫 울음을 울지 못했을 수 있습니다.

이집트 왕은 이 '은밀한' 작전이 실패하자 잔인한 본색을 드러냅니다. 이제는 히브리인들이 아닌 이집트인들에게 명령합니다. 3차 시도인 셈입니다. 아예 대놓고 백주대낮에 살육을 지시하는 겁니다.

> 그러므로 바로가 그의 모든 백성에게 명령하여 이르되 아들이 태어나거든 너희는 그를 나일 강에 던지고 딸이거든 살려두라 하였더라(출애굽기 1:22).

폭력적인 명령입니다. 히브리 산파들이 희생적인 결단을 내렸지만 악(惡)의 힘은 더 컸습니다. 결국 히브리 산파들의 노력이 허사가 되고 말았습니다. 나보다 더 큰 악이 압도하면 우리는 주눅 들고 자포자기하게 됩니다. 그리고 절대악 앞에서 타협하기 시작합니다. 그것 봐. 내가 아무리 애를 써도 구조가 악할 때는 어차피 이렇게 되잖아? 이런 세상에서 내가 뭐라고 파라오의 법에 거슬리는 삶을 살겠어? 어쩔 수 없는 거지. 신앙이 약하지도 않고 악한 사람도 아닌데…, 이렇게 패배적인 모습으로 살아가는 사람들이 많습니다. "나 하나의 힘으로 뭐가 바뀌겠어?"하고 말입니다.

언젠가《나의 작은 저항》이라는 미간행 소책자를 읽었습니다. 2차 대전 때 징집되어 갑자기 만주로 끌려간 일본 그리스도인 대학생의 실화입니다. 친구들과 함께 학도병이 되었는데 책상 앞에서 공부만 했던 스무 살 남짓한 대학생들이 전쟁 경험이 있을 리 만무합니다. 사람을 죽여 본 경험이 없으니까 실전에 투입되기 전에 윗사람들이 중국인 포로를 나무에 묶어 놓고 죽이는 연습을 시킵니다. 착검된 총으로 포로를 찔러야 합니다. 이 그리스도인 대학생은 하나님께 기도를 드렸다고 합니다. "하나님, 저는 정말 작은 자입니다. 이 전쟁을 멈추게 할 수도 없고, 저 포로를 살려줄 수도 없습니다. 제가 지금 이 상황에서 '사람을 살리라'는 하나님의 그 명령을 어떻게 지켜낼 수 있을까요?"

이 사람의 선택은 무엇이었을까요? 이 죽임의 전쟁 한가운데서 할 수 있는 가장 작은 저항은 어떤 것이었을까요? 그것은 포로를 찌르지 않는 것이었습니다. 그 일이 자신에게 어떤 결과를 가져올지 알았지만 끝까지 포로를 찌르지 않았다고 합니다. 이 이야기가 제게 준 교훈은 큽니다. 악한 명령을 받았을 때, 타협하고 싶고 적당히 포기하고 싶어질 수 있습니다. 우리도 약한 인간이니까요. 하지만 우리가 '하나님 신앙'을 가진 사람들이라고 고백하는 한, 악이 아무리 강하고 무서워도 하나님의 더 큰 명령을 기억해야 합니다. 아무리 작은 자라도 자신이 선택할 부분은 있습니다. 십브라와 부아, 힘없는 두 히브리 여인이 엄청난 악 가운데서 실천했던 작은 저항, 나약한 한 대학생이 선택했던 작은 저항이 우리가 악한 세상의 명령을 받으면서도 지켜내야 하는 그리스도인의 자세입니다. 어떤 상황이 닥쳐와도 내가 할 수 있는 몫이 있습니다. 결국은 그런 선택들이 모여서 하나님의 크신 역사를 이룰 수 있다고, 저는 믿습니다.

기도

사랑의 하나님, 이 땅에 사람으로 존재케 하여주심을 감사드립니다. 이 땅에서 살아라, 그리고 더 약한 자들을 살려내라 명령하셨던, 그 큰 명령을 기억합니다. 영원하신 그 법을 저희들 가슴속에 묵상합니다. 악이 비록 성해서 저희보다 훨씬 더 크고 무섭더라도, 그보다 더 두렵고 크신 하나님의 법을 따라 살아가는 그리스도인이 되게 하여 주옵소서. 언제나 지금 이 자리에서 저희의 힘으로 할 수 있는 작은 선(善)의 실천이 가능하다는 것을 늘 기억하게 하여 주시옵소서. 예수님의 이름으로 기도합니다. 아멘.

아무리 작은 자라도 자신의 자리에서 생명을 살리는 지혜와 용기를 실천할 수 있습니다. 사람의 '살리는' 의무를 포기하고 적당히 악과 타협하려는 마음은 그칩시다. 그리고 보다 더 큰 하나님의 법을 따르는 신앙인이 됩시다.

여덟 번째 만남

야훼를 만난 사람, 모세

출애굽기 3-6장

오늘도 역시 '사람 사는' 이야기를 시작합니다. 지난 주 나누어보았던 두 인물, 히브리 산파 십브라와 브아의 결단 덕분에 살아남은 아이들이 있었죠. 힘없는 사회적 약자요 이집트에서 강요된 노동을 하던 히브리 남자아기들…. 어쩌면 그들 중에 모세가 있었을 지도 모른다는 상상을 해보았습니다만, 사실 모세만큼 드라마틱한 삶을 산 사람도 없을 것 같아요. 40년은 이집트 땅에서, 40년은 미디안 광야에서, 나머지 40년은 이스라엘 백성들을 데리고 약속의 땅을 향해 가느라 다시 광야에서 살았습니다. 그가 그런 극적인 삶을 산 데에는 하나님의 계시가 개입되어 있었기 때문이지요. 계시를 들었을 때 '아멘'하는 신앙은 참으로 귀한 결단입니다만, 한편으로는 이런 질문도 생깁니다. 과연 나에게 들려오는 계시가 하나님의 계시인지 아닌지를 분별할 수 있을까? 개인의 주관적인 해석을 넘어서는 객관적 분별의 척도는 없을까요? 오늘은 모세가 하나님을 만난 사건을 통해 이 질문에 대한 답을 함께 생각해 보겠습니다.

공동체를 위한 부르심, 모세가 받은 사명

우리가 쭉 살펴온 성경 속 인물 중에서 모세는 그동안 특별히 주목받았던 인물입니다. 그 중에서 오늘 제가 강조하고 싶은 것은 '모세는 공동체를 향한 메시지를 전달하기 위해 선택된 첫 번째 성경 인물'로 고백되고 있다는 점입니다. 그 이전의 성경 속 인물들도 곤궁의 상황에서 하나님을 만났지만 모두 자신의 삶과 직결된 계시체험이었습니다. 하지만 모세는 달랐어요. 멀쩡하게 미디안에서 결혼하고 잘 살고 있는데 하나님께서 부르셨습니다. '받은 말씀'도 자기 자신의 삶에 대한 계시 말씀이 아니었습니다. 하나님의 말씀을 받아 공동체에 전달하는 것이 모세의 역할이었죠.

이러한 사람을 '예언자'라고 부릅니다. 많은 사람들이 예언자라는 단어를 들을 때에 착각하는 것이 있습니다. 예언자의 '예'자를 '미리 예(豫)'자라고 생각하는 것이지요. '미리 이야기 해 주는 사람' 그러니까 불안하고 불확실한 미래의 일을 미리 알아서 확실하게 이야기 해주는 사람이라고 생각하는 것입니다. 그러나 성경의 예언자적 역할은 달랐습니다. 영어의 Prophet을 한자로 번역할 때 우리 신앙의 선배들이 그 의미를 잘 전달하여 단어를 적절하게 사용했다고 봅니다. '맡길 예(預)'자를 사용했거든요. 예금통장 할 때 쓰는 단어죠. '예금'이라 하면 돈을 맡기는 것이니, '예언(預言)'은 무엇을 맡는 걸까요? 바로 하나님의 말씀입니다. 결국 예언자는 '하나님의 말씀을 맡은 사람'이라고 볼 수 있습니다. 예언자는 미래의 일을 예지하는 사람들이 아니라, 하나님의 말씀을 맡은 사람들이었던 것이죠. 물론 '맡은 말씀' 중에는 미래에 일어날 일들이 포함될 수는 있습니다. 그러나 그것이 주요한 예언자적 기능은 아니었다는 말입니다. 시점보다는 '말씀'이 중심입니다.

또한 성경 속 예언자가 맡은 메시지는 주로 '공적(公的)'인 메시지였습니다. 모두 공동체를 향한 말씀을 전달하였습니다. 하나님께서 말씀을 주시는 대로 전하려 하니 예언자의 삶은 결코 평탄하지 않았습니다. 공동체를 화나게 하는 말씀을 주시면 그걸 그대로 전해야 하니까요. 사탕발림을 할 수도 없고, 적당히 둘러댈 수도 없는 일이잖아요? 그래서 질타를 받는 경우가 허다했지요. 예언자들의 험난한 사명 이야기는 아모스, 이사야, 호세아 등 문서 예언자들을 다루는 뒷부분 강의에서 조금 더 자세히 살펴보기로 하고, 오늘은 바로 이런 예언자의 공적 사명을 받은 첫 사람, 모세의 이야기에 집중해 봅니다. 오늘 이야기는 모세가 하나님을 처음으로 대면하는 장면입니다. 출애굽기 3장 9-10절 말씀입니다.

> 이제 가라 이스라엘 자손의 부르짖음이 내게 달하고 애굽 사람이 그들을 괴롭히는 학대도 내가 보았으니 이제 내가 너를 바로에게 보내어 너에게 내 백성 이스라엘 자손을 애굽에서 인도하여 내게 하리라(출애굽기 3:9-10).

떨기나무에 불이 붙었는데도 타지 않는 것이 이상해서 다가왔다가 처음 하나님을 만난 모세가 '맡은 말씀'입니다. 생전 처음으로 신을 만난 신비체험 하나만으로도 정신이 없는데, 이 '신'은 모세에게 "이제 가라"고 명령하십니다. 하나님의 현존을 알게 된 것만으로도 혼란스러운데 바로 이집트의 최고 지도자인 파라오(왕)에게 가라고 말씀하시니 모세는 얼마나 당황스러웠을까요? 심지어 왕에게 가서 해야 할 말은 그의 왕권을 향한 하나님의 축복의 메시지가 아니었습니다. 이집트 왕 앞에서 이스라엘 백성들을 돌려달라고 말해야만 했습니다. 그야말로 어이없는 일이지요.

그렇지만 하나님의 계획도 구체적이셨습니다. 모세가 전달할 메시지가 공적 메시지였기에 하나님께선 두 종류의 사람들에게 모세를 보내려 하십니다.

하나님께선 말씀을 이어가시면서 첫 번째로 이스라엘 장로들을 찾아가라고 말씀하십니다. 이스라엘의 전통과 아브라함, 이삭의 이야기를 알고 있던 장로들이었습니다. 그들에게 모세가 전달할 메시지는 출애굽기 3장 16-17절 말씀입니다.

> 너는 가서 이스라엘의 장로들을 모으고 그들에게 이르기를 여호와 너희 조상의 하나님 곧 아브라함과 이삭과 야곱의 하나님이 내게 나타나 이르시되 내가 너희를 돌보아 너희가 애굽에서 당한 일을 확실히 보았노라 내가 말하였거니와 내가 너희를 애굽의 고난 중에서 인도하여 내어 젖과 꿀이 흐르는 땅 곧 가나안 족속, 헷 족속, 아모리 족속, 브리스 족속,

히위 족속, 여부스 족속의 땅으로 올라가게 하리라 하셨다 하면(출애굽기 3:16-17).

이 말씀을 전하여 하나님의 인도하심을 장로들에게 고하라고 말씀하십니다. 그리고 그들과 함께 이집트 왕에게 가서 이렇게 얘기하라고 하십니다.

그들이 네 말을 들으리니 너는 그들의 장로들과 함께 애굽 왕에게 이르기를 히브리 사람의 하나님 여호와께서 우리에게 임하셨은즉 우리가 우리 하나님 여호와께 제사를 드리려 하오니 사흘길쯤 광야로 가도록 허락하소서 하라(출애굽기 3:18).

시간을 벌기 위한 계획이죠. 걸어서 탈출하는 히브리인들이 말과 병거를 가진 이집트 왕의 군사들을 따돌리고 무사히 탈출하려면 적어도 사흘 길쯤의 거리를 벌여놓아야 할 테니까요. 하여 제사를 위해 사흘만 그들을 내보내 달라고 말하라는 계획까지 짜 놓으셨나 봅니다. 주도면밀하십니다. 흥미로운 것은 여기서 하나님께서 자신을 "히브리 사람의 하나님 여호와"라고 전하라 하신 것입니다. 여호와께서 어찌 히브리 사람'만'의 하나님이실까요? 하지만 하나님께서는 분명히 그렇게 전하라 하셨습니다. 이것은 무슨 의미일까요? 앞서 아브라함이 받은 축복을 기억한다면 쉽게 하나님의 뜻을 파악할 수 있을 것 같습니다. "물론 나는 만인을 위한, 전 세계를 위한, 모든 피조물들을 위한 하나님이다. 그래서 내가 지어낸 모든 생명들이 제 숨을 쉬고 자유혼으로 스스로의 삶을 살며 번성하기를 원한다. 그런데 그 생명을 제대로 누리고 있지 못해 안타까운 '아픈 손가락'이 있다. 그들이 바로 히브리인이다. 하여 나는 다 죽어가는 내 아이들을 살리기 위해 '히브리 사람의 하나님'이 되기로 한다." 하나님께선 모세에게 이러한 공적 메시지를 가지고 이집트로 가라고 명하십니다. 물론 모세에게는 너무 부담스러운 명령이었습니다. 그래서 그는 자신은 아이이며 말이 서툴고, 그의 형이 훨씬 더 말을 잘한다고 거절합니다. 그러한 모세를 향해 여호와께서 호통을 치시죠.

> 여호와께서 그에게 이르시되 누가 사람의 입을 지었느냐 누가 말 못하는 자나 못 듣는 자나 눈 밝은 자나 맹인이 되게 하였느냐 나 여호와가 아니냐 이제 가라 내가 네 입과 함께 있어서 할 말을 가르치리라(출애굽기 4:11-12).

"모든 말은 내가 할 테니 너는 가서 내 말을 전하기만 하면 된다. 이제 가라." 모세가 잘나서 뽑힌 것이 아닙니다. 그저 그는 우쭐할 것도 없고 부담스러워 할 것도 없이 하나님만 믿고 나아가면 되는 것이었습니다. 우리들 또한 자신의 재능을 자기 것 마냥 사용할 때가 있는데 재능이 있다고 우쭐할 것도 아니요, 재능이 없다고 축 처질 필요도 없는 것 같습니다. 모든 재능을 주신 하나님을 믿고 나아가야 하겠죠.

하나님의 이름, 여호와

그러나 모세는 아직도 어려워합니다. 명령 자체도 너무나 부담스런 것이지만 모세에게는 이 명령을 내리시는 신에 대한 확신이 아직 없었습니다. 그래서 신에게 묻습니다. "당신은 누구신가요?" 그러게요. 누군지도 모르는 신의 명령으로 죽음도 불사한 일을 수행할 수는 없는 일이니까요. 도대체 내가 누구의 이름으로 이 말씀을 전달해야 합니까? 이 질문에 하나님께선 "나는 스스로 있는 자"라고 대답하십니다. 영어 성경에선 "I'm who I am"이라고 번역이 되어 있습니다. 스스로 존재하는 자라는 뜻이지요. "스스로 있는 자"를 의미하는 히브리 단어(예흐예)는 '여호와'와 발음이 굉장히 비슷합니다. 사실 신이란 유한자에 의해 규정될 수 없기 때문에 인간에게 자신을 설명할 수 있는 가장 가능한 묘사가 '스스로 존재하는 자'가 아닐까 생각해 봅니다. 인간의 유한적 시각에서는 그 존재조차 다 파악할 수 없을 만큼 무한히 크신 분이니 그 이름만큼 하나님을 잘 표현할 수 있는 말이 또 어디 있겠습니까?

모세 시절엔 민족신 혹은 부족신의 개념이 강해서 크고 작은 공동체들은 각각 자신들을 지키는 신들의 이름을 가지고 있었습니다. 그 이름은 구체적이고 특수했죠. 그러나 모세에게 나타난 신은 모든 존재의 근원, 바탕이 되지만 스스로 있는 존재라는 매우 추상적이고도 포괄적인 이름으로 자신을 설명하신 겁니다. 모세 입장에서는 매우 애매모호했겠지요. 스스로 있는 자? 그런 존재가 나와 무슨 상관이 있지? 모세로서는 야훼를 받아들이기가 쉽지 않았을 겁니다. 하나님께선 그런 모세를 향해 부연설명을 하셨습니다.

> 하나님이 또 모세에게 이르시되 너는 이스라엘 자손에게 이같이 이르기를 너희 조상의 하나님 여호와 곧 아브라함의 하나님, 이삭의 하나님, 야곱의 하나님께서 나를 너희에게 보내셨다 하라 이는 나의 영원한 이름이요 대대로 기억할 나의 칭호니라(출애굽기 3:15).

'너의 조상 아브라함과 함께했던 신, 이삭과 야곱의 인생 여정 중에 함께했던 그가 바로 나다.' 저는 이 본문에서 하나님의 따뜻한 마음이 느껴졌습니다. 하나님은 너무나 크고 광대하셔서 우리가 주님을 다 아는 것은 불가능합니다. 그러나 스스로를 '제한'하시는 계시 사건을 통해 우리의 삶 속에 기꺼이 들어오셔서 자신을 알리시고 계시잖아요. '내가 누구냐고? 아브라함의 이야기를 전해 들었지? 이삭과 야곱의 삶에도 나는 함께 했었단다. 네 조상들이 고백했던 그 하나님이 바로 나야.' 너무나도 커서 우리가 도저히 알 수 없었을 텐데 인간의 영역으로 스스로를 구체화시켜서 우리에게 계시해 들어오신 하나님의 마음이 참으로 자상하십니다.

모세와 더불어 이제 우리는 하나님의 이름을 알게 되었습니다. 창세기 3장을 통해 우리가 알게 된 하나님의 이름(full-name)은 "히브리인의 하나님 여호와"이십니다. 그리고 사회적 약자 히브리로 살아간 "아브라함과 이삭과 야곱의 하나님"되었던 사건들을 통해 구체적으로 자신을 나타내셨던 분입니다. 그러나 그 하나님은 결코 '히브리인들만'을 위한 하나님도, '아브라함과 이삭과 야곱 족속만'을 위한 하나님도 아닙니다. 그 하나님은 어떤 인간 공동체도(심지어 이스라엘이라 해도) '우리만의 하나님'이라고 배타적인 소유권을 주장할 수 없는 '스스로 존재하시는 여호와'이십니다. 다만 현재 우리가 사는 세계에서 제 생명을 스스로, 잘 살아낼 수 없는 약자들의 편에 서실 뿐, 실은 그의 궁극적 관심은 만물의 회복이요 모든 생명의 살림이 분명할, 모두의 하나님이십니다.

말씀-받기를 실패하는 두 가지 마음, 완고함과 상함

아하~ 이제 모세는 말씀을 받았고 말씀해주신 분이 누군지도 알았기에 말씀을 들고 나아갑니다. 이스라엘 장로들 앞에 나아와 하나님의 말씀을 전합니다. 하나님의 말씀을 들었으면 아멘! 하고 믿으면 되었을 텐데 이집트의 왕뿐만 아니라 이스라엘도 그 말씀을 믿지 않았습니다. 어째서 예언자까지 보내시며 말씀을 전하셨는데 그 말씀을 받아들이지 못했을까요? 어떤 경우에 우리는 여호와의 말씀을 신적 계시로 받아들이지 못할까요? 첫 번째는 완악함입니다.

> 그러나 바로의 마음이 완악하여 그들의 말을 듣지 아니하니 여호와의 말씀과 같더라(출애굽기 7:13).

우리의 마음이 완전히 닫혀 있을 때에, 하나님의 말씀을 받아들이지 못하게 됩니다. 우리 마음속 어느 곳으로도 하나님의 말씀이 들어올 틈이 없는 거예요. 나 자신의 확신과 뜻이 너무나 굳건하게 서 있어서 스스로 들을 수 없는 것은 물론 예언자가 아무리 하나님의 말씀을 전해도 받아들이지 않습니다.

두 번째, 하나님의 말씀을 막는 경우는 출애굽기 6장 9절 말씀을 통해 볼 수 있습니다.

> 모세가 이와 같이 이스라엘 자손에게 전하나 그들이 마음의 상함과 가혹한 노역으로 말미암아 모세의 말을 듣지 아니하였더라(출애굽기 6:9).

말씀을 막는 두 번째 상황은 바로 "마음의 상함"과 "가혹한 노역"입니다. 소망이 없고 희망을 포기한 상황이지요. 숨을 돌릴 틈이 없는 하루살이의 삶이고요. 나에게 말씀이 다가오더라도 그 말씀대로 살 자신과 여력이 없는 거예요. 완악함은 교만과 같은 것이고 마음의 상함은 자기포기로 이어집니다. 첫 예언자로서 어려운 말씀을 맡아 전달하게 된 모세는 이 두 가지 마음 상태에 사로잡힌 사람들을 만나야했습니다. 사람이 사람 위에 군림하고, 사람이 사람을 지배하고 착취하는 악한 세상에는 완고함과 상함이라는 두 가지 마음 상태에 빠져 있는 사람들이 너무나 많습니다. 모세가 직면했던 이집트에서도 그랬고, 실은 오늘날에도 그렇습니다. 우리 시절에도 마음이 완악하여 '살려라'하고 매일 계시로 전하시는 하나님의 말씀을 막는 사람들이 존재합니다. 자기 교만에 사로잡혀 마음이 완악한 사람들입니다. '살아내라'하고 매일 계시로 전하시는 하나님의 말씀을 듣지도 믿지도 못하는 사람들 또한 많습니다. 일상의 강도 높은 노동과 존중받지 못한 삶에서 상한 마음으로 인해 자신을 포기했기 때문입니다.

하지만 기억했으면 좋겠습니다. 류영모라는 영성 깊은 한 신앙인의 표현입니다만, 꽃이 아름다운 이유는 꽃 자체의 아름다움 때문이 아니라 그 바탕인 허공이 꽃을 든든하게 받쳐주기 때문입니다. 우리가 꽃을 인지하고 이름 붙이고 그 아름다움을 감상할 수 있는 것은 존재의 바탕이 되는 허공 때문이라는 겁니다. 영이신 하나님도 그와 같습니다. 계시는 어느 순간 번쩍 하고 오는 것이 아니라 실은 늘 우리 존재의 바탕이 되어 우리와 함께 합니다. 우리 생명을 받치고 있습니다. 우리 존재의 바탕에는 하나님의 말씀이 언제나 가득해 있습니다. 만약 우리가 교만하거나 마음을 닫아 놓지만 않는다면 하나님께선 우리 가운데 저절로 스며드실 것입니다. 항상 나를 감싸고 계신 하나님을 느끼기 원합니다. 이 존재론적 실재를 기억하기 원합니다. 존재 그 자체로 계시며 우리를 존재하게 하신 그 분을 믿을 때에, 우리도 모세가 받았던 계시를 받을 수 있고 어려운 사명조차 기꺼이 수행하는 삶을 살 수 있을 것입니다. 우리가 큰 사람이 아닐지라도 하나님의 존재 안에 감싸여 있다는 생각을 잊지 않고 살아간다면 좋겠습니다. 존재 자체로 계시는 하나님을 기억하며 한 주간도 창조명령과 구원명령을 지켜내며 잘 살아가기를 원합니다.

기도

여호와 하나님, 스스로 존재하시는 완벽하고 크고 무한하신 당신께서 저희 생명을 든든히 지키는 바탕이시라는 사실이 얼마나 큰 위로와 용기가 되는지요. 결국 우리의 삶은 당신으로부터 나와서 당신 안에서 뛰놀고 당신께로 돌아갈 텐데, 하루하루 살아가는 동안 저희들의 삶 속에서 늘 하나님의 현존을 느끼는 영적 민감성을 허락해 주시옵소서. 일상에서의 계시 체험이 공동체를 살리고 하나님이 계획하시는 역사를 이루는 데 귀히 사용될 수 있도록 하여 주시옵소서. 절대로 저희들의 삶의 욕심과 개인적인 사사로움으로 하나님을 망령되이 말하는 일이 없도록 저희들을 붙잡아 주시옵소서. 우리들의 마음 가운데 현존하여 주시옵소서. 예수님의 이름으로 기도합니다. 아멘.

여호와께서 주시는 계시의 말씀은 언제나 공동체를 살리는 메시지입니다. 마음의 완악함과 상함으로 그 메시지를 듣지 못하거나 잘못 사용하는 일이 없도록 합시다.

아홉 번째 만남

어느 역사에 참여할 것인가, 출애굽 이야기

출애굽기 11–12장

지난 만남에서는 '하나님의 말씀을 맡은 사람'인 예언자에 대해 살펴보았습니다. 모세는 그 임무를 맡은 첫 예언자였습니다. 물론 모세도 자발적으로 기뻐서 그 말씀을 맡지는 않았습니다. 하나님께 "저는 말이 서툽니다, 다른 사람을 시키시면 안 될까요?"라고 물으며 주저했지요. 하지만 하나님께서는 모세에게 "너의 능력으로 하는 것이 아니다. 내가 너와 함께 할 것이다. 내가 역사할 것이다"라고 말씀하셨고, 모세는 결국 '아멘'으로 화답하며 그의 임무인 출애굽을 무사히 수행하게 됩니다. 오늘은 바로 그 출애굽의 감격스런 현장으로 들어가 보겠습니다.

"수많은 잡족"의 해방 행렬

오늘 공부할 주요 본문은 출애굽기 11장과 12장입니다. 평소 성경을 가까이하지 않은 분들조차 '열 가지 재앙'이라는 말은 들어보셨을 것으로 압니다. 그 구체적인 항목이나 순서는 몰라도 이집트의 파라오가 하나님의 명령을 거부하다가 국가적 재난을 당했노라고, 결국은 열 번째 재앙에서 항복하고 이스라엘 민족을 내보내게 되었다는 이야기 말입니다. 그 결과 마침내 얻게 된 자유, 약속의 땅을 향한 첫 걸음의 감격스런 장면부터 오늘의 성경 묵상을 시작합니다. 출애굽기 12장 37-38절 말씀이에요.

> 이스라엘 자손이 라암셋을 떠나서 숙곳에 이르니 유아 외에 보행하는 장정이 육십만 가량이요 수많은 잡족과 양과 소와 심히 많은 가축이 그들과 함께 하였으며(출애굽기 12:37-38).

성경 본문은 유아 외에 보행하는 장정만 60만이라고 기록합니다. 거의 우리나라의 군인 숫자와 비슷한 숫자이지요. 당시는 남자 숫자만 세는 것이 문화적 관례였기 때문에, 여자와 유아의 수까지 합친다면 실제 출애굽 한 이스라엘 자손은 그 이상이었겠죠. 거기다가 수가 얼마인지 가늠할 수도 없는 "수많은 잡족"이 함께 따라 나왔습니다. 고고학자들은 그 당시의 이집트 전체 인구를 약 400만 정도로 추정하는데, 만약 성경에 기록된 출애굽 무리의 숫자를 그대로 받아들여 비교한다면 그야말로 거의 절반 가까이 되는 인구가 출애굽 했다고 볼 수도 있겠습니다. 물론 이런 자료 비교를 통해 이 숫자를 액면 그대로 받아들이지 않으려는 학자들이 꽤 많습니다.

하지만 오늘 제 관심은 출애굽한 사람들의 실제 숫자가 아닙니다. 제가 관심을 기울이는 단어는 "수많은 잡족"입니다. '잡족'이라… 거룩한 책인 성경에 쓰기에는 분명 고상한 단어가 아닙니다. 히브리 원어로 잡족은 '에렙'인데, 영어로는 mixed people이라고 번역했습니다. '잡족'이라는 표현 속에는 많은 의미가 담겨 있을 수 있습니다. 독자적 이름을 가진 부족으로 기억될 만큼의 세력을 형성하지 못했다는 의미도 있겠죠. 우리나라 말로는 '어중이떠중이'가 가까울까요? 이집트에 들어와 사는 외지인, 잠시 기거하는 이주 노동자들, 팔려온 사람들의 총칭을 뜻했을 겁니다. 하여튼 중요한 점은 이들이 이집트에서 영향력 있는 주류 부족들은 아니었다는 사실이겠죠. 이스라엘 사람들뿐만 아니라 이들도 이집트 내에서 강요된 노동 생활을 하고 열등한 부족으로 취급받으며 살았을 수도 있겠지요. 다양한 민족의 많은 사람들이 이스라엘 백성들과 함께 했는데 그들은 아마도 이스라엘 백성들과 마찬가지로 애굽에서 억압된 삶을 살았으리라 추측됩니다. 도대체 이들은 왜 이스라엘의 출애굽 행렬에 가담하게 된 것일까요? 이스라엘도 아니면서 말이죠.

도시국가 형태의 삶을 살아가던 고대 근동의 삶 속에서 '성을 떠난다'는 것은 보통 일이 아님을 이미 배웠습니다. 성문을 박차고 나간다는 것은 그만한 계기와 결단이 있었다는 것입니다. 아브라함처럼 직접 계시를 받았다거나 아니면 무언가 하나님의 강력한 역사하심을 보았다거나 하기 전에는 어림없는 일이죠. 제 생각에는 필시 이 "수많은 잡족들"도 하나님께서 행하시는 열 가지 재앙을 함께 봤던 것 같아요. 이스라엘 백성과 이집트 사람들 사이에서만 일어난 일이 아니었을 테니까요. 그런 일들을 보면서 나름대로 그들도 많은 생각이 들었겠죠. 처음에는 구경꾼과 같은 자세였을 수도 있습니다. 민족신 개념이 있었던 당시였으니 마치 '배틀'처럼 어느 신이 더 강한가, 비교를 하면서요. 이집트의 태양신 '라'가 이기나, 이스라엘의 신 '야훼'가 이기나 한 번 보자. 혹은 약육강식, 적자생존의 이집트 질서가 진절머리 나던 사람들이었을 수도 있습니다. '죽이는' 시스템의 옹호자들을 향해 내려지는 야훼의 진노를 보면서 점차 깨달았을 지도 모릅니다. 아, 이집트의 질서는 죽음의 질서구나. 야훼라는 전능한 신은 '자유와 해방'을 막는 사람들에게 저런 벌을 내리시는구나. '출'애굽만이 살 길이겠구나! 성경에 기록되지 않은 행간에 대한 저의 상상력이었지만 충분히 있을 수 있는 일이라고 생각해요.

유월절, 믿음에의 시험

무엇보다 가장 주목해야할 사건은 유월절입니다. 유월절. 영어로 하면 passover, 넘어간다는 뜻입니다. 여호와께서 이스라엘 백성들에게 약속하셨습니다. 도무지 내 말을 듣지 않는 파라오의 완악함으로 인하여 내가 죽음의 사자를 보내 이집트의 모든 첫 생명을 거두어 가겠노라고…. 이 때 문지방과 인방에 바른 피를 보면 '유월' 즉 건너 뛰겠노라고요. 조금 길지만 핵심적인 내용이므로 전문을 옮겨봅니다. 출애굽기 12장입니다.

여호와께서 애굽 땅에서 모세와 아론에게 일러 말씀하시되 이 달을 너희에게 달의 시작 곧 해의 첫 달이 되게 하고 너희는 이스라엘 온 회중에게 말하여 이르라 이 달 열흘에 너희 각자가 어린 양을 취할지니 각 가족대로 그 식구를 위하여 어린 양을 취하되 그 어린 양에 대하여 식구가 너무 적으면 그 집의 이웃과 함께 사람 수를 따라서 하나를 취하며 각 사람이 먹을 수 있는 분량에 따라서 너희 어린 양을 계산할 것이며 너희 어린 양은 흠 없고 일 년 된 수컷으로 하되 양이나 염소 중에서 취하고 이 달 열나흗날까지 간직하였다가 해 질 때에 이스라엘 회중이 그 양을 잡고 그 피를 양을 먹을 집 좌우 문설주와 인방에 바르고 그 밤에 그 고기를 불에 구워 무교병과 쓴 나물과 아울러 먹되 날것으로나 물에 삶아서 먹지 말고 머리와 다리와 내장을 다 불에 구워 먹고 아침까지 남겨두지 말며 아침까지 남은 것은 곧 불사르라 너희는 그것을 이렇게 먹을지니 허리에 띠를 띠고 발에 신을 신고 손에 지팡이를 잡고 급히 먹으라 이것이 여호와의 유월절이니라 내가 그 밤에 애굽 땅에 두루 다니며 사람이나 짐승을 막론하고 애굽 땅에 있는 모든 처음 난 것을 다 치고 애굽의 모든 신을 내가 심판하리라 나는 여호와라 내가 애굽 땅을 칠 때에 그 피가 너희가 사는 집에 있어서 너희를 위하여 표적이 될지라 내가 피를 볼 때에 너희를 넘어가리니 재앙이 너희에게 내려 멸하지 아니하리라 너희는 이 날을 기념하여 여호와의 절기를 삼아 영원한 규례로 대대로 지킬지니라 (출애굽기 12:1-14).

사실 우리는 해방의 감동에 너무 심취해서 본문이 담고 있는 상세한 교훈들을 그냥 지나칠 때가 많습니다. 하지만 말씀을 하나씩 따져 읽다 보면 재미있는 부분들이 많이 있어요. 여호와께서는 구원의 상징인 피가 중요하다면 굳이 하지 않으셔도 됐을 세세한 명령들을 많이 하셨습니다. 첫 번째로 양을 잡을 때에 아무렇게나 잡는 것이 아니라 각 가족의 숫자대로 잡으라고 하셨습니다.

> 너희는 이스라엘 온 회중에게 말하여 이르라 이 달 열흘에 너희 각자가 어린 양을 취할지니 각 가족대로 그 식구를 위하여 어린 양을 취하되 (출애굽기 12:3).

사실 양의 숫자가 부족할 수도 있잖아요. 양 한 마리도 굉장히 큰데 그것을 한 가구 당 한 마리씩 잡게 되면 먹거리로서의 양이 남게 되겠지요. 어떻게 보면 불필요하게 양의 생명을 빼앗는 것입니다. 더구나 가난했던 이스라엘 백성들에게 양 한 마리는 귀중하고 큰 재산이었어요. 기억할 것은 아직 열 번째 재앙이 이르기 전입니다. 예고는 하셨지만 그 엄청난 사건이 일어나기 전이죠. 유월절이 큰 축제로 자리매김했던 상황도 아니었습니다. 사실 아직 이루어지지 않은 일 때문에 양 한 마리를 잡아야 할 만큼 집안 사정이 넉넉했던 사람들은 드물었을 겁니다. 하나님께선 이런 부분을 세심하게 다루셨습니다. 음식의 양을 넉넉히 하되, 숫자가 부족할 것 같으면 두 집, 세 집을 합쳐서 먹으라고 말씀하셨습니다.

그 어린 양에 대하여 식구가 너무 적으면 그 집의 이웃과 함께 사람 수를 따라서 하나를 취하며 각 사람이 먹을 수 있는 분량에 따라서 너희 어린 양을 계산할 것이며(출애굽기 12:4).

그리고 양의 피를 각자 자신의 집 문에 바르는 것이 아니었어요. 양을 먹었던 그 집의 문설주와 인방에 바르라고 말씀하고 계십니다.

그 피를 양을 먹을 집 좌우 문설주와 인방에 바르고(출애굽기 12:7).

맥락을 자세히 살펴보면, 그들이 모였을 때의 복장과 음식을 먹는 방법도 상세하게 나와 있습니다. 이스라엘 사람들은 이 양을 먹은 뒤에 각자 자기 집에 돌아가 잠을 청할 계획이 아닙니다. 모든 옷을 챙겨 입고 일어서 있는 상태로 급히 먹는다는 것은 떠나기 위해 모든 준비를 마친 상황에서 하는 마지막 식사였던 거예요.

너희는 그것을 이렇게 먹을지니 허리에 띠를 띠고 발에 신을 신고 손에 지팡이를 잡고 급히 먹으라 이것이 여호와의 유월절이니라(출애굽기 12:11).

이집트를 탈출할 준비를 마친 상황에서의 마지막 만찬입니다. 열 번째 재앙을 목격하고 먹는 식탁이 아니었습니다. "아홉 번의 재앙에도 굴복하지 않고 완악한 태도로 너희를 대하는 이 애굽 땅에 내가 곧 마지막 재앙을 내릴 것이다. 그러니 너희는 내 말을 믿고, 애굽을 떠날 모든 준비를 마쳐라." 하나님께서는 이렇게 명령하신 겁니다. 신을 신고 손에 지팡이를 잡았으니 보나마나 음식은 한 손으로 먹었겠죠? 급하게 떠나려는 사람들의 식사 모습입니다. 보통 믿음으로는 행할 수 없지 않았을까요? 아홉 번의 재앙에도 뜻을 굽히지 않는 파라오의 모습을 보며 이스라엘 백성들인들 어찌 의심이 없었겠어요? "에이, 아홉 번의 재앙으로도 소용이 없었는데, 뭘 믿고 내가 짐을 다 싸놓고 음식을 먹어? 이래놓고도 왕이 보내주지 않으면 짐 싸놓은 것도 아무 의미가 없는 거 아니야?" 이렇게 생각했을 가능성도 충분히 있을 것 같아요.

그런데 이 마지막 재앙은 앞에서 행해진 아홉 개의 재앙과 비교할 때 특별히 구분되는 부분이 있습니다. 앞선 재앙들은 하나님께서 혼자서 다 행하셨지만 마지막 재앙은 그렇지 않았습니다. 모세라는 인물을 통하여 전달하긴 했지만 이전 재앙은 하나님께서 혼자 다 행하신 일이었고, 이스라엘 사람들은 그저 바라보기만 하면 되는 일이었습니다. 그렇지만 이 마지막 재앙은 다릅니다. 하나님께서 사람들의 믿음을 확인하시는 모습을 볼 수 있습니다. 삶의 방향을 선택하라는 요청입니다. 나를 믿는다면 즉시 떠날 모든 준비를 다하라는 하나님의 말씀인 것입니다.

또한 영적인 부분뿐만 아니라 육체적인 부분까지도 배려하십니다. 출애굽 직전에 음식을 챙겨주시는 하나님의 세심하심을 봅니다. 사실 이 유월절에 희생되었던 양들을 묵상할 때, 우리는 '피'에 주로 집중합니다만, 저는 양고기에 대한 묵상도 같은 비중으로 생각할 필요가 있다고 봅니다. "이제 떠나면 당분간 고기는 없다. 먹을 수 있을 때 충분히, 든든히 먹어 두어라." 이렇게까지 세밀하게 구체적으로 준비시키시는 것이 아니었을까요? 하나님은 우리의 영혼만을 챙기시는 분이 아니니까요. 육신도 건강히 살아야하지 않겠어요?

그 시절, 그 상황에 우리가 있다고 상상해봅시다. 아홉 번의 재앙이 모두 실패했어요. 그런데도 불구하고 모든 짐을 다 싸고, 중요한 재산인 양을 구워서 먹으라는 명령을 따를 수 있었을까요? 심지어 이 명령은 아직 열 번째 재앙이 일어나기도 전 상황이에요. 마지막 재앙이 일어나고, 바로가 칙령을 내린 후에 내려진 명령이 아닌 거예요. 과연 우리는 모든 가산을 정리하고 음식을 먹을 수 있었을까요? 그렇죠, 앞의 아홉 가지 재앙을 다 목격했을지라도 결코 쉽지 않은 결정이었을 거예요. 하루 이틀 정착해 있던 공간이 아닙니다. 몇십 년 동안 대를 이어 살았던 공간이니까요. 그런데도 말씀대로 행했던 이스라엘의 믿음이, 저는 참으로 놀랍습니다.

죽이는 시스템이냐 살리는 대안 질서냐, 선택하라

이스라엘은 그랬다고 치자고요. 아브라함의 하나님, 이삭의 하나님, 야곱의 하나님을 아니까, 조상들에게 행하신 하나님의 구원 사역을 아니까, 그 하나님을 믿고 그렇게 행동했다고 하자고요. 하지만 성경이 언급한 "수많은 잡족"들이요. 야훼를 모르고 있던 그들은 어떻게 출애굽의 행렬에 함께 할 수 있었을까요? 우리 스스로를 잡족이라고 상상해보세요. 그 동안의 모든 이적을 보았고, 오늘 밤에는 또 새로운 소문이 들리고 있어요. "이스라엘의 지도자인 모세라는 자가 하나님의 말씀을 맡았다더라, 그 말씀의 내용인즉 이제 곧 이집트 땅에 있는 모든 첫 것들이 죽임을 당할 것이고, 이스라엘 백성은 해방될 것이라 하더라." 이런 소문이 들린다고 생각해 보세요. 잡족들도 땅이 있고 가축이 있고 자식이 있을 것 아니에요? 그러니 이제 큰일 난 거죠. 이런 소문들로 인해 우왕좌왕 하고 있을 때 우리가 잡족이라면 어떤 선택을 할지 한 번 상상해 보자는 겁니다. 밑져야 본전이니까 양의 피를 바를지, 설마하며 소문을 무시할지는 아무도 모르겠지요. 이런 상상을 하면서 저는 더 깊고 넓은 해석을 하게 되었습니다. 이스라엘이 아니었더라도, 저는 그날 밤 하나님의 약속을 믿고 이집트로 대변되는 죽음의 시스템을 탈출하기로 마음먹고 짐을 다 싸서 출발준비를 완료한 채, 양의 피를 문설주에 바른 이 "수많은 잡족"들도 구원을 얻었다고 믿습니다. 구원의 역사를 믿고 동참하는 사람들은 혈연을 떠나 하나님이 살려내신다는 한 증거가 여기에 있습니다.

이집트인이라고 해서 무조건 재앙의 희생자가 되는 것이 마땅한 것일까요? 그들 중에는 아무 잘못도 없는 사람들도 있었을 텐데 말입니다. 저는 어려서부터 이집트인이라는 이유만으로 그들의 모든 첫 것이 죽어도 되는지에 대한 고민이 많았었어요. 그런 저의 눈에 들어온 것이 출애굽기 12장 38절의 잡족에 대한 이야기였던 거예요. 그 거대하고 끔찍한 사건을 미리 이야기 하셨고, 그 소문이 이집트의 모든 성내에 돌았을 것입니다. 그 상황에서 어떤 사람들은 야훼의 말씀을 따랐고, 어떤 사람들은 따르지 않았습니다. 어떤 이들은 자유와 해방의 역사에 동참하기로 했고, 어떤 이들은 그냥 이 시스템에 안주하기로 한 거죠. 커다란 구원의 역사 속에서 선택을 요구받았을 때 이들은 각자의 삶의 방향성을 선택했다는 거죠.

이름 모를 수많은 부족들도 그날 분명 엄청난 두려움에 떨었을 거예요. 그동안 있었던 재앙들도 끔찍했지만, 메뚜기 떼의 습격과 장자의 죽음은 결코 비교할 수 없는 상황이잖아요. 내 귀한 첫 아이를 잃을 수도 있다는 것은 정말 두려웠겠지요. 그럼에도 불구하고 소문을 듣고 말씀을 따랐던 자들과 그렇지 않았던 자들은 그날 밤 전혀 다른 체험을 한 것이지요. 지난 시간에 말씀드렸던 것처럼 아무리 하나님의 말씀이 우리 삶 가운데 분명하게 드러나더라도, 우리의 마음이 완악하고 하나님의 말씀을 향해 마음을 열지 않으면, 절대로 그 말씀을 받아드릴 수 없다는 거예요.

십브라와 부아 이야기를 할 때 한 번 묵상했었지요. 히브리 아기들을 죽이는 것에 실패하고 난 후 바로의 정책은 이집트 내에 있는 모든 사람들로 하여금 주변에서 히브리 족속의 아기를 발견하면 모두 죽이라는 것이었습니다. 바로의 명령이 이집트 군인들에게만 내려진 것이 아니라 이집트 성내에 거주하는 모든 자들에게 내려진 것이었거든요. 필시 첫 번째 유월절의 밤 장자를 잃은 많은 이집트인들 중에는 오래 전 파라오의 명령으로 '이웃' 히브리인의 아기들을 가차 없이 죽였던 사람들도 있었을 거예요. 물론 그 때문에 장자의 죽음이 정당화된다는 의미는 아닙니다. 이 부분에 대한 학자들의 해석은 훨씬 다양하고 여러 가지 가능성들을 열어놓거든요. 하지만 역사적으로 '입증'할 수 있는 근거가 희박한 여러 가지 학설들보다, 제가 더 강조하고 싶은 것은 우리의 삶은 종종 '살리는' 역사에 동참하겠느냐 '죽이는' 역사에 동참하겠느냐 하는 선택의 기로에 놓이게 된다는 것입니다.

역사는 반복된다고들 하죠. 동서고금을 막론하고 한 나라의 통치자들은 보통 국가적 위기 상황에 처하거나 공동체적 단결성을 더욱 견고히 하기 위하여 공공의 적이 되는 희생양을 찾는 경우가 많아요. 일본에서 관동 대지진이 일어나 민심이 흉흉하자 애꿎은 조선인들에게 비난의 화살을 돌려 희생양이 되게 한 일이 전자의 경우라면, 히틀러가 아리안우월주의에 사로잡혀 반(反)유대적 감정을 부추겼던 경우는 후자의 사례라 할 수 있습니다. 보통 이런 명령에 잃을 것이 없는 사람들은 깊은 생각 없이 동참하게 되는 경우가 많아요. 어쩌면 이집트인들은 히브리 아기들을 죽이는 자신들의 행위를 정당화했을 겁니다. 왕의 명령인데, 나는 그저 힘없는 백성인데, 무엇보다 나는 잃을 것이 없는데….

장자의 죽음이 선포된 마지막 재앙의 본문 말씀을 묵상할 때마다 저는 항상 두려운 마음이 듭니다. 나 자신은 이 사회에서 작은 개인으로서 세상이 시키는 대로 살아가고 있지만, 행여 나의 작은 행동이 어느 방향성을 향하고 있는지 경계해보지 않을 수가 없기 때문이에요. 죽임에 동참했던 이집트인들 역시 그들이 옳다고 생각했을 거예요. 자신들의 무지와 완악함과 생각 없음과 비겁함이 나의 가장 소중한 첫 아이를 잃게 될 재앙으로 연결되는 줄도 모르고 말이죠.

한편으로 하나님의 말씀에 대한 소문을 듣고 구원을 택했던 "수많은 잡족들"의 모습 역시 시사하는 바가 큽니다. 이는 비단 3천 여 년 전 이집트에서 발생한 일만이 아닙니다. 오늘을 살아가는 우리도 똑같습니다. 조심스럽게 제 의견을 더 나누고 싶어요. 세월호 사건에 대해 이젠 지겹다, 힘들다, 그러니까 이제 그리스도인들은 그런 이야기로부터 멀어지자, 관두자, 하는 이야기를 들을 때마다 저는 참 두려움이 큽니다. 우리는 성경에서 묘사된 '잡족'이 아니에요. 영적으로 보면 우리는 하나님의 말씀을 확신으로 받아들인 이스라엘 백성들과 같아요. 우리는 정말 사람들을 살리는 일에 동참하기로 약속하고 세상적인 것을 떠난 사람들입니다. 그런데도 '잡족'조차 선택한 '살리는 길' '자유케 하는 길' '해방의 길'을 우리는 너무 쉽게 외면하는 것이 아닌가, 이런 생각을 하게 됩니다. 그런 삶을 살아가는 우리들은 지금 사회에서 가장 흉흉한 일을 바라보며 마음의 문, 신앙의 문을 더 활짝 열어야 한다고 생각해요. 어쩌면 우리가 마음의 문을 닫고 있는 것만으로도, 더 이상 이스라엘 민족이 아닌 이집트인들의 편에 서게 된 것일지도 몰라요. 하나님의 구원의 편에 설 것인가 세상의 편에 설 것인가에 대해 항상 경계하며 살아가야 할 것 같습니다. 잡족들마저 구원의 역사 속에 동참하는데, 하물며 '영적 이스라엘'된 신앙인이라면 '살리는' 역사에 동참해야 하지 않을까요?

기도

사랑의 하나님, 늘 사랑의 하나님이라고 고백을 하면서 저희의 마음이 너무 안이했습니다. 늘 저희 위주로 '복 주시는 하나님'만을 되뇌이며 편안한 신앙생활을 했습니다. 저희는 언제나 이스라엘인이라고, 언제나 하나님의 자녀고, 언제나 하나님께서 제일 먼저 생각하시고 사랑해 주시고 구원해줄 사람이라고 자만하고 확신에 차 살아왔습니다. 그러나 하나님의 구원 역사를 믿고 그것이 삶 가운데에서 일어날 것을 확신하며, 서둘러 당신의 역사의 참여했던 사람들이 구원받았다는 것을 오늘 배웠습니다. 주님, 저희도 삶 속에서 늘 그런 긴장감과 두려움을 가지고 깨어 있게 하소서. 어느 역사에 동참할 것인가, 삶 가운데서 늘 묻고 선택하게 하소서. '살리는' 역사에 동참하며 살아가는 신앙인들이 되게 하소서. 우리의 갈 길을 밝히신 예수님의 이름으로 기도합니다. 아멘.

우리의 일상과 매일의 선택이 생명을 살리고 자유케 하시는 하나님의 구원사역에 동참하는 방향인지 늘 깨어 기도합시다.

열 번째 만남

축적하지 않는 삶, 만나 이야기

출애굽기 16장

구원 역사에 참여했던 히브리인들 그리고 그 뒤를 따르던 수많은 잡족들에게 하나님께서는 '새 땅에서의 새 삶'을 약속하셨습니다. 이것은 낡은 집을 버리고 생활형편이 나아져서 더 부요하고 풍요로운 집으로 이사 가는 그런 의미가 아닙니다. 이집트의 삶을 버리고 대안이 되는 다른 방식의 삶을 살라는 초청입니다. 이집트의 방식으로 대변되는 약육강식의 위계적 시스템을 떠나서, 하나님께서 기획하시고 초청하시는 전혀 새로운 삶, 그 질서로 인도하신 거죠. 이 말씀을 믿고 비장한 출발을 했던 이스라엘과 중다한 잡족은 출애굽 이후 어떤 경험 속에서 무엇을 배웠고 어떤 신앙고백을 했을까요? 함께 그들의 여정을 따라가 보도록 할까요?

돌아가고 싶은 유혹

하나님께서 가라고 하셔서 무작정 이집트를 떠나왔지만, 그들은 어디로 가야 할지 정확히 아는 것이 아니었습니다. 물론 '젖과 꿀이 흐르는 가나안 땅'이라는 방향성은 있었지만, 요즘처럼 다 만들어 놓은 주택단지에 곧바로 입주하는 절차가 아니었으니까요. 하여 불안하고 두려운 광야 길을 걷는 동안 하나님께서는 낮에는 구름기둥으로, 밤에는 불기둥으로 그들에게 갈 길을 알려주셨습니다. 그렇게 하나님의 임재하심에 힘입어 전진하기를 하루씩 이어가던 시절이 광야에서의 세월이었습니다.

저희가 그곳에 있다고 생각해보면 어땠을까요? 늘 뿌듯하고 확신에 차 있었을까요? 출애굽하기 전부터 보여주신 기적들도 그렇고, 출애굽 하고 나서 보이는 구름기둥 불기둥도 그렇고, 하루하루 주님과 함께하고 있으니 자신감과 안도감이 들었을 법도 합니다. 그뿐인가요? 파라오가 마음을 바꾸어 말과 병거로 그들을 뒤쫓아 올 때에도 야훼께서는 놀라운 갈대바다(홍해) 기적으로 그들을 구하시기도 했지요. 하지만 끝을 모르는 광야에서의 현실은 과거의 몇몇 기억들로 다 상쇄될 만큼 만만하지 않았습니다. 일단은 먹을 물조차 편히 먹기 힘들었습니다. 마라의 물 이야기는 그 상황을 보여줍니다.

> 모세가 홍해에서 이스라엘을 인도하매 그들이 나와서 수르 광야로 들어가서 거기서 사흘길을 걸었으나 물을 얻지 못하고 마라에 이르렀더니 그 곳 물이 써서 마시지 못하겠으므로 그 이름을 마라라 하였더라 백성이

모세에게 원망하여 이르되 우리가 무엇을 마실까하매(출애굽기 15:22-24).

놀라운 홍해 체험을 하고서 겨우 사흘 만에? 편히 '사랑방'에 앉아 성경을 읽는 우리로서는 이스라엘의 불평이 한심하게 여겨지겠지만, 타는 듯 이글거리는 사막의 태양에 그늘 한 점 없는 행진이었습니다. 그런 걸음을 사흘 동안 걸었다고 생각해 보세요. 충분히 나올 수 있는 불평입니다. 하여 샘물을 터트려 목을 축여주었건만, 여호와는 한 달 반쯤 지나고 난 이스라엘의 불만을 또 들으셔야 했습니다. 이집트를 떠나올 때 주섬주섬 싸왔던 음식들이 다 떨어지게 된 거죠. 어떤 불만을 표하는지 한 번 볼까요? 출애굽기 16장 3절입니다.

우리가 애굽 땅에서 고기 가마 곁에 앉아 있던 때와 떡을 배불리 먹던 때에 여호와의 손에 죽었더라면 좋았을 것을 너희가 이 광야로 우리를 인도해 내어 이 온 회중이 주려 죽게 하는도다(출애굽기 16:3).

고기 가마 곁에 앉아 있던 때를 그리워하는 거예요. 그들이 고기를 먹었으면 얼마나 배불리 먹었겠어요? 고기도 떡도 실은 노예 생활을 하며 주인 몰래 부스러기를 먹었겠죠. 비록 자유는 없었지만, 강제노역이 힘겨웠지만, 그래도 '떡고물'이 있어서 먹거리는 걱정 없던 시절, 그 시절이 지금 마실 물 먹을 음식을 걱정하고 있는 지금보다 낫다는 불평입니다. 그새 자신들이 이집트에서 하나님께 울부짖었던 그 고통을 잊어버린 겁니다. 자유롭지 못한 삶, 인간 대접을 받지 못하던 굴종의 시절, 그것이 서럽고 외로워 하나님께 '해방'을 간구해놓고, 이제 와서 자신들이 했던 간구를 잊어버린 겁니다. 고작 주인의 부엌에서 조금씩 주워 먹었던 음식을 그리워하면서 말이죠.

이들이 그렇게 울부짖지 않았다면 하나님께서도 응답하지 않으셨을 텐데, 본인들이 그렇게 울부짖어놓고 상황이 힘겨우니 불평 불만을 토로합니다. 자유를 달라고 기도했기에 응답하신 거 아닙니까? 우리가 만약 그들을 이끌고 있던 모세였다면 어떤 심정이었을까요? 모세라고 하나님의 계획을 다 꿰뚫고 있는 것은 아닐 터. 불평과 원망을 늘어놓고 이스라엘 사람들과 계속 광야의 행군을 진행하시는 하나님 사이에서 참으로 답답하고 속이 터질 지경이었을 겁니다. 모세로서는 매달릴 분이라고는 하나님뿐이었기에 그는 하나님께 묻습니다. "저들이 배가 고프다네요. 이집트로 다시 돌아가자고 난리에요. 어쩌면 좋을까요?" 출애굽기 16장에는 이에 대한 하나님의 응답이 나옵니다.

> 그 때에 여호와께서 모세에게 이르시되 보라 내가 너희를 위하여 하늘에서 양식을 비 같이 내리리니 백성이 나가서 일용할 것을 날마다 거둘 것이라 이같이 하여 그들이 내 율법을 준행하나 아니하나 내가 시험하리라 여섯째 날에는 그들이 그 거둔 것을 준비할지니 날마다 거두던 것의 갑절이 되리라(출애굽기 16:4-5).

약속대로 이스라엘 진 주위에 이슬 같은 것이 내렸습니다. 그리고 그것이 마르니 광야 지면에 "작고 둥글며 서리 같이 가는 것"(출애굽기 16:13-14)이 있었죠. 생전 처음 보는 것이었습니다. 하여 이스라엘 사람들은 "이것이 무엇이냐?" 서로 물었죠. 만나가 무슨 뜻인지 아시나요? 만나는 히브리어로 "이것은 무엇이지?(What is it?)"라는 의미를 담고 있다고 합니다. 하늘에서 내려온 양식, 이것이 만나입니다.

보통은 기적처럼 내린 은혜의 양식 '만나'까지만 묵상하고 이 장을 넘길 때가 많았습니다. 그런데 저는 이 강의에서 조금 다른 부분에 초점을 맞추어 볼까 해요. 재미있는 것은 하나님께선 그냥 양식을 주시고 먹으라고 하시지 않으셨다는 것입니다. 이를 통해 이스라엘 백성들이 그 분의 율법을 따르는지 시험하겠다고 말씀하셨습니다. "이같이 하여 그들이 내 율법을 준행하나 아니하나 내가 시험하리라"(출애굽기 16:4). 과연 이 만나를 먹는 것이 이스라엘의 율법과 무슨 관련이 있는 걸까요? 이는 십계명을 받기 전 상황인데, 하나님께서는 무슨 의도에서 이런 말씀을 하신 것일까요?

하루만큼의 하늘 양식

'만나'가 이집트를 막 빠져나와 새로운 공동체를 이루려는 이스라엘에게 주실 하나님의 율법과 밀접하게 관련이 있다는 생각에 미치자, 저는 이 구절을 곱씹고 또 곱씹어 보았습니다. 저는 만나가 이스라엘 전체의 살림살이를 나타내는 매우 상징적인 음식이라고 생각해요. 그렇기 때문에 하나님께서 이를 통해 이스라엘 백성을 시험하시겠다고 하신 것이죠. 하나님께서는 만나를 거두는 방법에 대해 말씀하셨습니다. 만나를 거둘 때에는 반드시 먹을 만큼만 거두라고요. 심지어 그 양에 대해서도 구체적인 분량을 지정하십니다. '한 사람 당 한 오멜'이라는 수량을 알려주시죠.

> 여호와께서 이같이 명령하시기를 너희 각 사람은 먹을 만큼만 이것을 거둘지니 곧 너희 사람 수효대로 한 사람에 한 오멜씩 거두되 각 사람이 그의 장막에 있는 자들을 위하여 거둘지니라 하셨느니라(출애굽기 16:16).

'오멜'은 곡식이나 고운 가루처럼 개수를 세기 힘든 먹거리를 세는 데 사용된 단위입니다. 마치 우리나라의 '되'처럼요. 요즘 기준으로 따지면 한 오멜은 약 2리터 정도라고 합니다. 아무리 지천에 깔린 만나라고 해서 욕심껏 거두어들이지 말라는 말씀입니다. 딱 하루 먹을 양인 '한 사람 당 2리터'라는 규칙을 정하신 겁니다. 매일 매일 그날 먹을 만큼만 거두되 단, 안식일 전 날은 두 배를 거두어도 좋다고 말씀하셨습니다.

> 여섯째 날에는 각 사람이 갑절의 식물 곧 하나에 두 오멜씩 거둔지라 회중의 모든 지도자가 와서 모세에게 알리매 모세가 그들에게 이르되 여호와께서 이같이 말씀하셨느니라 내일은 휴일이니 여호와께 거룩한 안식일이라 너희가 구울 것은 굽고 삶을 것은 삶고 그 나머지는 다 너희를 위하여 아침까지 간수하라(출애굽기 16:22-23).

이러한 규칙을 정해놓으시고 잘 지켜보겠다고 말씀하셨습니다. 이것이 율법에 대한 가장 기본적인 시험이라는 겁니다. 참으로 궁금할 일입니다. 도대체 왜요? 어떤 의미에서요? 제 묵상은 이렇습니다. 한 사람이 2리터씩만 매일 거두라고 했을 때에 그 원칙을 지키지 않는다면 보통은 어떤 심리일까요? 첫째 가능성은 '욕심'입니다. 한 달 반 동안 굶주려 있던 그들 앞에 만나가 널리 쌓여 있으니 말이죠. 내가 먹을 것 이상으로 힘닿는 대로 긁어모으려는 탐욕을 부릴 수 있는 일입니다. 두 번째 가능성은 '불신'이죠. 하나님께서는 매일 내려주신다고 말씀하셨지만 혹시나 내일 만나가 내리지 않으면 어떻게 하나요? 실제로 이스라엘 백성 중에는 '한 사람당 한 오멜씩 매일'이라는 이 간단한 원칙을 지키지 않았던 사람들이 꽤 있었던 것 같습니다. 그 부분에 대한 증언이 성경에 나와 있습니다. 출애굽기 16장 17-20절 말씀입니다.

> 이스라엘 자손이 그같이 하였더니 그 거둔 것이 많기도 하고 적기도 하나 오멜로 되어 본즉 많이 거둔 자도 남음이 없고 적게 거둔 자도 부족함이 없이 각 사람은 먹을 만큼만 거두었더라 모세가 그들에게 이르기를 아무든지 아침까지 그것을 남겨두지 말라 하였으나 그들이 모세에게 순종하지 아니하고 더러는 아침까지 두었더니 벌레가 생기고 냄새가 난지라 모세가 그들에게 노하니라(출애굽기 16:17-20).

걱정했던 대로 하나님의 규율은 잘 지켜지지 않았습니다. 아마 우리들이 그 상황에 있었더라도 지키기 쉽지만은 않았을 거예요. 배는 고프고 만나는 지천에 널려 있고, 내일 만나가 내린다는 보장도 없고, 이와 같이 인간적인 생각을 한다면 아마 거둘 수 있을 때에 많이 거두려고 들었겠지요.

그러나 많이 거두었음에도 불구하고, 자신이 하루 먹은 양을 제외한 만나는 다 무용지물이 되어버렸죠. 많이 거두려니 필시 남들보다 더 많이 일했을 겁니다. 그러나 결국 먹을 수 있는 만나의 양은 다 똑같았습니다. 필요한 만큼의 만나를 줍기 위해 했던 노동을 제외한 '엑스트라'의 노동은 불필요한 노동이 되어버렸습니다. 어떤 이는 만나를 축적할 수 있을 거라고 생각하고 하루 종일 만나만 줍느라 땀을 흘리기도 했을지 모릅니다. 자본주의적인 사고로 보자면 많이 주워 놓는 것이 만일의 사태를 대비할 수 있는 현명한 행동이겠죠. '사재기'처럼요. 보험의 의미가 있고, 또한 더 이상 안 내리면 이웃에게 비싸게 팔 속셈도 가질 수 있었겠지요. 하지만 결과는 '남은 것은 벌레 먹고 썩어서' 아무 소용이 없었다는 겁니다.

이 이야기를 읽으며 어쩌면 우리는 쉽게 이스라엘의 탐욕과 불신앙을 나무랄지도 모릅니다. 하지만 '만나'라는 음식이 오늘날 우리의 삶에 그렇게 절실하지 않으니 그렇죠. 만약 '돈'이라고 생각해 보세요. 만약 아침에 눈을 떴는데 돈이 여기 저기 널려있다면? 그러나 하나님께선 '한 사람에 2만원씩 매일' 주울 것을 명령하신다면 어떨까요? 과연 하루 쓸 수 있는 돈 2만원만 줍고 살아갈 수 있을까요? 내일도 내 생존에 필요한 만큼 은혜로 내려주실 것을 믿으며 오늘 분량만을 거둘 자신이 있으신가요? 만나를 더 거두어 들였던 이스라엘처럼, 실은 오늘을 살아가는 우리들도 피할 수 없는 유혹이 바로 '축적'의 유혹입니다. 솔직히 고백컨대 저도 자신이 없습니다.

저는 그래서 만나에 대한 규칙이 바로 율법의 기초가 될 수 있다고 생각했어요. 이 '만나 이야기'가 주는 상징을 세 가지로 요약해 보았습니다. 첫 번째는 '임시성'입니다. 임시성은 영구적인 것과 반대되는 것입니다. 말하자면 우리에게 무엇인가를 영구적으로 소유하려는 욕심은 하나님의 율법 안에서는 옳은 행동이 아니라는 것입니다. 마치 만나처럼 오늘 내가 일 한만큼 하나님께서 복을 주신다는 것은 틀림이 없습니다. 하지만 그 복을 영구적으로 소유하려는 욕심에 빠진 삶은 하나님의 시선에서는 옳은 삶이 아니라는 것이지요. 특히 물질만능주의의 사회 속에서 우리가 쌓으려는 것이 물질적인 것일 때 더더욱 그러합니다.

두 번째 발견한 만나 속 율법 정신은 '앙망(仰望)'의 자세입니다. '앙망'은 우러르고 또 바란다는 의미를 갖고 있습니다. '만나'는 오늘 하루 감사히 먹고 그 다음날엔 또 다시 우러러 바라야만 하는 '일용할 양식'인 것입니다. 매일 매일 감사함을 갖고 하나님을 바라며 살아야 한다는 것입니다. 새 아침이 밝았을 때에 주신 하나님의 은혜에 감사해야 한다는 의미도 갖고 있습니다. 예수께서도 주기도문에서 그렇게 기도하셨죠. "우리에게 일용할 양식을 주옵시고."

마지막으로 만나를 거두는 삶을 통해 배우고 훈련해야하는 율법 정신은 '족함'입니다. 더하지도 않고 모자라지도 않은 딱 그 만큼의 양, 충분히 그날 하루를 보낼 수 있는 양을 하나님께서 허락하셨다는 것입니다. 하루 한 사람당 2리터의 만나는 '충분한 양'이라고 했습니다. 배를 졸이면서 금욕적으로 먹을 분량이 아닙니다. 넉넉한 양입니다. 그런데도 뭘 또 욕심을 낼까요? 만족한다, 충족됐다, 이거면 됐다는 마음을 가져야 합니다. 더 가지려하고 더 확보하려고 하는 것은 필요하지 않습니다. 왜냐하면 하나님께서 나와 함께하시고 나를 도우시리라 약속하셨기 때문입니다.

이 만나는 상징적으로 이스라엘이 가나안 땅에서 건설할 '하나님의 공동체적 질서'를 보여주고 있는 것입니다. 하나님은 이 만나를 통해 이스라엘 백성들을 계속해서 훈련시키셨습니다. 그들이 대안으로 가지게 된 공동체적인 삶은 어떤 것일까요? 물질주의가 만연하고 축적하는 것을 능력으로 여기는 삶의 전형이 바로 이집트 땅이었습니다. 그 땅을 떠나 하나님의 통치 질서를 살아가는 이들은 어떤 삶을 살아야 하는가, 하나님께선 대안적 삶을 살기 위해 지켜야만 하는 율법을 과연 이스라엘 백성이 따르며 살 수 있을지 시험해 보시기를 원하셨던 것입니다.

결코 그들이 살아보지도 못했고, 상상해보지도 못했던 삶을 바로 이 만나가 상징하고 있는 것입니다. 바로 그런 의미에서 저는 만나가 결코 평범한 양식이 아니었다는 생각이 들어요. '이게 뭐지?'라는 뜻의 만나 자체가 이스라엘 백성들이 겪어야 할 미지의 삶을 의미하는 것이 아닐까요? 경험한 바 없으니 아직 모르는 그 삶, 아직 무엇인지 모르나 모두가 공평하게, 하나님을 믿는 신앙 안에서 넉넉하게, 그리고 자족하며 누리는 삶임에는 분명합니다.

만나 정신! 이것은 평생 자신의 소유를 가져본 적이 없었던 이스라엘 백성들에게는 더욱 지키기 힘들었을지도 모르겠네요. 그들이 그동안 보았던 애굽 사람들은 남의 것을 빼앗아서라도 더 많이 소유하는 것을 최고로 알고 살아왔던 이들이었으니까요. 하지만 그렇게 사는 이집트인들은 필연적으로 정글과도 같은 폭력적 시스템의 피라미드 맨 아래서 강요된 노동으로 힘겨워 우는 '히브리 사람들'을 양산하기 마련입니다. 기껏 이집트를 떠나와서 또 다시 그런 위계적이고 폭력적인 공동체를 만들어서야 되겠습니까? 그러한 모습을 보고 배우는 것은 하나님이 원하시는 방향이 아니었습니다. 하여, 하나님께선 이스라엘 민족이 누가 더 많은가에 대해 의존하는 것이 아니라 오직 하나님께 의지하는 삶을 배우길 원하셨던 것이 아닐까요? 또한 그 안에서 모든 이들이 평등한 삶을 누리길 원하셨다고, 저는 그리 믿습니다. 바로 그러한 공동체가 그분의 백성임을 나타내시고 싶으셨을 지도 모르겠습니다.

이러한 묵상은 우리에게 많은 도전을 안겨줍니다. 우리가 사는 이 시대를 우리는 투자금융자본주의라고 합니다. 말 그대로 돈이 돈을 버는 세태가 벌어지고 있습니다. 주변을 돌아보면 누구 못지않게 성숙한 신앙심을 가진 그리스도인이라고 할지라도 성실한 노동을 통하지 않은 이윤증대에 욕심을 내는 모습을 자주 볼 수 있습니다. 심지어 그것이 하나님의 축복이라고 감사 찬양을 돌리기도 합니다. 만약 만나가 단순한 식량이 아닌, 하나님께서 우리에게 주신 '사는 방식'에 대한 가르침이라고 한다면 우리 역시 이 만나의 원칙을 지키며 살아가는 것이 마땅할 것입니다.

우리가 만나 신앙을 이 삶에서 실천한다는 것을 영적으로만 해석하면 안 됩니다. 만나는 분명 생존을 위한 먹거리였습니다. 오늘의 일용할 양식을 스스로 성실한 노동을 통해 구하고 있다면, 그리고 하루의 먹거리를 야훼께서 허락하셨다면, 그 이외의 내게 오는 것을 축복으로 여기고 축적하는 대신 기꺼이 나눌 수 있는 믿음이 필요할 것입니다. 내게 주신 것을 오늘 다 나눌지라도 내일은 내일의 일용할 양식으로 우리를 채워주실 하나님을 의지해야 할 것입니다.

매일 성실한 노동으로 일용할 양식을 구하는 삶, 앙망하는 삶, 자족하는 삶, 이것이 우리가 만나 이야기로부터 배워야 하는 율법 정신입니다.

기도

사랑의 하나님, 돈과 물질이 최고의 가치요 우리 삶의 안정을 보장해준다고 가르치는 이 시대 속에서, 저희로 하여금 주님께서 만나를 통해 주신 귀한 교훈을 마음속에 담게 하소서. 하나님께서 만나를 통해 시험하고 훈련시키고자 하셨던 의미와 삶의 방식을 기억하고 실천하며 살게 하소서. 은혜로이 내리는 하늘의 비처럼 저희들에게 내려주실 만나의 기적을 믿고, 하나님 한 분만 앙망하며 살게 하소서. 저희들의 일용할 양식에 족함을 느끼고 남은 것은 나눌 수 있는 구체적인 신앙생활을 할 수 있게 하여 주시옵소서. 저희들의 삶 가운데 만나처럼 늘 임하시는 하나님 당신의 은혜에 감사드리며, 예수님의 이름으로 기도합니다. 아멘.

우리의 필요를 아시고 하루만큼의 양식을 늘 허락하시는 하나님의 약속과 신실하심을 믿으며, 탐욕의 시대에 만나 신앙으로 하루씩 정직하게, 소박하게, 이웃과 나누며 살아갑시다.

열한 번째 만남

쉼의 거룩성, 십계명 1-4

출애굽기 19-20장, 23장

지난 시간에는 '만나'가 의미하는 상징성에 대해 묵상해 보았습니다. '이건 뭐야?'라는 만나의 말 뜻 그대로 앞으로 이스라엘 사람들이 살게 될 삶의 질서는 전혀 새로운 것이었다고 했어요. 약육강식, 적자생존의 수직적 위계구조인 '인간-왕 시스템'을 탈출하여 약속의 땅으로 향한 이스라엘 사람들은 앞으로 어떤 삶을 살아갈까? 아직 살아본 바 없는 전혀 새로운 질서이기 때문에 상상조차 할 수 없었죠. 이렇게 사는 것이 과연 가능하기는 할까? 앞으로 올 새 질서에 대한 놀라움은 만나를 거두고 먹는 행위에도 담겨 있었습니다. 도대체 하나님께서 이루시려는 새 공동체는 어떤 규범과 규칙들로 유지되는 공동체일까요? 하나님의 율법은 무엇이며 어떤 마음자세를 가지고 있어야 실천 가능할까요? 십계명을 중심으로 두 강의에 걸쳐 이를 공부해 보겠습니다.

시나이 산에 나타나신 하나님

이스라엘 사람들이 만나를 받기 시작한 게 출애굽을 해서 한 달 반 정도 지났을 때의 일이라 했습니다. 먹을 것이 다 떨어지고 이럴 바에는 떡고물이라도 있는 이집트로 돌아가는 것이 낫겠다고 투덜대던 때였죠. 그때 기적처럼 만나를 받고 다시 용기를 얻어 한 달 반 정도를 더 행진했던 때의 이야기입니다. 그러니까 출애굽하고 석 달쯤 지난 거죠. 이스라엘 무리는 시나이 산 근처에 도착했습니다. 항상 그렇지만 모세는 다음 진행 상황을 모르고 있습니다. 하나님께로부터 미리 40년 장기 계획을 단번에 받은 것이 아니었으니까요. 늘 그때그때 말씀을 주셨으니 모세도 참으로 답답했을 거예요. 통솔도 잘 안되고 불평불만이 가득한 무리를 이끌고 일단 시나이까지 왔는데, 이제 뭘 해야 하는지 모릅니다. 그러나 어쩔 수 없죠. 늘 그랬듯이 하나님을 앙망하고 기다리는 수밖에요.

그리 기다리는 모세에게 하나님께서는 다음의 할 일을 계시하십니다. 이제 이 자리에서 계명을 주시겠다고 하십니다. "너희들이 살아갈 새 질서, 새 계명, 율법을 내가 이 자리에서 주마." 그 약속이 출애굽기 19장 5-6절에 나오는데요. 하나님께서 뭐라고 약속하고 말씀을 주시는지 한 번 보겠습니다.

> 세계가 다 내게 속하였나니 너희가 내 말을 잘 듣고 내 언약을 지키면 너희는 모든 민족 중에서 내 소유가 되겠고 너희가 내게 대하여 제사장 나라가 되며 거룩한 백성이 되리라 너는 이 말을 이스라엘 자손에게 고

할지니라(출애굽기 19:5-6).

오늘 내려주는 이 율법을 너희가 잘 지키면 너는 정말 내 것이다. 내 소유다. 내 제사장 나라가 될 것이다. 그야말로 가슴 벅찬 약속입니다. 미미한 족속이요 사람들이 무시하고 하대하던 히브리인들이었습니다. 그들이 세계 만민을 향하여 제사장이 된다니요. 이 시절의 제사장은 하나님과 사람들을 중재하는 역할을 하는 사람이었습니다. 그야말로 귀한 직분이요 존귀한 사명입니다. 오늘의 기독교인들이야 신약 이후의 시대를 사는 사람들이고, 하여 '만인은 모두 하나님 앞에서 왕 같은 제사장'이라고 믿고 삽니다. 신앙인 개인이 하나님께 직접 자신의 문제를 아뢸 수 있다고 믿습니다. 그러나 모세의 때는 제사장이 중재해주지 않으면 하나님 말씀을 들을 수가 없다고 생각하던 시절이었습니다. 하나님께서 그 때에는 개인에게 계시를 내리시지 않으셨다는 말이 아닙니다. 사람들이 그런 가능성을 믿고 스스로에게 신앙의 권위를 부여하지 못하는 문화적·제도적 시스템 안에서 살고 있었다는 말입니다. 제도나 문화적 관습은 사람들의 상상력조차 제한하기 마련이거든요. 바로 이런 시절에 "이스라엘아, 너희가 율법을 지키면 제사장 나라가 된다."고 하시는 겁니다. 즉 세계가 이스라엘을 통해서 하나님을 알게 된다는 거죠. 하나님과 만민을 중재하여 다리를 놓는 공동체가 된다는 것입니다. 세상에나, 정말요? 그런 귀한 존재가 될 수 있다고요? 단, 조건이 있습니다. 이전까지 없었던 '전혀 새로운 질서'대로 살아내야 하는 겁니다.

바로 그 새 질서를 살아갈 기준이 되는 규례를 하나님께서 약속하십니다. 성경은 온 이스라엘 백성이 3일 동안 정결하게 옷을 빨고 목욕재개하고 율법을 받기를 기다렸다고 합니다. 시나이 산에서 직접 강림하시겠다는 가슴 설레는 말씀을 받았거든요.

> 여호와께서 모세에게 이르시되 너는 백성에게로 가서 오늘과 내일 그들을 성결하게 하며 그들에게 옷을 빨게 하고 준비하게 하여 셋째 날을 기다리게 하라 이는 셋째 날에 나 여호와가 온 백성의 목전에서 시내 산에 강림할 것임이니(출애굽기 19:10-11).

똑같은 십계명을 받아도 모세가 혼자 받아와서 "하나님께서 주신 것이다" 이렇게 일방적으로 전하는 것과, 온 회중이 모여서 기다리고 있다가 공동체로서 하나님의 임재를 체험하고 율법을 받는 것은 감격과 참여도에 있어 큰 차이가 있겠죠. 중요한 것은 이집트라는 익숙한 공간을 떠나와서 석 달 남짓 불확실한 광야의 여정을 지나온 이스라엘 백성이, 그래서 저마다 마음 한 구석에서 "에이, 괜히 나왔나?" 의심과 불안감이 가득하던 그 때에, 시나이 산에서 공동체적으로 하나님의 현존을 체험했다는 사실입니다.

> 셋째 날 아침에 우뢰와 번개와 빽빽한 구름이 산 위에 있고 나팔 소리가 매우 크게 들리니 진중에 있는 모든 백성이 다 떨더라 모세가 하나님을 맞으려고 백성을 거느리고 진에서 나오매 그들이 산 기슭에 서 있는

데 시내 산에 연기가 자욱하니 여호와께서 불 가운데서 거기 강림하심이 라 그 연기가 옹기가마 연기 같이 떠오르고 온 산이 크게 진동하며 나팔 소리가 점점 커질 때에 모세가 말한즉 하나님이 음성으로 대답하시더라 (출애굽기 19:16-19).

이는 이스라엘 공동체로 볼 때 굉장히 큰 체험입니다. 학자들은 이 장면을 '하나님의 시내산 현현(顯現) 사건'이라고 부릅니다. '현현'은 '명백하게 나타나다'는 뜻입니다. 이 체험은 이스라엘 공동체에게는 이전에 없었던 신비로운 체험이었습니다. 사실 이스라엘 백성들이 출애굽 내내 모세를 따라 다니기는 했지만 하나님을 직접 본 것도 아니고 하나님의 임재를 직접 체험하지는 않았잖아요. 구름기둥, 불기둥도 보았고 갈대바다(홍해)의 기적도 보았지만, 그것은 징표였지 하나님의 현현은 아니었으니까요. 그런데 하나님께서 그들에게 임재하셨습니다. 그것도 작고 세미한 음성도 아니고 지진, 우레, 번개, 구름, 나팔소리, 연기까지 총동원된 장엄하고 신비로운 상황에서요.

이스라엘 사람들의 감격은 정말 대단했을 것 같습니다. 저절로 무릎이 꿇어졌을 테지요. 이런 감격 속에서 받은 것이 십계명이요 율법이었다고, 성경은 기록합니다. 이성적인 접근을 하는 학자들은 십계명의 기조가 되는 내용들은 시나이 산에서 받은 것으로 보이지만 이를 열 항목으로 정리하고 다듬은 것은 후대의 일이라고들 합니다. 시나이 산 현현 사건조차 성경에 묘사된 그대로 정확하게 진행되었을까, 의견이 분분합니다. 그 지역이 활화산 지대가 아니었을까 추측하는 학자들도 있습니다. 그러나 우리는 이런 학문적인 논의보다는 성경이 담고 있는 이스라엘 사람들의 공동체적 감각과 그들이 받은 계명의 핵심 정신과 내용에 주목하려 합니다. 그들의 '실존적' 상황을 우리의 실존 안으로 끌어오는 작업이 저의 주된 관심사입니다. 저는 성경신학자가 아니라 윤리학자거든요. 이후 전개된 이스라엘 사람들의 공동체적 삶 가운데서 십계명의 정신은 자꾸 잊혀지고, 그래서 하나님께서 실망하시고 책망하시는 이야기가 구약의 큰 줄거리라고 생각합니다. 따라서 그 계명이 어떤 것이었나, 핵심이 되는 정신은 무엇인가, 우리가 이를 알고 마음에 새겨야 이스라엘 공동체 같은 실수를 반복하지 않을 수 있을 테니까요. 그러니 우리도 마치 여호와의 강림에 온 피조물이 떨었던 시나이 산 앞에 선 듯 경건한 마음으로 두렵고 떨리는 심정으로 십계명을 받고 묵상했으면 좋겠습니다.

거룩하게 구별된 삶을 산다는 것

보통 1계명부터 4계명은 하나님과 인간 사이의 관계에 대한 계명이고, 5계명부터 10계명은 인간들 사이의 관계에 대한 계명이라고들 말합니다. 오늘 강의에서는 그 첫 부분, 그러니까 하나님과 인간 사이에 지켜야할 계명들을 살펴보려 합니다.

십계명 중 첫 계명의 말씀은 "너는 나 외에는 다른 신들을 네게 두지 말라"(출애굽기 20:3)입니다. '여호와'라는 이름에는 '스스로 있는 존재'라는 의미가 담겨 있다고 했었죠. 사실 인간이 표현할 수 있는 언어의 한계 안에서 그 외에 다른 이름이 어떻게 가능하겠어요? 그러니까 모든 존재하는 것들의 근원이면서 스스로 존재하는 여호와를 제대로 안다면, 다른 신적 표현들이나 존재에 대한 인정은 불가능한 것이 맞습니다. 여러 신'들'이란 존재론적으로 있을 수 없으니까요. '존재론적'이라는 말이 흔히 쓰는 표현이 아니라 낯설겠지만, 하나씩 떼어 이해하면 쉽습니다. 존재에 관한 이론, 그것이 존재론입니다. 모든 존재들을 있게 한 근원적 존재, 그러면서 스스로 존재하는 존재. 그 이름을 아는데 어찌 '다른 신들'을 우리 삶 가운데 둘 수 있겠어요?

우리가 쭉 살펴보았듯이 여기서 '다른 신들'이란 반드시 영적 존재만을 의미하는 것이 아닙니다. 고대 도시국가의 왕들이나 고위 제사장들을 포함해서 스스로를 신격화하고 신과 같다고 여기는 사람들도 포함시켜야 합니다. 당시 왕들은 자신들을 '신의 아들'이라고 공공연하게 말했으니까요. 자신들의 왕권을 정당화시켜주는 여러 구체적인 신들의 이름을 만들었고요. 사람이 만든 그런 존재들에게 의지하지 말라는 뜻입니다. 여호와인 나만 의지하면 된다. 이런 이야기입니다. 결국 첫 계명을 의역하라고 한다면 저는 이렇게 풀고 싶습니다. 네 존재의 바탕은 나다. 실은 만물의 존재 바탕이 나다. 그러니 네 위에 군림하려는 그 어떤 다른 존재에게도 굽히지 마라. 조아리지 마라. 너는 네 것이다. 나 또한 너의 하나님이다. 우리 사이를 가로막을 존재란 '없다!' 한 인간으로서 네가 한계 상황에 부딪히고 좌절하고 포기하고 싶을 만큼 힘들 때, 네가 기댈 존재의 바탕은 오직 나다.

그렇기 때문에 2계명은 1계명과 필연적으로 연결됩니다. "너를 위하여 새긴 우상을 만들지 말고 또 위로 하늘에 있는 것이나 아래로 땅에 있는 것이나 땅 아래 물 속에 있는 것의 어떤 형상도 만들지 말며 그것들에게 절하지 말며 그것들을 섬기지 말라"(출애굽기 20:4-5), "너를 위하여 새긴 우상이나 형상"이라는 건 결국 자기의 안위를 위해서 눈에 보이는 것을 신적 존재처럼 만드는 것이니까요. 그것이 자기 권력이나 부를 유지하기 위함이든, 아니면 스스로 신격화한 구체적 상징물로서의 형상이든 이런 것들을 만든 사람들(권력자들)은 피지배자들에게 그 형상에 절하고 섬길 것을 강요합니다. 한마디로 신민(臣民)이 되기를 강요하는 것이죠. '신'(臣, 신하 신)이라는 한자어는 상형문자로 등을 굽히고 엎드리는 것을 의미합니다. 하나님께서는 "네가 너의 안위를 위해서 다른 것들을 만들어서 그렇게 섬기거나 절할 필요가 없다"고 하십니다. 왜요? 존재자이신 하나님 여호와께서 우리를 온전히 감싸서 우리의 존재를 지탱해 주시는데 무슨 어려움이 있겠습니까? 무슨 두려움이 있겠습니까? 그러니 불신앙과 두려움으로 영이신 하나님을 대체하는 형상 따위에 몸을 굽히는 그런 짓은 말라는 말씀이죠.

자식을 낳아 길러보니 하나님의 이 마음을 조금은 헤아릴 듯도 합니다. 내 귀한 자식이 엄한 데 가서 자유를 빼앗기고 굴종적인 몸짓으로 조아리고 사는 모습을 어찌 보겠습니까? 그 어느 누구보다 귀한 존재로 낳고 길렀는데 말이죠. 결국 2계명은 하나님의 부모 마음을 표현하고 있다고 생각됩니다. 이를 '하나님께서 우리 위에 군림하고 싶으시다'는 독재 군주의 심정으로 읽으면 큰 오해입니다. 너 스스로를 위하는 모습, 나의 아들딸로서 당당히 허리 펴고 살아가는 모습, 그런 모습을 보여 다오. 그게 곧 너희를 낳은 창조주인 나를 위하는 삶이란다. 이런 사랑의 계명이 아니었을까요?

제3계명은 이러합니다. "너는 네 하나님 여호와의 이름을 망령되게 부르지 말라 여호와는 그의 이름을 망령되게 부르는 자를 죄 없다 하지 아니하리라"(출애굽기 20:7). 이 계명 역시 앞의 계명들과 연결이 된다고 봅니다. 존재자이신 하나님이 우리를 감싸주실 테니까 다른 것들한테 절하지 마라. 이렇게 '사랑받는 사람'으로서 인간에게 큰 권위가 부여되었음을 알고 나면 흔히 범할 수 있는 것이 소위 '교만함'입니다. 하나님께서 나와 함께 하신다! 이는 필시 존재의 근원이 아닌 것들에 굽신거릴 필요가 없는 당당함과 자존감을 주겠지만, 한편으로는 나의 탐욕스런 행동을 정당화하는데 '하나님의 이름'을 들먹이는 실수를 유발할 수도 있습니다. 자기를 통제할 눈에 보이는 존재가 없기 때문입니다. '피조물'된 다른 것들에게 의지하지 않고 당당한 것까지는 좋은데, 대신 자기 자신을 너무 믿고 감히 하나님의 자리에 자신을 놓는 행위를 제어할 장치가 없는 거죠. 하여 자기가 하고 싶은 대로 하면서 "하나님이 원하시는 일이야." "이게 하나님의 뜻이야." 이렇게 자기 욕망을 정당화하는 도구로 하나님 이름을 들먹이게 됩니다.

그러나 여호와께서는 자기 욕망을 신의 이름으로 정당화하는 것을 "내 이름을 망령되게 부르는 것"이라고 분명히 말씀하십니다. 그리고 하나님은 이것을 "죄 없다고 아니하겠다"고 하십니다. 기독교 역사를 돌이켜볼 때 이런 일들이 꽤 많았습니다. 십자군 전쟁으로 경제적, 정치적 탐욕을 채우려했던 시절에도 "하나님이 원하신다!"라는 표어는 사제들의 입에서, 신실하다는 기사들의 입에서 쏟아져 나왔습니다. 그러나 그들이 하나님의 이름을 들먹이면서 했던 수많은 살육과 폭력과 착취는 결코 하나님의 뜻이 아니었습니다. 유한한 제가 어떻게 단언하느냐고요? 하나님께서는 우리에게 창조(존재) 명령과 구원명령을 내리셨지, 죽음과 죽임의 명령을 내리신 적이 없다고 믿기 때문입니다. 그것이 성경을 꿰뚫으며 흔들림 없이 빛나는 보석 같은 계시의 말씀이라고, 저는 그리 믿습니다.

안식일을 기억하여 거룩하게 지키라. 엿새 동안은 힘써 네 모든 일을 행할 것이나 일곱째 날은 네 하나님 여호와의 안식일인즉 너나 네 아들이나 네 딸이나 네 남종이나 네 여종이나 네 가축이나 네 문안에 머무는 객이라도 아무 일도 하지 말라. 이는 엿새 동안에 나 여호와가 하늘과 땅과 바다와 그 가운데 모든 것을 만들고 일곱째 날에 쉬었음이라 그러므로 나 여호와가 안식일을 복되게 하여 그 날을 거룩하게 하였느니라(출애굽기 20:8-11).

제4계명입니다. 사실 1계명부터 4계명에 이르기까지 하나하나가

다 중요한 계명들입니다. 하지만 앞의 세 계명이 꼬리에 꼬리를 물며 이어온 정점은 바로 이 4계명이라고, 저는 그리 생각해요. 궁금하실 지도 모르겠습니다. 안식일을 지키는 것이 앞의 3계명과 무슨 상관이며, 더구나 이것이 왜 하나님과 사람들 사이의 관계성에 대한 계명이란 말이지? 사실 이 4계명은 뒤에 이어지는 이웃과의 관계에 관한 계명으로 가는 징검다리 같은 계명이기도 합니다. 그만큼 중요해서 오늘 강의에서는 이 네 번째 계명 즉, "안식일을 기억하여 거룩하게 지키라"는 말씀을 집중적으로 묵상하려 해요.

쉼, 안식일에 해야 하는 일

안식일, 요즘 우리가 자주 사용하는 단어는 아니죠. 이를 우리가 일상에서 사용하는 표현으로 바꾼다면 어떤 말이 있을까요? 노는 날? 쉬는 날? 많은 분들이 '노는 날'이라고 생각하시는데, 사실 노는 것도 힘이 들어가죠. 놀고 나면 지치잖아요? 차라리 '쉬는 날'이라는 것이 더 본뜻에 가깝다고 생각되네요. '쉰다는 것'은 어떤 의미에서 생산을 위한 노동이든 놀기 위한 노동이든 기를 써서 뭔가 하는 게 아니라 말 그대로 쉼, 멈춤을 의미하겠지요. 그런데 이상하죠? 안식일을 기억하고 거룩하게 지키는 것이 왜 하나님에게 그렇게 중요할까요? 그것이 왜 하나님과 인간 사이의 관계성의 문제일까요?

안식일은 무엇을 하는 날인가요? 이렇게 물으면 기독교인들은 대부분 '예배드리는 날'이라고 답할 겁니다. 하지만 안식일은 그야 말로 '쉬는 날'입니다. 십계명에 그렇게 적혀 있잖아요. 9절부터 11절까지의 내용 중에서 어디 '나에게 예배를 드려라'라고 명령하시던가요? 사실 그리스도인들은 주일에 더 바쁘죠. 예배드리랴, 주차봉사에 주방봉사에 주일학교 교사, 성가대… 하지만, 정말 중요한 안식일의 기본 정신은 '쉼'입니다.

유대인들은 이 '쉼'을 너무 율법적으로 해석해서 거의 군대에서의 '동작 그만'처럼 적용했어요. 몇 걸음 이상은 노동이다, 얼마만큼 이상 무거운 것을 어느 정도 높이로 드는 것은 노동이다. 무엇이 노동이고 무엇이 비(非)노동인지를 구별하고 이를 세부적인 율법조항으로 명시하고 이에 근거하여 일한 사람들을 정죄하느라, 그야말로 '쉴 틈이 없이' 안식일을 보냈으니까요. 하지만 하나님께서 안식일을 '기억'하고 그날을 거룩하게 하라는 말씀의 핵심에는 하나님의 창조 노동을 기억하라는 말씀이 중심에 있습니다. 너희 피조물들에게 생명을 부여하는 창조 노동을 하고 나는 일곱째 날에 쉬었다. 쉼이란 그런 거다. 나를 닮은 생명인 사람아, 너도 그렇게 살면 좋겠구나. 여섯 날들 동안에는 살고 살리는 귀한 창조와 구원의 노동행위를 하되, 일주일에 하루는 온전히 쉬면서 너희 안에 있는 나의 숨결인 루아흐(하나님의 영, 생기)를 느끼며 다시 엿새를 살아갈 힘을 얻었으면 좋겠구나. 너만 쉬지 말고 네 권한으로 쉼을 허락할 수 있는 모든 생명들 역시 쉬게 하렴.

이렇게 온전히 쉬는 안식일 동안 예배는 의무가 아니라 안식하는 자의 자연스런 행위였을 겁니다. 하나님의 루아흐를 존재 안에 담은 사람이 바쁜 일상을 멈추고 쉬면 당연히 내 존재의 근거요 기반이신 하나님을 자연스럽게 느끼기 마련이니까요. 그러니까 제4계명의 강조점은 '너희들 그날 아무것도 하지 말고 나만 찬양하고 나만 경배해' 이건 아니었다는 것입니다. 일상의 일은 하면 벌 받고 교회 일은 괜찮고, 아니 교회 일은 성스러운 일이니까 교회 일을 게을리 하면 안식일을 범하는 것이라고 주장할 근거가, 제4계명에는 없습니다.

쉬는 것은 거룩합니다. 여호와께서 "안식일을 복되게 하여 그날을 거룩하게 하셨다"고 분명히 말씀하셨으니까요. 거룩함은 무엇일까요? 우리가 무언가를 '거룩하다'고 할 때는 보통 '구별됨'의 의미를 담지요. 매일 흔히 보거나 습관처럼 행하는 것을 '거룩하다'고 하진 않잖아요. 저보고 '거룩'을 정의하라고 한다면, '피조물에게서 기원하지 않았다는 의미에서 초월적이나, 모든 피조물을 위한 것이기에 내재적인 것'이라고 말하고 싶어요. 즉, 하나님이 모든 생명에게 주신 것이라고 말입니다. 마치 계시처럼 하늘에서 뚝 떨어진 것, 그런데 그 선물이 우리의 생명을 가득하게 채워주는 힘으로 작용하는 것. '쉼'은 그런 힘을 가진 거룩한 것이라는 의미입니다. 쉼은 하나님께서 우리에게 거룩한 권리로 주신 것이라고 믿습니다.

그래서 쉼은 또한 보편적입니다. 모두의 것입니다. '너만 쉬어라'가 아닙니다. 정말 구체적으로 드러나 있잖아요. 너, 아들, 딸! 네 가족만도 아닙니다. 여종, 남종 그리고 객. 여기서 객이라는 건 우리처럼 손님을 말하는 것이 아니고 떠돌이를 의미합니다. 여기저기 일거리 따라 떠돌며 품 파는 사람들조차도 그 쉼을 허락하라. 심지어는 가축마저도 업신여기지 말고 그들도 거룩한 쉼을 누리게 하라는 뜻입니다. 신기한 일입니다. 이건 하나님을 위해서 하는 것이 아니잖아요. 내가 쉬고, 내 가족이 쉬고, 내 종들이 쉬고, 내 가축이 쉬는 것이지 이게 왜 하필 하나님하고 관계성일까요? 하나님은 그걸 왜 명령하시면서까지 쉼을 '거룩'의 영역으로 확보하셨을까요?

이스라엘은 이집트에서 노예생활을 하다가 탈출한 공동체였습니다. 남종, 여종, 나그네로서의 품팔이까지 거느린 식솔이 있다면 얼마나 많았겠습니까? 그들의 부요함은 또 얼마나 대단했을까요? 그럼에도 부족단위로 움직이는 가부장적인 공동체이다 보니까 당연히 소유도 있고 거느린 노동력이 있었겠지요. 더구나 가나안 땅에 들어가서 정착을 하게 되면 그들이 앞으로 가지게 될 부와 권력은 점점 더 많아지겠죠. 그러다보면 어느덧 자신들도 모르게 더 많은 이윤을 위해 욕심과 탐욕의 노동을 추구하려 할 겁니다. 비록 이집트를 출발할 때야 '사람 위에 사람 없는' 이상세계를 꿈꾸며 탈출했다고 해도 자신들의 상황이 바뀌면 쉽게 잊는 것이 사람의 속성이니까요. 하지만 만약 그런 탐욕스런 방식으로 산다면 새로운 공동체 안에서도 어느 순간엔가 또다시 '히브리'(사회적 약자)가 나올 수 있는 상황이 되는 것입니다.

만약 이스라엘 공동체 안에서 누구는 위에 있고 누구는 그 밑에서 강요된 노동을 하는 질서가 확립된다면, 이를 하나님께서 기뻐하실까요? 자기는 쉬면서도 종들에게 일을 시키는 주인 행세를 하게 된다면, 그래서 그 안에서도 강요된 노동으로 하나님께 자유와 사람다운 삶을 갈구하는 피울음이 또 다시 들리게 된다면, 모든 생명을 낳고 모든 생명이 동등하기를 원하시는 하나님께서 그 꼴을 어찌 보시겠어요? 고대 근동의 인간-왕 시스템이 늘 그랬잖아요? 늘 부리는 사람은 안식하고, 부림을 받는 사람이 일을 했으니.

하긴 예나 지금이나 사람들의 탐욕이 견제되지 않는 사회에서는 늘 그렇죠. 숨 돌릴 틈도 없이 계속 일을 했던 사람들은 한 사회에서 가장 낮은 위치의 약자들이잖아요? 이스라엘은 바로 이런 위치의 사람들이 탈출하여 만든 새로운 공동체인데…. 쉼 없었던 사람들이 이제는 쉴 수 있다는 것, 이 사람들한테는 이것이 굉장히 새로운 질서였던 것입니다. 하나님께서는 바로 이 '쉼'을 통해 이스라엘이 새로운 관계질서를 살아내는 공동체가 되기를 원하셨던 겁니다. 안식년의 정신도 거기에 있었다고 봅니다.

> 너는 여섯 해 동안은 너의 땅에 파종하여 그 소산을 거두고 일곱째 해에는 갈지 말고 묵혀 두어서 네 백성의 가난한 자들이 먹게 하라 그 남은 것은 들짐승이 먹으리라 네 포도원과 감람원도 그리 할지니라 너는 엿새 동안에 네 일을 하고 일곱째 날에는 쉬라 네 소와 나귀가 쉴 것이며 네 여종의 자식과 나그네가 숨을 돌리리라(출애굽기 23:10-12).

소와 나귀도 쉬고, 심지어 여종의 자식, 떠돌이 일용직 나그네 일꾼조차 "숨을 돌리는" 그런 새로운 질서! 하나님은 인간들이 그런 공동체적 질서를 이루고 사는 모습을 보시고 싶으셨던 겁니다. 하나님께서는 인간의 탐욕과 욕심을 아셨습니다. 인간이 땅이 생기면 탐욕의 노동을 하며 또 다시 위계적인 시스템을 만들려하겠지. 하지만 내가 너희들을 창조해 놓은 이유가 무엇인데, 온전한 삶을 누리라고 나의 거룩한 숨을 너희에게 불어넣었는데 그 숨을 돌릴 틈도 없이 일하는 것은 내 창조 질서가 아니야, 라고 말씀하시는 것입니다. 쉼 없이 일하는 것, 그래야 먹고사는 삶을 보는 것은 내가 마음이 아프다. 그러니 하나님과 너희가 좋은 관계이려면 제발 쉬어라. 먹거리는 육일, 육년의 성실한 노동으로도 충분히 허락될 터이니 걱정하지 말고, 칠일에 하루는 쉬어라. 칠년에 일 년은 쉬어라. 그게 나를 위한 것이다. 너를 위한 것이기도 하지만 그것이 곧 네게 생명을 부여한, 나를 위한 것이다. 이런 부모님 마음이 아닐런지요.

실은 저도 일 중독자입니다. 집안일도 해야 되고 바깥일도 해야 하니까 늘 뛰며 삽니다. 그러다보니 어쩌다 쉴 여유가 생겨도 마음이 불안합니다. 뭔가 해야 되는데 잊고 있는 것 같고, 좌불안석일 때가 종종 있습니다. 무한경쟁, 성과주의가 하나의 삶의 형태가 되어버린 오늘날의 사회에서는 이렇게 '쉼이 없는' 일상을 사는 사람들이 더욱 많을 겁니다. 한 사회철학자는 요즘 사회를 "피로사회"라고 부릅니다. 어른들만 피로한 게 아니고 아이들도 다 피로하잖아요. 대학교 들어올 때 아이들이 이미 다 지쳐있어요. 새내기인데 발랄함이 없습니다. 축 쳐져서 다니는 걸 보면 안타깝습니다.

물론 성과 위주로 사람들을 다 한 줄로 세우고 하위 10퍼센트, 20퍼센트 때론 반 이상을 구조조정 해버리는 오늘날의 사회에서 온전히 하루를 쉰다는 것은 불안한 일입니다. 경쟁에서 뒤쳐질 것 같기도 하고 충분히 못 벌 것 같기도 합니다. 사실 육일의 성실한 노동으로 얼마든지 하나님께서 우리 삶을 복되게 채우실 것이라는 믿음을 가지고 있지 않는 한은 온전한 쉼이란 불가능합니다. 그것 자체가 믿음의 시험이기도 한 것 같습니다. '하나님께서 채워주실 것이다.' 이 믿음 없이 어찌 쉴 수 있을까요.

그렇지만 이것은 하나님의 명령입니다. 너희는 달리 살아라. 심지어 사람들이 봤을 때 '어, 저게 뭐야' 할 만한 전혀 새로운 삶을 살아라. 이 땅에 지금까지 없었던 대안적인 삶을 살아라. 그런 사건을 만들어라! 이런 부탁을 하시는 것입니다. 생명체뿐만이 아닙니다. 자동차조차도 브레이크가 없는 동력이 제일 무서운 것입니다. 그 질주는 막을 길이 없거니와 큰 사고를 유발합니다. 브레이크를 때때로 걸어주어야 합니다. 바로 그 브레이크를 일주일에 한 번씩 그리고 7년에서 1년을 걸고서 멈추라는 말씀은 권고가 아니라 명령입니다. 우리가 거룩하게 지켜야할 계명입니다.

사실 웬만큼 수도자적 영성을 가지고 있지 않은 사람들은 일상을 바삐 사는 동안은 하나님의 동행하심을 느끼기 어렵습니다. 많은 경우 일상을 멈추어야 비로소 하나님이 느껴지는 것입니다. 우리가 하나님의 현존 안에 있다는 것을 느끼는 시간들, 그런 시간이 우리에게 꼭 필요하다는 것입니다. 심지어 하나님께서는 우리가 못 쉬고 생명체들이 못 쉬는 것을 보면서 가슴이 아프시니까 이건 나를 위한 것이다. 나의 계명이다. 그날은 내 날이다. 너희는 건드리지 마라 너희 날 아니다. 이렇게까지 말씀하시는 것이 아닐까요? 그러니 안식일에는 쉬어야 합니다. 다시 하나님의 창조질서를 느끼면서 내가 바른 방향으로 가고 있나? 내 삶이 하나님의 방향성 안에 있나? 이것을 느끼려면 일상에서의 삶을 놓고 쉬며 거룩을 느껴야 합니다. 나만 쉰다고 되는 일이 아닙니다. 내가 쉬게 할 수 있는 내 주변의 이웃들조차 온전히 쉬게 해야 합니다. 내 울타리에 있는 사람들이라면 내가 쉬게 해주어야 합니다. 말로만 하면 안 될 일입니다. 쉴 여건을 함께 마련해주어야 합니다. 우리가, 그리고 우리 울타리의 모든 생명이 매 주일이면 하루의 일상을 멈추고 하나님을 온전히 바라보는 시간이 되었으면 좋겠습니다.

기도

사랑의 하나님! 어른도 아이들도 끝을 모르고 질주하는 21세기 대한민국의 한복판에서 하루를 온전히 쉬라는 명령이 참으로 버겁게 느껴집니다. 그 하루 동안 온전히 하나님을 묵상하는 것이 얼마나 어리석은 제안인지, 인간의 계산으로는 불안하기 짝이 없습니다. 그러나 "대안이 되는 삶을 살아라." "만민을 하나님께로 이끄는 제사장의 삶을 살아라." 이리 부탁하시면서 하나님께서 주신 거룩한 계명임을 고백합니다. 육일의 성실한 노동의 대가로도 충분히 삶이 지속될 수 있다는 것을 주께서 약속하셨는데, 그 믿음 속에서 저희들 하루를 온전히 쉬면서 당신을 바라보는 그리스도인이 되게 하여 주시옵소서. 예수님의 이름으로 기도합니다. 아멘.

쉼은 하나님께서 인간에게 명하신 거룩한 의무입니다. 나도 이웃도 숨을 돌리게 만드는 삶을 삽시다.

열두 번째 만남

이웃 사랑의 신적 근거, 십계명 5-10

출애굽기 22장

지난 시간에는 하나님과 사람 사이의 관계성을 견고하게 지켜내기 위해 인간이 마음과 행동에 새겨야할 계명들에 대해서 공부했습니다. 무엇보다 '안식'의 거룩성을 강조했지요. 하나님 안에 온전히 거하는 행위로서의 '안식'을 핵심어로 제1계명부터 4계명을 연결하여 풀어보았습니다. 오늘은 5-10계명 말씀을 나누겠습니다. 사람과 사람 사이의 규율, 인간공동체의 관계를 규정한 계명들입니다.

사람과 사람 사이에 가장 큰 계명(제5계명)은 부모에 대한 명령입니다. "네 부모를 공경하라 그리하면 네 하나님 여호와가 네게 준 땅에서 네 생명이 길리라"(출애굽기 20:12). 부모를 공경하는 삶에 대한 하나님의 축복은 엄청납니다. 이스라엘이 가진 땅에 대한 열망은 다른 어느 민족보다 컸습니다. 참으로 오랜 시간을 정착할 땅이 없이 유리방황했던 사람들, 늘 남의 땅에서 서러운 더부살이를 했던 사람들이니까요. 그런데 여호와께서 허락하신 그 약속의 땅에서 오래토록 생명을 누리는 비결이 바로 부모를 공경하는 삶이라고 하십니다. 너의 생명의 기원에 대해 존중하는 삶을 살라는 권고죠. 당시는 가족이 사회적 안전망의 중심축이었으니까 당연히 이 계명이 맨 앞에 나오는 것이지. 보험이나 각종 금전적 준비가 소위 내 생명과 안위를 보장하는 현대사회에서야 같은 중요성을 갖겠어? 이런 마음을 갖게 되기도 합니다. 더구나 요즘 하루가 멀다 하고 친부모로부터 학대받는 어린 아이들의 비참한 사건들을 접하다보면 이 계명을 무작정 '보편 법칙'으로 받아들일 수는 없겠다, 회의가 들기도 합니다. 하지만 그 무엇보다 생명을 귀히 여기시는 하나님의 시선에서, 이 계명이 주는 핵심적 메시지는 생명의 근원에 대한 감사가 아닐까 싶습니다. 물려줄 재산이 많아서도, 현재 든든한 버팀목이 되기 때문도 아닙니다. 존경할 만한 부모, 자랑할 만한 부모라는 부모의 자질에 대한 부연설명도 없습니다. 그저, 너의 생명이 그로부터 나왔으니 공경하라는 명령이시죠. 물론 '부모됨'의 부분에 대해서도 이야기하고픈 것들이 많이 있습니다만, 그 주제에 관해서는 별도의 단행본(《엄마되기 힐링과 킬링 사이》)을 쓴 관계로 오늘은 보다 큰 공동체적 관계, 즉 이웃의 문제에 조금 더 초점을 맞출까 합니다.

말라, 말라, 말라!

그럼 이웃과의 관계를 명하시는 다른 계명들은 무엇이 있을까요? 6계명은 "살인하지 말라"는 것입니다(출애굽기 20:13). 그다음 7계명은

"간음하지 말라"고 하십니다(출애굽기 20:14). 8계명은 "도둑질하지 말라"는 금지명령이죠(출애굽기 20:15). 9계명은 "네 이웃에 대하여 거짓 증거하지 말라"(출애굽기 20:16)입니다. 10계명은 "네 이웃의 소유를 탐내지 말라"(출애굽기 20:17)이죠. 그러고 보니 사람과 사람 사이의 계명 여섯 개 중에서 무려 5개의 계명에 "하지 말라"는 금지명령이 포함되어 있군요.

살인, 간음, 도둑질, 거짓증거, 탐심, 모두 도덕적으로 정당화될 수 없는 단어들이니 '말라'고 금지하신 것은 당연해 보입니다. 하여 우리는 십계명을 읽으면서도 그저 '그렇지' 합니다. 하지만 실제로 우리의 삶도 그럴까요? 솔직히 이렇게 몽땅 하지 않는다면 우리 인생은 어떻게 전개될까요? 살인과 간음까지는 몰라도 요즘 세상을 살면서 저 금지명령들을 제대로 지킨다면 뭔가 큰 성취는 이룰 수 없을 것 같은 그런 명령어들입니다. 사실 사회적 살인, 인격 살인도 큰 의미에서 사람을 죽이는 행위이니 이런 것까지 포함한다면 '살인'의 죄목으로부터도 과연 자유로울 수 있을까, 우려스럽습니다. 더구나 '성과'라는 매우 주관적이고 편파적인 잣대를 가지고 '쉬운 해고'를 일삼는 사회이고 보면, 우리는 직·간접적인 살인을 저지르고 살아가는 지도 모릅니다. 간음도 그렇습니다. "나는 너희에게 이르노니 음욕을 품고 여자를 보는 자마다 마음에 이미 간음하였느니라"(마태복음 5:28). 예수께서 하셨던 말씀을 기억한다면, 마음에서조차 정결하다고 자부할 수 있는 사람이 과연 몇이나 될까요? 만약 문자 그대로 철저하게 저 다섯 가지의 금지조항을 내 삶에서 실천하고 살아간다면, 세상의 중심부나 꼭대기로 올라가는 성취는 영 불가능해 보입니다.

그런데도 하나님께서는 분명히 말씀하십니다. 내가 원하는 대안적인 제사장적인 질서는 바로 이런 다섯 가지 금지명령을 네 일상의 삶 가운데서 지키는 삶이라고요. 너희가 새로운 공동체를 건설하고 하나님의 뜻대로 살아가려면 '말라'는 다섯 가지 명령을 잘 지켜야 한다고요. 그게 삶의 원칙이라고요.

하나님께서도, 그리고 이 금지명령을 받았던 이스라엘도 이미 알고 있었습니다. 이 다섯 가지를 일상에서 행하면서도 눈 하나 깜짝하지 않았던 사람들이 있다는 것을요. 살인하고, 간음하고, 도둑질하고, 거짓증거하고 이웃의 것을 탐하는 사람들, 그러면서도 그것이 살인인지 간음인지 도둑질인지 거짓증거인지 탐욕인지조차 모르고 있던 사람들, 아니 나 정도면 그 정도는 해도 된다고 생각하는 사람들이 고대 근동의 삶의 현장에 차고 넘쳤습니다. 그들은 누구였을까요? 왕이라는 이유 하나만으로 '저놈의 목을 쳐라'고 명령하면 그만인 사람들은 아브라함이 떠났던 메소포타미아 도시국가에도 모세와 이스라엘이 탈출했던 이집트에서도 있었습니다. 인간-왕을 위시하여 소위 배웠고, 권력 있고, 부유했던 사람들이 다 그렇게 했던 것입니다.

왕이니까, 하나님을 위해 일하는 제사장이니까 이정도의 권력을 부릴 수 있고 유리한 대로 마음대로 얘기하고 마음에 들면 마음대로 빼앗을 수 있는 권리가 있다고 믿었던 사람들이었습니다. 그런 권력자들을 보면서 살아왔기에 이스라엘 공동체가 행여 힘을 얻고 부를 얻고 나면 그런 걸 당연하다고 여길까 봐 하나님께서는 걱정하신 것이 아닐까요? 권력과 부로 타인을 죽이고 탐하고 빼앗고 억누르는 삶은 내가 원하는 삶이 아니다. 너희는 제사장의 나라니까 대안적 삶을 살아라. 손해를 보더라도 그리 살지는 말아라, 그런 마음에서 금지명령을 내리신 것이 아닐까요?

에이, 설마 그랬을라고요. 권력과 부를 얻었다고 정말 살인을 하고 남의 것을 탐하거나 빼앗고 그랬다고요? 그럼요. 실제로 그랬습니다. 그리고 그것이 하나님 앞에서 큰 잘못인 것을 모르고 있었던 사람들이 이방의 왕들이요 권력자요 부자들이었습니다. 그 신실한 다윗조차 왕이 되고 난 다음에 크게 한 번 실수를 하잖아요? 필시 '왕'의 행동들을 보며 익숙하게 여겨왔던 것이라 자신이 그 위치에 오르자 자연스럽게 같은 방식으로 권력남용을 했던 것이 아닐까 싶습니다. 다윗이 충신 우리야의 아내 밧세바를 탐했던 잘못에서 도대체 다윗은 십계명 중 몇 개를 범했는지 따져 볼까요? 내 이웃의 아내를 탐냈어요. 살인했어요. 우리야가 잘 협조하지 않으니까 결국 은폐하려고 의도적으로 죽이라고 명령했으니 거짓증거입니다. 그리고 우리야를 불러서 "내가 전시 상황을 보고 받으려고 너를 불렀다"(우리아가 다윗에게 이르매 다윗이 요압의 안부와 군사의 안부와 싸움이 어떠했는지를 묻고, 사무엘하 11:7)라고 하는데 이것도 거짓말입니다. 나중에 우리아가 죽은 사실을 보고받는 자리에서는 본인이 시킨 일임에도 불구하고 "사람들 앞에서 원래 칼이란 이 사람도 삼키고 저 사람도 삼키는 법이다.

그러니까 너무 낙심하지 말라고 전하라"는 뻔뻔함까지 보입니다.

그렇게 따지고 보니 다윗은 사람과 사람 사이에 지켜야할 십계명의 금지명령을 다 어긴 셈입니다. 물론 나중에 엄청난 대가를 치르면서 자복하고 하나님 앞에 돌아오긴 했지만, 궁금한 일입니다. 그 신실했던 다윗은 왜 하나님께서 그토록 싫어하시는 금지명령들을 모두 어겼던 걸까요? 왕이 돼서 초기에 있었던 일이라는 것에 힌트가 있습니다. 본인이 왕이 되고 난 다음에 헷갈렸을 것 같다는 생각입니다. 고대 근동의 왕들이 누리는 권력을 늘 보았던 다윗입니다. 그들을 위해 싸우는 용병이었으니 가까이서 본 것이 많았을 겁니다. 치사하고 억울한 일들도 많았겠죠. 아, 힘을 가진 사람들은 다 저러고 사는구나. 저래도 되는구나. 그런데 이제 자신이 바로 왕이 된 겁니다. 높은 궁전을 짓고 옥상 꼭대기에서 내려다보니까 이제 내 위에 군림할 사람이 없습니다. 모두가 나의 아랫사람들입니다. "나는 왕이니까 그 정도는 해도 돼"라는 생각이 들면서 일어났던 일들인 것입니다. 살인, 간음, 도둑질, 거짓증거, 그리고 탐욕 말입니다.

제사장 된 삶의 대안적 차원

우리 인간의 신실함에는 한계가 있는 것 같습니다. 우리도 다윗과 같을 수 있습니다. 우리도 권력을 갖거나 높은 사회적 위치에 서게 되면 자칫 쉽게 그리 될 수 있습니다. 최근 방영된 어느 드라마를 보니 등장인물이 그런 말을 하더군요. "서는 위치가 바뀌면 보이는 풍경도 달라지는 법이지." 이는 다윗 시절이나 21세기나 매한가지입니다. 이것이 인간사니까요. 때문에 말라, 말라, 말라! 이 금지의 계명들을 마음에 새기고 또 새겨야만 새로운 대안적 삶을 세상 한복판에서 살아낼 수 있습니다. 이 정도는 다 하는 일이잖아. 다 이렇게 타협해서 자리를 유지하는 거지. 세상에서는 늘 이런 식으로 이야기합니다. 우리라고 자신할 수 없는 일입니다. 다윗처럼 안 그럴 거야, 호언장담할 수 있을까요? 그 신실한 다윗도 왕이 되면서 그 당시의 고대 근동의 왕들의 습속을 부지불식간에 따라했음을 기억해야 합니다.

궁전에 올라갔을 때 다윗이 밑을 바라보지 않고 하늘을 바라봤으면 어땠을까요? 적어도 그 충직한 신하를 죽이는 엄청난 죄를 저지르지는 않았겠죠. 높은 데서 아래를 보면서 "내가 윗사람이지"라고 생각했던 그 순간 금지조항들을 잊게 되는 겁니다. 그것은 사실 바벨탑 이야기부터 하나님께서 경고하신 것입니다. 내 위치를 높이는 것에 대해서 하나님은 경계하시는 거잖아요. 내가 권력자라고 생각하는 순간 다섯 가지 계명을 어기는 죄를 짓게 되는 것입니다. 한번 죄라는 그 문에 들어가면 계명이 너무나 쉽게 무너져 나도 모르게 죄에 죄를 더하게 되는 법입니다. 밧세바를 범했을 때 아차 하고 멈추고 회개했다면 간음이라는 한 가지 죄만 저지르고 말았을 일입니다. 그 정도는 괜찮다는 말이 아니라, 더 이상의 죄를 저지르지 않고 돌이킬 수 있었다는 거죠. 하지만 간음죄를 덮으려고 거짓말에 거짓 증거에 살인까지, 결국 더 큰 죄악의 길로 빠져 들어갔죠.

다윗도 미처 몰랐습니다. 이스라엘 왕은 고대 근동의 왕하고는 다르다는 것을요. 깨닫기 전까지는 죄인 줄 모르고 행했을 것입니다. 다른 왕들은 자기 위에 그 어떤 다른 권력자도 없다고 여기며 무소불휘의 힘을 행사했지만, 이스라엘의 왕은 여호와-왕 앞에서는 그저 이스라엘 백성과 똑같이 '하나님의 백성'일 뿐이라는 것, 하여 여호와의 계명을 성실하게 지켜야 한다는 것을 잠시 잊었습니다.

하나님께서는 인간의 본성을 미리 아신 것입니다. 영토가 생겨서 살다 보면 아무리 평등한 공동체를 만들려고 해도 위계는 생기기 마련입니다. 사람마다 재능의 차이가 있기 마련이고 힘에도 수완에도 차이가 날 수밖에 없으니까요. 점점 더 권력에도 부에도 차이가 벌어질 것은 뻔한 일입니다. 하지만 그럼에도 불구하고 하나님이 원하셨던 대안적 질서는 재능이 있는 사람들이 부족한 사람을 보듬고 도와주면서 살라는 것이었습니다. '라다'(하나님의 마음으로 다스림) 말입니다. 그런 삶을 위해서 보다 적극적으로 권위도 나누고 소유도 나누며 살기를 바라셨습니다. 하지만 이게 힘들어 나누지 못하겠거든 적어도 빼앗는 삶은 그치라는 것이 하나님의 당부이신 겁니다. 전자가 하나님의 바람이라면 후자는 강제성을 띤 명령입니다.

권위 나눔, 소유 나눔

'말라'는 다섯 가지 금지 명령은 늘 새기라고, 명심하라고 주시는 것입니다. 출애굽기 22장 21-24절 말씀은 하나님이 원하시는 것이 무엇인지 그 핵심을 알려줍니다.

> 너는 이방 나그네를 압제하지 말며 그들을 학대하지 말라 너희도 애굽 땅에서 나그네였음이라 너는 과부나 고아를 해롭게 하지 말라 네가 만일 그들을 해롭게 하므로 그들이 내게 부르짖으면 내가 반드시 그 부르짖음을 들으리라 나의 노가 맹렬하므로 내가 칼로 너희를 죽이리니 너희의 아내는 과부가 되고 너희 자녀는 고아가 되리라(출애굽기 22:21-24).

차마 '아멘'을 못하겠지요. 사랑의 하나님께서 어찌 이렇게까지 무서운 이야기를 하실까요? 사람의 속성을 아시기 때문입니다. 너희가 나그네였을 때 보는 것과, 땅에 정착하여 소유를 가지고 살 때는, 이웃을 응시하는 시선이 다를 수 있다는 말입니다. 출애굽기 22장의 무서운 경고에서 방점은 앞에 있습니다. 괜히 결론부만 읽고 화낼 일이 아닙니다. 뭐라고요? 하나님의 칼이 우리를 죽여요? 내 아내가 과부가 되고 내 자녀들이 고아가 된다고요? 풍성한 삶을 누리라는 창조주께서 어찌 그런 끔찍한 말씀을 하십니까? 아, 너무 하시네. 그리 불평하기 전에 돌이켜 묵상해 볼 일입니다. 너희들이 영토를 가지고 살게 되었다고 너희 땅에서 더부살이하는 이방나그네를 압제하지 말라. 너희도 이집트 땅에서 나그네였다. '하비루'와 '에베르' 기억나시죠? 너희도 그렇게 하루하루 생활을 위해서 여기저기 떠돌던 사람들이 아니었느냐? 그런 가여운 삶을 안타까이 여겨 내가 너희를 건져내어 공동체를 이루고 살게 할 건데, 거기서 또다시 네가 나그네를 압제한다면, 그런 인간 시스템을 만든다면 내 어찌 가만히 보고만 있을 수 있겠느냐? 그 마음이 아니셨을까요?

"네가 만일 그들을 해롭게 하므로 그들이 내게 부르짖으면 내가 반드시 그 부르짖음을 들으리라"(출애굽기 22:23). 만약에 그들이 "하나님, 너무 억울해요. 속상해요" 하고 부르짖으면 내가 그 부르짖음을 들으리라, 라고 하시는 것입니다. 인간의 욕심 때문에 약자들을 탐하는 행동을 하면 하나님께서는 그들의 부르짖음을 듣는다는 것입니다. 이스라엘 공동체가 마치 예전의 이집트와 같은 상황이 될 것에 대한 엄중한 경고입니다. 자기들이 부르짖었을 때 이집트 사람들이 당했던 일들이 있었잖아요. 그걸 기억하라는 것입니다. 이스라엘이라고 해서 항구적으로 영원히 내 백성이기에 돌봐주시지는 않는다는 것입니다. 오직 내 율법을 따를 때만이, 내 율법 안에 거할 때만이 바로 그때만이 하나님의 백성이라는 것입니다. 이 이야기는 후에 광야에서 외치는 소리였던 세례 요한의 엄중한 경고에 이르기까지 이어지는 메시지입니다.

> 독사의 자식들아, 누가 너희를 가르쳐 임박한 진노를 피하라 하더냐."
> "속으로 아브라함이 우리 조상이라고 생각하지 말라. 내가 너희에게 이르노니 하나님이 능히 이 돌들로도 아브라함의 자손이 되게 하시리라(마태복음 3:7-9).

강의를 이어가면서 점차 강조하겠지만, 저는 하나님께서 이스라엘을 제사장 삼아 이루려는 대안적 사회는 '권위 나눔'과 '소유 나눔'이 가득한 그런 공동체였다고 봅니다. 사람 위에 사람이 없고, 내

배만 불리는 사람이 없는 그런 사회를 하나님께서는 가장 낮은 사람들이었던 히브리 사람들의 공동체를 통해 이루려 하셨다는 것이, 제가 성경을 통해 읽어낸 요점이었습니다. 누구보다도 너희가 잘 알잖아. 당해봤잖아. 소위 높은 자라는 사람들, 부유하다는 사람들의 '갑질'에 고통 받아 봤잖아. 내가 그걸 싫어한다는 걸 잘 알잖아. 그래서 사람답게 살라고, 서로를 존중하고 서로를 살리는 그런 공동체를 건설하라고 건져서 불러온 '선민'(선택한 민족)이잖아. 내가 아브라함을 달리 택했겠니?

하여 여호와께서는 이제 이루게 될 새 공동체에서 소위 '갑'이 될 사람들에게 특히 주의를 주고 계신 겁니다. 십계명의 내용은 만인에게 주시는 것이 맞지만, 사실 그 내용을 자세히 살펴보면 어떤 청중에게 더 주의하여 들으라 하시는지, 그 대상이 드러나 있습니다. 일단 남자들입니다. 유대 공동체 안에서 공공성을 띄는 모임에 나와 주체로 설 수 있는 사람들은 다 남자였으니까요. 여자들은 공적(公的)으로 말할 수도 없었고 들을 수도 없었습니다. 따라서 십계명을 듣고 있는 회중은 다 남자들입니다. 어떻게 아느냐고요? 일례로 제10계명에서 탐심이 금지된 목록을 볼까요? 네 이웃의 소유를 탐하지 말라고 하시면서 하나님께서는 네 이웃의 아내, 네 이웃의 남종과 여종, 그리고 가축들을 목록으로 제시하십니다. 어머, 그럼 네 이웃의 남편은 어디 갔을까요? 네 이웃의 남편은 탐해도 되는 걸까요? 천만에요. 이걸 요즘 시절의 문화적 전제에서 읽으니까 이런 황당한 질문이 나오는 거죠. 청중이 남자라는 걸 알고 읽으면 이 소유목록은 금세 이해가 됩니다. 실은 그래서 성경 읽기에서 '맥락화(contextualization)'는 참으로 중요합니다. 여기서 금지조항의 핵심 교훈은 목록이 아니라 그릇된 소유욕에 있으니까요. 또한 십계명의 금지조항은 그렇기에 재산과 권력을 가진 사람들, 소위 '어느 정도 사는 사람들'에게 일차적으로 하시는 명령입니다. 종합하자면 가장으로서의 권위를 갖고 있는 유산계급 남자들한테 하시는 말씀입니다. 너희들이 힘이 좀 있다고 이웃나라 문화권에서 하듯이 그렇게 하는 것을 나는 원치 않는다고 주의를 주고 계신 겁니다.

십계명을 통해 하나님께서 하시는 경고는 분명합니다. "내 백성"을 건드리지 말라. 누가 하나님의 백성인가요? 혈연적인 이스라엘만이 아니라는 것은 제가 누누이 강조했습니다. 궁극적으로는 만인이요 만물이지만, 하나님께서 특별히 살피시는 이들은 권위를 부여받지 못하고 소유를 가지지 못한 사람들입니다. 하비루입니다. 그런데 그런 하비루를 살뜰하게 건져 모아 이룬 이스라엘에서도 또 다시 수직축에서의 우열이 생기고 위에 있는 자들의 '갑질'을 보게 된다면 하나님께서 그 꼴을 어찌 견디시겠어요? "내가 모든 생명에게 다 골고루 준 것, 창조할 때 모든 생명에게 다 골고루 쓰라고 준 것을 힘 있다고 독점하고 마음대로 사용하지 말라." 그런 말씀이지요. 그것은 하나님의 것을 가져가는 행위라고 말씀하시는 것입니다.

백성들만이 하나님의 것이 아닙니다. 하나님께서는 "땅도 내 것"이라고 선포하십니다. 약속의 땅은 하나님께서 주셨지만 그건 잠시 그곳에서 살라고 주신 것이지 소유권을 주장하며 사고팔고 빼앗는 땅이 아니라는 것입니다. 하늘, 공기, 물… 이 모든 것을 자연 생명체가 다 누리라고 한 것을, 힘 있고 재리에 밝은 몇몇이서 금 긋고 소유권을 주장하는 것은 하나님께서 싫어하신다는 겁니다. 이런 하나님의 뜻이 "말라"란 금지 계명 안에 다 들어있습니다. "토지를 영구히 팔지 말 것은 토지는 다 내 것임이니라 너희는 거류민이요 동거하는 자로서 나와 함께 있느니라"(레위기 25:23).

우리가 지난 시간에 쉼에 대해서 묵상을 했습니다만 안식일은 6일 일하고 일곱 번째 날이죠. 6년 일하고 난 다음 해 7년째가 안식년이었어요. 그러면 희년(jubilee)은 언제일까요? 안식년이 7번 지나고 그 다음 해, 그러니까 매 50년마다 오는 것이 희년이었습니다. 축적하지 않고 하나님의 뜻 안에서 하나님의 질서 안에서 살려고 노력하고 7년씩을 일곱 번 살았는데, 그럼에도 불구하고 인간적인 재능이나 인간이 가지고 있는 능력의 차이 때문에 더 많이 누리는 삶을 살게 되었다면, 그때는 기쁜 해, 희년을 선포하라고 하십니다.

> 너희는 오십 년째 해를 거룩하게 하여 그 땅에 있는 모든 주민을 위하여 자유를 공포하라 이 해는 너희에게 희년이니 너희는 각각 자기의 소유지로 돌아가며 각각 자기의 가족에게로 돌아갈지며(레위기 25:10).

너희는 잠시 여기 머무는 것이다. 나와 함께 너의 생명 있는 동안 있는 것이지 이 안에 이 땅에 영구히 너의 것은 없다는 말씀입니다. 이 선포를 근거로 해서 빚을 못 갚아서 너에게 와서 노예로 있는 이웃이 있으면 50년째는 무조건 빚을 다 탕감해주라는 것입니다. 자기 몸이 팔린 해로부터 희년까지를 계산하여 그가 이같이 속량되지 못하면 희년에 이르러는 그와 그의 자녀에게 자유를 부여하라는 것입니다. 남은 날 동안 가족과 같이 살도록 돌려보내라는 당부이십니다. 빚이 많은 사람들도 50년째가 되면 빚을 그냥 탕감해주라는 것입니다. 적어도 가난의 대물림을 너의 대에서 그치라는 말씀입니다.

> 너와 함께 있는 네 형제가 가난하게 되어 네게 몸이 팔리거든 너는 그를 종으로 부리지 말고 품꾼이나 동거인과 같이 함께 있게 하여 희년까지 너를 섬기게 하라(레위기 25:39-40).

이런 계명들은 하나님께서 이스라엘 공동체 전체를 향해서 하시는 말씀이지만, 특별히 더 가진 사람, 있는 사람들을 향해서 하시는 말씀인 것을 알 수가 있습니다. 탕감을 해 줄 거리가 있어야 희년의 질서를 선포하고 실천할 것 아닙니까. 이스라엘 사람들이 오늘날 전 세계의 금융계를 꽉 잡고 있습니다만, 어찌 보면 이는 역사의 아이러니입니다. 나라 잃고 정착할 땅도 없고 타국으로부터 배척받으며 결국은 먹고 살 길의 일환으로 '돈놀이'하다가 금융업계의 승자가 된 이스라엘 사람들이지만, 그들의 출발점은 정 반대였습니다. "이자 받지 마라, 너의 이윤을 추구하기 위해서 이웃에게 뭘 꾸어 주지 말라"("너는 그에게 이자를 위하여 돈을 꾸어 주지 말고 이익을 위하여 네 양식을 꾸어 주지 말라" 레위기 25:37)는 계명을 받았던 사람들이니까요.

학생들에게 희년의 질서를 설명해주면 그야말로 아연실색합니다. 태어날 때부터 자본주의적 원리로 살아온 아이들로서는 당연히 놀랄 일입니다. 채권을 포기한다는 것, 그게 어디 쉬운 일이겠습니까? 부당함, 심지어 부정의함이라고까지 반발하더군요. 하지만 제가 되물으면 생각들이 많아집니다. 현대는 기회균등, 공정한 경쟁을 전제로 한다. 그런데 너희들이 소위 '금수저' '흙수저'라고 자조하듯이 실제적 출발선이 동등하지 않은 부분에 대해서는 어떻게 생각하는가? 부도 가난도 되물림 되는 구조를 그냥 두는 것이 정의라고 생각하느냐? 가난한 친구들일수록 희년의 질서를 더 빨리 이해합니다. 정말 예수님의 말씀이 맞습니다. 하나님 나라에서 꼴찌가 첫째가 된다는 것도 그 의미 아닐까요? 빚 탕감 받은 것이 많은 사람이 이 대안적 질서에 누구보다도 먼저 기쁨으로 '아멘' 할 수 있습니다. 부자가 하나님 나라에 들어가는 것은 낙타가 바늘귀를 통과하는 것보다 어려운 일이 맞습니다. 그러나 하나님으로 난 자는 부자라 해도 권력자라 해도 이 기쁨을 함께 누릴 수 있습니다. 그 모든 것들이 사실은 하나님의 것이기 때문입니다. 탕감을 받는다면 당연히 기쁘겠지만 탕감을 해주는 자도 마찬가지로 나를 지금까지 인도하신 하나님, 나로 이만큼 누리게 하셨던 하나님께 감사하면서 기쁘게 그걸 탕감해줄 수 있습니다.

아하, 나는 평범한 소시민이니까 비교적 지키기 쉬운 계명들이네. 그리 안심할 것도 아닙니다. 일례로 '거짓 증거' 항목만 보아도 그렇습니다. '거짓 증거'라고 하니까 우리가 꼭 법정에 설 일이 있어야만 저지르는 행위 같지만, 실상은 조직의 이익을 위해서 강요받는 크고 작은 '거짓 증거'들이 참으로 많다는 것을 우리는 압니다. 내부자들끼리 거짓증거물들을 모으고 거짓증거에 동참하라고 압력을 넣는다면 어떻게 하시겠어요? 예를 들어서 의료 사고 같은 것 말입니다. 전문가 집단인 의사들이 증거를 조작하면 평범한 일반인인 환자들로서는 진위를 파악하기 참 어렵습니다. 나는 그저 인턴일 뿐인데, 지도교수님이 하라는데, 할 수 없지, 뭐. 이렇게 정당화하면서 병원의 편에 서기 쉽습니다. 학교도 회사도, 그 어느 조직에서도 마찬가지죠. 하지만 여호와께서는 분명하게 말씀하십니다. 이웃에게 해를 끼치는 거짓증거는 하나님이 싫어하시는 행동이라고요. 그런 부분에 대해서 하지 말라고 분명히 말씀하시는 것입니다. 도둑질도 마찬가지입니다. 내 부하직원의 실적을 내 것으로 슬쩍 둔갑시키는 것, 시간 외로 일을 시키고 업무 범위 외의 일을 명령하는 것, 이런 것들도 다 '도둑질'입니다. 십계명을 어기는 행위입니다.

이 사람, 답답하네. 은혜의 시대에 왜 율법주의적 계명을 강요하지? 이렇게 편한 마음이시라면 예수님의 말씀으로 답하겠습니다. "내가 율법이나 선지자를 폐하러 온 줄로 생각하지 말라. 폐하러 온 것이 아니요 완전하게 하려 함이라"(마태복음 5:17). 율법주의는 죽은 '주의'입니다. 그러나 율법 '정신'은 늘 살아 있어야 합니다. 이웃과의 관계에서 권위를 나누고 소유를 나누며 수평적 관계성을 만들어 가는 삶, 그것이 여호와께서 이 세상의 '대안'으로서 이스라엘이, 그리고 신앙공동체가 건설하기를 바라시는 삶이라고 믿습니다.

기도

사랑의 하나님, 이웃과 이웃 사이에 꼭 지켜야 할 여섯 가지 계명을 오늘 묵상해 보았습니다. 우리 한 사람 한 사람이 양심적으로 살아내는 것도 중요하지만, 이 땅에서 생명이 풍성하고 아름다울 수 있는 공동체를 만드는 것이 하나님의 궁극적인 뜻임을 고백합니다. 저희의 삶 속에서도, 저희가 속한 이 사회 가운데서도, 비록 작고 연약한 힘이지만 하나님의 나라를 이루는데 구체적으로 참여할 수 있는 그리스도인이 되게 하여 주시옵소서. 삶을 통해 그 모습을 보여주셨고 또 그 길로 우리를 인도해주신 예수님의 이름으로 기도합니다. 아멘.

하나님께서 이 땅에 이루시기를 원하는 인간 공동체에는 거짓도 탐욕도 도둑질도 살인도 없습니다. 우리가 가진 권위를 나누고 소유를 나누며 대안적 질서를 이 땅에서 살아가는 하나님의 거룩한 제사장들이 됩시다.

여선지자 미리암의 리더십

출애굽기 2장, 민수기 12장

오늘은 한 인물에 집중해보려고 합니다. 모세의 누이로 알려져 있는 '미리암'입니다. 흥미로운 것은 미리암 앞에 붙는 수식어예요. 성경은 미리암을 부를 때 '선지자' 미리암이라고 칭합니다. 여자는 머리 수를 셀 때조차 끼워주지 않던 시절인데, 여호와의 영과 함께 하는 지도자에게 붙여주던 '선지자'라는 호칭을 여자에게 붙여주는 겁니다. 놀라운 일이지요. 사실, 히브리 원어로 '미리암'은 '높여진 자'라는 뜻을 가집니다. 스스로 높아진 자가 아니라 높여진 자라는 것이 우리에게 시사하는 바가 크다고 생각해요. 미리암은 이스라엘 공동체에서 어떤 역할을 했길래, 하나님과 사람들에게 귀히 평가받고 기억되고 '높여'졌을까요?

미리암의 '살리는' 리더십

성경에 나와 있는 미리암의 에피소드는 크게 셋입니다. 그 첫째는 소녀시절의 이야기죠. 미리암은 지혜로운 누나였던 것 같습니다. 일곱 번째 만남에서 살펴본 바와 같이 산파 십브라와 부아가 히브리 남자아이들을 살리려고 했음에도 불구하고 결국은 애굽 왕에 의해서 많은 아이들이 죽임을 당하던 시절 이야기입니다. 우선 본문을 볼까요?

> 레위 가족 중 한 사람이 가서 레위 여자에게 장가들어 그 여자가 임신하여 아들을 낳으니 그가 잘생긴 것을 보고 석 달 동안 그를 숨겼으나 더 숨길 수 없게 되매 그를 위하여 갈대 상자를 가져다가 역청과 나무 진을 칠하고 아기를 거기 담아 나일 강 가 갈대 사이에 두고(출애굽기 2:1-3).

모세는 엄마 '요게벳'(민수기 26:59 참조)이 석 달 동안 숨겨 키웠습니다. 성경에는 모세가 "잘 생긴 것을 보고" 숨겼다고 기록되어 있지만, 어느 엄마가 아들 생긴 모양을 보고 살릴지 죽일지를 결정할까요. 그저 내 아기이고 사랑스러운 생명이니 지키려고 최선을 다한 것이겠지요. 하지만 백일 무렵의 아기를 길러보셨다면 다 알 일입니다. 나서 잠만 자던 때는 지나고 이제는 울음소리가 우렁찹니다. 군인들 뿐만이 아니라 이웃 이집트인들도 혈안이 되어 히브리 남자아기들을 찾고 있는 와중입니다. 들킬 일은 시간문제겠지요. 결국은 하나님께 온전히 생사의 운명을 맡기고 아기 모세를 나일 강가 갈대발 사이에 두기로 합니다. 역청을 정성스레 바르고 나무진을 칠해 물이 스며들지 않게 한 갈대상자를 준비했어요. 그리고 소중한 아가 모세를 넣은 바구니를 갈대들 사이에 살짝 끼워서 띄워놓은 상황입니다. 만화영화 〈이집트 왕자〉를 보고 자란 세대는 마치 요게벳이 (감성 넘치는 자장가와 함께) 그 넓고 깊은 나일강에 모세를 둥둥 띄워 그냥 흘러가도록 했다고 생각하지만, 성경의 묘사에 따르면 그렇지 않아요. 강 지류의 얕은 곳에 자라난 갈대나무들 사이에 끼워놓습니다. 누군가 발견해주기를 바라는 마음이었을 겁니다.

> 그의 누이가 어떻게 되는지를 알려고 멀리 섰더니, 바로의 딸이 목욕하러 나일 강으로 내려오고 시녀들은 나일 강 가를 거닐 때에 그가 갈대 사이의 상자를 보고 시녀를 보내어 가져다가 열고 그 아기를 보니 아기가 우는지라. 그가 그를 불쌍히 여겨 이르되 이는 히브리 사람의 아기로다(출애굽기 2:4-6).

엄마가 시켰는지 아니면 미리암 자신이 스스로 했는지 모르지만 미리암은 갈대상자가 어떻게 되는지 보고 있었습니다. 때마침 바로의 딸, 그러니까 이집트 공주가 목욕을 하러 나왔다가 이 상자를 본 것입니다. 열어봤더니 백일쯤 된 아기가 있습니다. 금세 알았겠죠. 어느 엄마가 그렇게 정성들여 만든 갈대상자에 제 아기를 넣어 버리겠어요? 키울 수 없는 아이라면 당연히 히브리 아이겠구나, 감이 왔을 겁니다. 이 모든 걸 미리암이 보고 있었습니다. 그리고 아주 적절한 때에 공주 앞에 나타나 제안을 합니다.

그의 누이가 바로의 딸에게 이르되 내가 가서 당신을 위하여 히브리 여인 중에서 유모를 불러다가 이 아기에게 젖을 먹이게 하리이까 바로의 딸이 그에게 이르되 가라 하매 그 소녀가 가서 그 아기의 어머니를 불러 오니 바로의 딸이 그에게 이르되 이 아기를 데려다가 나를 위하여 젖을 먹이라 내가 그 삯을 주리라 여인이 아기를 데려다가 젖을 먹이더니(출애굽기 2:7-9).

짧다면 짧은 이 에피소드를 보며 저는 이런 상상력을 펼쳐 보았습니다. 어쩌면 미리암은 동생 모세를 살리기 위해서 처음부터 주도면밀하게 계획했던 것이 아닐까? 미리암의 신앙이 적었다는 것이 아닙니다. 인간의 살고 죽음이 하나님께 있다는 신앙고백은 흔들리지 않았을 겁니다. 다만, 하나님께 의지하는 것과 더불어 미리암은 '사람의 몫' 그러니까 인간이 할 수 있는 최선을 다하지 않았을까, 하는 생각이었습니다. 아기바구니가 발견되고 살아나기 가장 높은 확률을 계산해야 합니다.

누가 봐도 히브리 아기임에 틀림없는 모세를 왕의 명령을 거스르면서까지 데려다가 기를 수 있는 힘을 가진 사람이어야, 모세는 삽니다. 높은 사람, 더구나 왕의 딸이라면 그야말로 적격이죠. 만약 자신의 거주지 근처에 바로의 딸이 자주 목욕을 하러 오는 것을 알고 있었다면 미리암은 필시 공주의 목욕장소 부근 갈대밭 사이에 아기

바구니를 두었겠지요. 물론 확률은 반반입니다. 비록 같은 여자이지만 바로의 딸입니다. 여자로서 어린 생명을 보면서 너그러움을 가질 수도 있지만 "어, 히브리인 아냐?"하고 치워버리라고 명령할 수도 있는 것입니다.

그러니 미리암은 얼마나 조마조마하며 그 장면을 지켜보고 있었겠어요. 어쩌면 미리암은 바로의 딸의 표정을 하나라도 놓칠세라 열심히 쳐다보고 있었겠지요. 잔뜩 긴장한 채 공주의 안색을 살피는 미리암이 그려집니다. 그런데 미리암은 공주의 표정에서 희망을 본 것 같습니다. 성경은 바로의 딸이 모세가 우는 것을 보고 "불쌍히 여겼다"고 쓰고 있습니다. 그 표정이 얼굴에 그대로 드러났겠지요. 그러니까 재빨리 뛰어나간 것 아니겠습니까? 주도면밀하고 차분한 미리암은 용감하기까지 합니다.

> 그의 누이가 바로의 딸에게 이르되 내가 가서 당신을 위하여 히브리 여인 중에서 유모를 불러다가 이 아기에게 젖을 먹이게 하리이까(출애굽기 2:7).

쉽지 않은 일입니다. 본문을 읽을수록 감격스럽습니다. 바로의 딸과 히브리 여인의 대칭 구조를 가지고 있는 굉장히 대담한 제안이거든요. "히브리 아기를 죽이라 명한 바로의 딸인 당신을 위해서 내가 히브리 여자를 데려다 아기를 살리게 하오리이까?" 공주의 아버지는 히브리 여인이었던 십브라와 부아에게 자신의 편에서 아기들을 죽일 모의에 가담하라고 초청했었는데, 이 작은 히브리 소녀는 왕의 딸에게 반대의 초청을 합니다. 당신 아버지의 명을 어기고 이 아기를 살리는 일에 동참하겠어요? 공주가 바보가 아니라면 미리암의 이 당돌한 제안에 등장하는 '히브리 여인'이 누구일지는 짐작이 갈 일입니다. 하하, 요 녀석 봐라! 사실 히브리 아이를 죽이지 않고 명령을 어긴 채 갈대상자에 넣어 이곳에 두었다는 것 자체가 불법입니다. 그러고도 '뻔뻔'하고 '당당'하게 아기의 누이는 제 엄마를 데려다가 젖을 먹여 기르게 하자고 제안을 하고 있는 겁니다. 감히 바로의 딸을 상대로 말이죠. 어쩌면 바로의 딸은 이 모든 상황을 감을 잡고도 지혜로운 소녀의 당돌함과 용기에 손을 들어 주었을지도 모릅니다.

> 바로의 딸이 그에게 이르되 이 아기를 데려다가 나를 위하여 젖을 먹이라 내가 그 삯을 주리라 여인이 아기를 데려다가 젖을 먹이더니(출애굽기 2:9).

사실 유모를 구한다면 이집트인 중에서도 충분히 구할 수 있는 일입니다. 그럼에도 바로의 딸은 소녀의 간구를 허용했고 결국 미리암의 지혜 덕분에 모세의 엄마는 자기 아기를 품에 안아 키울 수 있었습니다. 그러고 보니 모세의 어머니는 양육비도 받고 떳떳하게 내 아이를 키운 셈이네요? 감히 공주의 명령이니 이집트 사람들인들 어찌 하지 못했을 거구요. 자신의 품에서 키웠으니 얼마나 애정을 가지고 잘 키워냈겠어요. 이 모든 일을 어린 소녀 미리암이 담대하게, 지혜롭게 했던 것입니다. 될성부른 나무는 떡잎부터 알아본다더니 소녀 시절의 미리암은 이렇게 지혜롭고 용감한 소녀였어요. 진짜 한 편의 영화나 드라마 같지요?

구원 역사의 해석과 선포자

자라서 성인이 된 미리암의 이야기는 출애굽 직후의 에피소드에 등장합니다. 출애굽기 15장입니다. 마지막 재앙이었던 장자의 죽음 이후 이스라엘 사람들이 길을 떠날 수 있게 허락했던 이집트의 왕은 변심을 합니다. 물론 모세는 이스라엘의 하나님께 예배를 드리기 위해 사흘 길쯤을 떠나겠다고 했지만, 도망치려 했다는 것을 왕이 몰랐을 리 없습니다. 그저 단순한 제의 행사 후에 돌아올 사람들이라고 믿었다면, 숱한 재앙 속에서 그 길고 치열했던 줄다리기를 계속했을 리 만무하죠. 뻔히 알지만, 아들 잃은 슬픔에 잠시 정신이 혼미했었는지도 모르겠습니다.

> 그 백성이 도망한 사실이 애굽 왕에게 알려지매 바로와 그의 신하들이 그 백성에 대하여 마음이 변하여 이르되, 우리가 어찌 이같이 하여 이스라엘을 우리를 섬김에서 놓아 보내었는가 하고(출애굽기 14:5).

다시 정신을 차린 것이든 아니면 마음이 바뀐 것이든, 어찌되었든 이집트 왕은 이제 이스라엘을 뒤쫓습니다. 기독교 성경을 잘 알지 못해도 대부분의 사람들이 익숙하게 들어온 유명한 이야기인 '홍해의 기적'은 이때 일어났죠. 사실 히브리 원어 성경에는 홍해가 아니고 '갈대바다'라고 적혀 있어요. 또한 본문에서는 모세의 지팡이가 일으킨 기적과 더불어, 하나님께서 보내주신 바람이 밤새 물을 밀어 사람들이 건너갈 수 있게 만들었다는 표현도 읽을 수 있습니다. 이런 것들을 근거로 학자들은 이스라엘 사람들이 건넌 지점이 수심이 깊은 홍해가 아니라 보다 북쪽에 위치한 비교적 얕은 수심의 갈대가 많이 있는 한 지류였을 것이라고 추정합니다. 하지만 무엇이 더 역사적으로 신빙성이 있느냐는 오늘의 주제가 아닙니다. 중요한 것은 아주 '기적적으로' 바다가 갈라지고 사람들이 안전하게 물러난 덕분에 이스라엘 사람들이 잡히지 않고 다 살아났다는 것이죠. 이것이 여호와의 은혜라는 신앙고백이구요. 미리암은 이 대목에서 등장합니다. 소고를 잡고 춤을 추면서요.

> 바로의 말과 병거와 마병이 함께 바다에 들어가매 여호와께서 바닷물을 그들 위에 되돌려 흐르게 하셨으나 이스라엘 자손은 바다 가운데서 마른 땅으로 지나간지라 아론의 누이 선지자 미리암이 손에 소고를 잡으매 모든 여인도 그를 따라 나오며 소고를 잡고 춤추니 미리암이 그들에게 화답하여 이르되 너희는 여호와를 찬송하라 그는 높고 영화로우심이요 말과 그 탄 자를 바다에 던지셨음이로다 하였더라(출애굽기 15:19-21).

"너희는 여호와를 찬송하라 그는 높고 영화로우심이요 말과 그 탄 자를 바다에 던지셨음이로다." 이것은 성경에 나오는 가장 오래된 찬송시예요. 작사만 한 것이 아니라 소고도 치고 춤을 추며 여호와를 찬양했습니다. 혼자만이 아니었어요. 그가 노래를 부르고 손에 소고를 잡자, 모든 여인들이 그녀를 "따라 나오며" 소고를 잡고 춤을 추었다고 합니다.

한 번 상상해보세요. 풍경이 그려지지요? 눈앞에서 놀라운 광경이 펼쳐졌습니다. 터벅터벅 걸어서 도망 나온 히브리인들의 눈에, 흙먼지를 일으키며 뒤쫓아 온 병거와 마병은 얼마나 위협적인 존재였겠습니까? 두려움에 떨었겠지요. 만감이 교차했을 일입니다. 괜히 모세 따라 나왔다가 처참하게 죽겠구나. 그런데 연이어 벌어진 사건들은 직접 경험하고도 믿기가 어려웠습니다. 기적처럼 바닷길이 열려 안전하게 건넜습니다. 그러나 자기들이 건너온 그곳에 애굽왕의 병거와 마병들이 "던져져" 있습니다. 모세와 아론조차도 '유구무언'이던 그 시점에서 미리암은 소고를 들었습니다. 먼저 앞장서서 소고를 칩니다. 여인들이 화답합니다. 한 두 여인들이 아닙니다. "모든 여인들"이라고 기록되어 있습니다. 평소 이 공동체에서 미리암이 어떤 역할을 했는지가 드러나는 대목입니다. 그저 한 개인이었다면 저 상황에서 소고 치며 춤을 춘들 다들 '뜨악' 했을 일입니다. 그러나 "모든 여인들"은 자연스럽게 미리암의 초청에 화답합니다. 그 화답이 정점에 이르자 미리암은 찬양시를 읊습니다. "너희는 여호와를 찬송하라 그는 높고 영화로우심이요 말과 그 탄 자를 바다에 던지셨음이로다."

출애굽기 15장은 순서상으로는 모세의 찬양시가 먼저 배치되어 있지만, 학자들은 역사적으로는 미리암의 찬양시가 더 오래되었을 것이라는 입장을 지지합니다. 모세의 찬양시는 굉장히 길고 표현이 장황합니다. 언어도 잘 다듬어져있고 구성면에서 '앉아서' 탈고에 윤문을 거쳤을 가능성이 큽니다. 더구나 그 안에 신학적이고 역사적인 '리뷰'가 등장합니다. 막 일어난 놀라운 사건 앞에서 '실시간'으로 읊었다고 하기에는 다소 무리가 있습니다. 그러나 미리암의 찬송시는 매우 짧고 즉흥적이며 현장감이 넘칩니다. 문체도 달라요. 서술된 본문 단위 자체도 이제 막 일어난 사건을 보고 미리암이 '즉석에서' 한 행동이라고 묘사되어 있습니다.

방금 일어난 사건에 대해 이를 '여호와의 구원사건'이라고 해석하고 선포하고 찬양한 이는 "아론의 누이"요 "선지자"(출애굽기 15:20)인 미리암이었습니다. 여호와의 선지자로서 미리암은 알고 있었습니다. 이것은 높고 영화로운 여호와의 구원행위다. "말과 그 탄 자를 바다에 던지"시는 것이 어떻게 구원행위일 수 있을까요? 물론 이스라엘의 입장에서야 명백한 구원이지만, 이 사건을 신의 이름으로 보편화시키는 것은 무리가 있어 보입니다. 이집트 병사들 입장에서는 어이없는 죽음일 테니까요. 제 아들 녀석도 유치원 시절에 이 성경 본문을 읽어주자 대뜸 묻더군요. "하나님은 이집트 군사들과 말들은 사랑하지 않으시나요?"

만약 그런 편애의 하나님이시라면 저 역시 하나님의 사랑과 구원에 대해 의문이 들었을 겁니다. 하지만 미리암의 이 자신에 찬 노래에는 깊은 신앙고백이 담겨 있습니다. “힘 있는 사람들, 말과 병거로 상징되는 저 권력자들은 지금 우리를 ‘죽이려’ 달려온 거다. 하나님께서는 ‘죽이려’는 힘을 그치지 않는 사람들로부터 약자들을 구해내시는 구원의 하나님이시다. 그러니 힘 없는 자들아, 너희는 구원의 하나님을 찬양하여라. 그리고 힘 가진 자들아, 두려워하며 기억할지어다. 죽이려는 데 힘을 쓰는 자들의 최후가 어떠한 지를…. 그 완악함을 멈추지 않았을 때에 어떤 재앙을 만날 지를….”

미리암의 말뜻이 ‘높여진 자’라는 것을 기억한다면, 그녀의 이름과 행위는 이 사건의 해석과 너무나 잘 맞물립니다. 하나님께서는 미천한 자들은 높이시고, 스스로 높아져서 말 위에 있는 자들은 낮추시는 분이라는 것, 아니 미리암의 표현대로라면 “던져버리신다”는 것을 신앙고백 하는 한 히브리 여인, 그녀의 이름이 ‘높여’졌습니다.

이스라엘이 아직 성전을 짓기 전이요 사제 계급이 출현하기 전이지만, 저는 미리암이야말로 선지자를 넘어 사제적 역할까지도 감당한 리더가 아니었나, 그런 생각을 해보았습니다. 물론 후대로 가면 예언자의 기능과 사제의 기능은 분화되고 구별됩니다만, 미리암 시절이라면 통합적 역할도 가능하다고 봅니다. 고대 제의에는 신을 기쁘게 해드리는 춤과 노래, 음악이 항상 함께 따라왔었으니까요. 해석은 남자 사제가 따로 하고, 구원 선포도 남자 선지자가 따로 한 상태에서 추임새만 넣어주던 ‘무용수 미리암’이 아니었습니다. 이스라엘 공동체에게 그녀가 어느 정도로 위대했었는지는 미가서를 보아도 알 수 있습니다. 미가는 훨씬 후대에 왕국이 진행되고서도 한참 지난 뒤의 예언자입니다. 기원전 8세기 정도라고 추정이 되는 예언자의 글(미가 6:4)임을 염두에 두고 다음 본문을 읽어보겠습니다.

> 내가 너를 애굽 땅에서 인도해 내어 종노릇 하는 집에서 속량하였고 모세와 아론과 미리암을 네 앞에 보냈느니라(미가 6:4).

모세, 아론, 미리암. 삼남매가 다 등장했네요. 그런데 주목할 점은 이 세 이름이 대등한 관계로 나열되어 있다는 겁니다. 당시의 문화적 배경을 생각한다면 놀라운 일입니다. 그녀가 가지고 있는 리더십이 얼마나 확고했으면 기원전 8세기 이스라엘 후손들에게 설명할 때도 부연설명 없이 바로 세 사람의 이름을 나열할 수 있었을까요? 출애굽 당시에만 반짝했던 지도자였다면 미가의 시대쯤 오면 잊혔을 일입니다. 모세와 아론은 워낙 인지도가 있는 지도자였으니 그 두 이름만 살아남아 전해졌을 수도 있죠. 그러나 하나님의 구원 계획을 위해 공동체를 위해 "먼저 보냄을 입은" 자로서 모세와 아론, 미리암을 나란히 언급한다는 것, 이것은 결코 쉽게 지나칠 일은 아니지 싶어요. 적어도 이렇게 셋이 나열되어 있을 때 후세의 이스라엘 사람들이 의문이나 질문 없이 바로 받아들이고 인정했을 만큼, 미리암은 오래도록 공동체에게 매우 중요한 여선지자였음에 틀림없습니다.

공동체가 믿은 지도력

모세와 아론과 대등한 지도력을 가지고 있었던 여선지자 미리암! 당시에는 드물었던 여성 리더였던 그녀의 세 번째 에피소드는 조금 슬픈 이야기입니다. 많은 사람들 앞에서 늘 앞서서 하나님 말씀을 대변했던 미리암이건만, 성경 본문에 따르면 그녀가 벌을 받고 공동체 밖으로 축출 당한 사건이 있었다고 하네요. 도대체 무슨 일 때문에 미리암은 벌을 받았을까요? 당시 정황에 대한 민수기의 기록입니다.

> 모세가 구스 여자를 취하였더니 그 구스 여자를 취하였으므로 미리암과 아론이 모세를 비방하니라 그들이 이르되 여호와께서 모세와만 말씀하셨느냐 우리와도 말씀하지 아니하셨느냐 하매 여호와께서 이 말을 들으셨더라 이 사람 모세는 온유함이 지면의 모든 사람보다 더하더라 여호와께서 갑자기 모세와 아론과 미리암에게 이르시되 너희 세 사람은 회막으로 나아오라 하시니 그 세 사람이 나아가매(민수기 12:1-4).

출애굽 이후에 한참 시간이 지난 시점의 이야기입니다. 시나이 산에서 율법을 받은 이스라엘 백성들은 하나님이 거하시는 회막(성막)을 지었습니다. 아론과 그의 아들들은 제사장으로 위임을 받아서 제사장 직무를 수행하고 있었죠. 공동체 전체가 한치 앞을 내어다 볼 수 없을 만큼 하루하루 도전적으로 살아가던 삶 자체는 많이 안정이 된 공동체가 된 것입니다. 어느 공동체나 그렇지만 외부의 적이 없거나 당장의 긴박한 문제들이 줄어들었을 때엔 공동체 내부의 갈등이 부각되기 마련입니다. 이 삼남매의 리더십에서도 그러했습니다.

본문에서 아론과 미리암은 모세의 잘못을 지적하고 있습니다. 구스(미디안 족속) 여자랑 결혼한 것을 문제 삼고 있습니다. 사실 모세는 이집트 왕자 신분으로 나이 마흔이 되도록 왕궁에서 지내다가 히브리인을 학대하는 이집트인을 죽인 사건으로 미디안 광야로 도망을 갔었죠. 그 시절에 모세는 이미 미디안 제사장 가문의 딸 십보라와 결혼을 한 상태였습니다. 이 '구스' 여자가 두 번째 아내냐 아니면 십보라냐는 학자들에 따라 견해가 다릅니다. 일단 '구스'란 미디안 족속을 의미하니까 이 기록만으로는 그 어느 쪽도 충분히 입증하기 힘들어 보입니다. 물론 둘 다 가능성이 있고요.

하지만 이 본문에서 중요한 사실은 모세가 이방여인하고 결혼을 했느냐, 초혼이냐 재혼이냐의 문제가 아닙니다. "여호와께서 모세와만 말씀하셨느냐 우리와도 말씀하지 아니하셨느냐?" 아론과 미리암이 주장하고 싶었던 부분은 바로 이것입니다. 모세가 어떤 특정한 잘못을 했다는 것보다, 이스라엘 공동체에서 모세가 차지하고 있는 독보적인 리더십에 대한 문제제기입니다. 마치 혼자서만 여호와와 소통하는 줄 아는구나. 우리도 하나님과 소통하는 선지자들이다. 권위에 대한 주장입니다. 리더십에 있어서 너만 선지자냐 우리도 선지자다, 이런 이야기죠.

셋이 힘을 합쳐 난관을 헤쳐 나가도 약속의 땅까지 '갈 길이 구만리'인데, 리더십을 가지고 투닥거리는 모습에 여호와께서 많이 속상하셨나 봅니다. “너희 세 사람은 회막으로 나아오라.” 굉장히 근엄하고 심각한 장면인데 저는 자꾸 웃음이 납니다. 마치 삼남매가 싸우니까 아버지가 한데 불러 놓고 관계 정리를 하시는 모습과도 같습니다.

> 이르시되 내 말을 들으라 너희 중에 선지자가 있으면 나 여호와가 환상으로 나를 그에게 알리기도 하고 꿈으로 그와 말하기도 하거니와 내 종 모세와는 그렇지 아니하니 그는 내 온 집에 충성함이라 그와는 내가 대면하여 명백히 말하고 은밀한 말로 하지 아니하며 그는 또 여호와의 형상을 보거늘 너희가 어찌하여 내 종 모세 비방하기를 두려워하지 아니하느냐(민수기 12:6-8).

성경 본문을 그대로 읽더라도 일단 이 세 사람은 대단합니다. 적어도 이들은 하나님 말씀을 직접 들을 수 있는 사람들인 것 같습니다. 상상해보면 매우 대단합니다. 셋을 회막에 다 불러놓고 여호와께서 한 번에 이야기를 하시고 계시잖아요. 중간 전달자는 없습니다. 거침없이 얘기를 하시네요. 성경 안에서도 쉽지 않은 광경입니다. 하나님과 사람‘들’ 사이에서 이렇게 4자 대면을 하며 ‘프리 토킹(free-talking)’을 하는 경우가 어디 또 있겠습니까? 여호와께서 이리 말씀하시네요. “그래 내가 분명히 꿈이나 환상으로 때로는 말씀으로 너희들한테 나타내는 것 맞다. 그렇다고 해서 너희 모두가 깨닫고 알고 있는 것들이 항상 옳고, 항상 같은 것은 아니다. 나는 너희들 중에서도 특히 모세의 겸손함과 충직함을 보면서 모세와는 명백하게 해석의 가능성도 없이 소통하고 있다. 그런데 감히 너희 사이에서 내 영과 소통함을 놓고 서로 비방하고 권위의 위계를 정하려 하느냐?" 이런 이야기이죠.

이 부분을 해석하는데도 여러 학자들마다 의견이 분분합니다. 율법도 있겠다, 공동체도 어느 정도 안정적이겠다, 곧 가나안 땅으로 들어가야 하는데 일종의 서열 정리와도 같은 '리더십의 위계'가 정해지는 사건이라고 보기도 합니다. 여성신학자들은 출애굽 이후 매우 명백해 보이는 미리암의 리더십을 약화시키려는 '가부장적' 시도가 이 본문에 반영되어있다고 풀기도 합니다. 그런 근거 중 하나로 늘 모세, 아론, 미리암의 순서로 호명하는 구약 성경이건만, 유독 이 본문에서만큼은 '미리암과 아론'이라고 하여 미리암이 마치 '주동자'인양 부정적인 뉘앙스를 전달하고 있음을 예시로 듭니다. 사실 이런 방식의 해석에 대해 "여자들이 피해의식이 심하구나"하며 편파적인 해석이라고 무시해버리기 힘든 부분이 있습니다. 본문은 모세의 리더십에 도전한 벌로 오직 미리암의 피부만이 하얗게 되는 피부병에 걸렸다고 전하고 있으니까요.

> 구름이 장막 위에서 떠나갔고 미리암은 나병에 걸려 눈과 같더라 아론이 미리암을 본즉 나병에 걸렸는지라(민수기 12:10).

미리암 입장에서는 억울할 일입니다. 십분 양보해서 모세가 '온유하고' '충성스럽고' '하나님과 대면하여 말한다'고 합시다. 그래서 셋 사이의 리더십에 있어서 '독보적'이라고 인정할 지라도 여전히 의문은 남습니다. 도대체 왜 미리암만 벌을 받아야 하나요? 아론은 제사장이라서 성직 수행을 위해 면제받았다고 말하기도 합니다. 나병을 위시하여 피부병 걸린 자는 '부정함'으로 인식되어 제의를 집전하는 것이 불가능했으니까요. 조금 전에 언급했던 이름의 순서를 근거로 미리암이 더 적극적으로 비방했고 아론은 마지못해 따라간 것이라 미리암의 죄가 더 엄중하다고 보기도 합니다.

하지만 저는 이런 논쟁들보다는 이 셋이(혹은 이 본문을 통해 리더십의 서열을 정리하려는 저자조차도) 잊고 있는 '리더십의 근거'입니다. 모세, 아론, 미리암, 이 삼남매의 놀라운 선지자로서의 능력 말입니다. 이게 자기들이 가진 존재론적인 능력인가요? 요새 아이들 말로 '우월한 유전자'인가 하는 점입니다. 아니죠. 이들의 지도자로서의 권위는 하나님의 영에 근거한 능력입니다. 하나님의 영은 선지자들과 교류하십니다. 오직 나만 독점한 영이 아니죠. 때론 나보다 더 깊고 명료하게 하나님의 영과 대면하는 자가 있을 수 있습니다. 영적인 교류는 나이순도 아니고 계급순도 아니고 기술순도 아닙니다. 더 순수하게 더 진실하게 더 열정적으로 하나님을 대하는 사람에게 하나님은 보다 명료한 자기 계시를 주실 겁니다. 모세와 아론, 미리암의 나이 순서를 보면 모세가 막내인데요. 나이가 더 많다고, 내가 먼저 하나님의 영과 소통했다고 해서 무슨 '연공서열'이나 '축적된 지식'마냥 권위를 내세울 수 있는 리더십이 아닙니다. 물론 그 명료한 소통이 한 번

가능했다고 쭉 보장되는 것도 아닙니다.

실은 이 본문에서는 셋 사이의 리더십에 있어 '권위의 위계' 보다는 '권위의 근거'에 대한 묵상을 해보고자 하는 이유가 따로 있습니다. 오늘날 돌이켜 생각할 때 교회 공동체 안에서 먼저 믿었다고 혹은 직분이 조금 더 높다고 해서 마치 내가 모든 걸 다 알고 있는 것처럼 행동하기도 하고 하나님의 뜻을 내가 더 확실하게 받았다고 주장하는 지도자들을 많이 만나기 때문입니다. 어느 자리든 교회에서 리더십을 가진 분이 있다면 돌이켜 성찰해 보아야 하지 않을까요? 이 리더십의 근거가 내 능력이 아니라 하나님의 영과 인간의 순수한 마음 사이에 맞닿음의 진실성에 있다면, '단 하나의 리더십' 혹은 '더 높은 리더십'을 주장할 수 없을 테니까요. 언제나 열어놔야 된다는 것입니다. 내 후배가, 더 늦게 신앙을 가진 사람이, 나보다 더 깊게 하나님과 교류할 수도 있다는 사실, 인간적인 조건과는 상관없이 나보다 더 깊게 하나님을 만나는 사람들이 있을 수 있다는 사실을 늘 겸허하게 인정해야 합니다.

학자로서 저는 이 본문에 대해서 더 복잡한 편집의 결들을 이야기할 수도 있겠습니다만(그리고 사실 여성학자로서 여성신학적 시각에서 이 본문의 다양한 해석을 소개하고 싶은 부분도 있습니다만), 우리는 "성경 사랑방"이잖아요? 오직 본문만 붙들고 그 안에서 길러 올리는 말씀의 묵상을 나누려고 마음먹었습니다. 하여, 미리암의 '죄'는 이런 맥락에서 풀어보아도 좋지 않을까 싶었습니다. 히브리인들의 초기 공동체에서 그녀의 입지가 모세보다 더 먼저였고 연장자였으므로 행여 그녀가 잠시 인간적 교만함에 빠졌던 것은 아닐까, 하고요. 나병(혹은 피부병)은 낫기까지 격리되어야 했습니다. 낫고 난 다음에도 칠일을 밖에 있다가 공동체로 들어올 수 있었죠. 그래서 결국 공동체의 지도자였던 미리암도 공동체 밖으로 쫓겨나 격리됩니다(민수기 12:14). 공동체로부터 축출당한 칠일 동안 미리암은 무슨 생각이 들었을까요? 늘 공동체 앞에 섰던 선지자였기 때문에 굴욕감이나 속상함이 그 누구보다 컸을 수 있습니다. 하지만 오히려 그 칠일 동안 하나님과 온전히 대면하면서 잠시 교만했을 지도 모를 자신의 리더십을 돌아볼 수 있는 계기가 되었을 수도 있죠. 가끔 승승장구하면서 앞서려고 할 때 급작스런 불행들이 찾아오는 경우가 있죠. 기대가 컸던 만큼 낙심함이 더 깊을 수 있습니다. 그러나 돌이켜보면 그것은 오히려 벌이 아니라 회복의 시간이라고 생각합니다. 하나님 역시 미리암을 사랑하셔서 그에게 잠깐 회복의 시간을 주시지 않았을까 생각합니다. 어떤 면에서 그건 선물입니다. 혼자서 하나님을 대면하고 난 뒤에야 "아 하나님 그렇지요. 하나님의 영은 모두에게 공평하게 내려주시는 하나님의 선물이니 내가 자랑할 것이 아니지요." 하고 고백할 수 있지 않았을까요?

이 본문 자체가 주는 또 하나의 감동은 미리암을 대하는 이스라엘 공동체의 태도입니다. 미리암이 하나님을 홀로 대면하던 그 이레 동안 이스라엘 전 진영은 행군하지 않았습니다.

> 이에 미리암이 진영 밖에 이레 동안 갇혀 있었고 백성은 그를 다시 들

어오게 하기까지 행진하지 아니하다가(민수기12:15).

이스라엘 공동체는 미리암을 기다리고 있었습니다. 그리고 병이 낫고 다시 돌아온 미리암과 함께 나가게 됩니다. 그녀가 공동체로부터 사랑받는 지도자가 아니었다면, 모세의 권위에 도전하였다가 하나님께 벌을 받았다고'만' 생각되는 그런 인물이었다면, 그 엄청난 숫자의 전 공동체가 한 발자국도 전진하지 않고 그녀를 기다릴 수 있었을까요? 성경본문이 기록하는 대로 미리암이 교만했었는지, 아니면 남성 리더십을 확고히 하기 위한 에피소드인지, 그것은 아주 후대를 살아가는 우리로서는 가늠하기 힘든 일입니다. 그러나 분명한 것은 이스라엘 공동체가 그녀에게 보냈던 신뢰입니다. 지혜롭고 용감하여 '살리는' 리더십을 보였던 어린 소녀 미리암, 약한 자를 존귀케 하시는 여호와의 구원 역사를 누구보다도 먼저 알고 선포했던 여선지자, 그리고 나이 들기까지 공동체의 신뢰를 받았던 미리암은 스스로 높아진 자가 아니라, 여호와에 의해 그리고 이스라엘 공동체에 의해 '높여진 자'였습니다.

기도

사랑의 하나님, 감사합니다. 부족한 저희 인간들에게 늘 임마누엘로 동행하셔서 말할 바를 알려주시고 선택해야 할 것을 알려주시고 갈 바를 알려주시니 참으로 감사를 드립니다. 그러나 행여 하나님의 그 놀라운 능력을 저희 것이라 생각하여 교만에 빠지지는 않았는지요. 하나님, 저희로 하여금 신앙의 후배들을 늘 하나님의 영을 맡은 자로 동등하게 바라볼 수 있게 하시고 그들의 자라남을 기뻐할 수 있는 신앙 선배가 되게 하여 주시옵소서. 우리가 살면서 마주하는 어려움조차도 신앙 안에서 하나님을 더 바라보고 당신 안에서 더 성숙할 수 있는 기회로 삼는 신자가 되게 하여 주시옵소서. 이 모든 말씀을 예수님의 이름으로 기도합니다. 아멘.

인간의 지식과 분별은 하나님의 영과 끊임없이 교통하는 가운데 화목과 성장의 힘으로 작용합니다.

열네 번째 만남

거룩을 수행하는 삶, 아론과 그의 아들들

레위기 8장, 10장

모세와 미리암까지 살펴보았으니, 삼남매 중에 남은 사람은 이제 '아론'인가요? 아론은 대제사장으로서 이스라엘 공동체 안에서 그 누구보다도 거룩하게 구별된 리더십을 발휘한 인물이지요. 아론 한 사람만이 아니었습니다. 성경에 따르면 여호와께서는 아론의 아들들도 대대로 제사장의 임무를 수행하라고 말씀하셨습니다. 그러고 보면 아론의 가문은 정말 특별한 가문이에요. 전 세계 모든 민족 가운데 제사장 나라가 될 것이라(출애굽기 19:5-6)는 약속을 받은 '선민' 이스라엘 중에서도 '제사장'의 거룩한 역할을 하도록 선택된 가문이니까요. 구별된 민족 중에서도 구별된 사람들이란 의미입니다. 하나님의 거룩을 묵상하고 생각하면서 하나님께 받은 것을 사람들한테 전달하는 역할이 '업(業)'인 사람들이지요.

구별된 사람들, 제사장

도대체 아론은 어떤 특별함이 있었길래 선민 중에서도 선택된 거룩한 가문이 되었을까요? 인간적으로 생각해보면 일단 아론은 조리있게 말을 잘 했던 것으로 보입니다. 모세가 떨기나무 가운데서 여호와로부터 사명을 받으면서 두려워서 못 간다고 했을 때 말이에요. 여호와께서는 형 아론을 곁에 붙여주겠다고 하셨습니다.

> 모세가 이르되 오 주여 보낼 만한 자를 보내소서 여호와께서 모세를 향하여 노하여 이르시되 레위 사람 네 형 아론이 있지 아니하냐 그가 말 잘하는 것을 내가 아노라 그가 너를 만나러 나오나니 그가 너를 볼 때에 그의 마음에 기쁨이 있을 것이라(출애굽기 4:13-14).

제사장이 반드시 언변이 뛰어나야 되는 건 아니겠지만, 생각해보면 '말을 잘하는 것'은 사제들에게 있어 중요한 은사인 것 같기는 합니다. 하나님의 말씀을 감격스럽게 받았다면 그것을 잘 전달해야 할 테니까요. 하지만 아론에게 그런 재능이 있다한들, 아들들이 대대로 그런 언변을 물려받는다는 보장이 있을까요? 생각할수록 이들의 '선택받음'이 궁금해지기는 합니다. 애석하지만 성경 본문 자체로는 가문의 선택에 대해 충분히 이유를 얻을 수 없을 것 같아요. 하여 그 부분에 대한 질문보다는, 선택 이후, 그러니까 제사장 가문이 된 아론과 그의 아들들의 자세에 대해 묵상해볼까 싶어요.

레위기 8장에는 아론과 그의 아들들의 제사장 위임 장면이 나오고, 9장에 이어서 여호와께서 명하신 규정대로 공동체가 드렸던 첫 제사가 묘사되어 있습니다. 그동안 여러 도시국가, 제국에 끼어 살면서 이방인들의 제의는 '구경'해 보았지만, 자신들이 주체가 되어 여호와께서 설명하신 규례대로 제의를 드려보기는 처음인 상황입니다. 얼마나 떨렸을까요? 감격스러웠을 일입니다. 무엇보다 아론과 그의 아들들에 대한 제사장 위임식은 참으로 장엄합니다. 특히 여호와께서 제사장들을 구별하여 입히시려고 직접 명하셨다는 '에봇'을 입히는 장면은 멋지고 폼도 납니다.

모세가 아론과 그의 아들들을 데려다가 물로 그들을 씻기고 아론에게 속옷을 입히며 띠를 띠우고 겉옷을 입히며 에봇을 걸쳐 입히고 에봇의 장식 띠를 띠워서 에봇을 몸에 매고 흉패를 붙이고 흉패에 우림과 둠밈을 넣고 그의 머리에 관을 씌우고 그 관 위 전면에 금패를 붙이니 곧 거룩한 관이라 여호와께서 모세에게 명령하신 것과 같았더라(레위기 8:6-9).

여호와께서 모세에게 명령하신 그대로 옷을 짓고 그 형태대로 입혔다는 건데 꼭 왕위 등극하는 거 같죠? 우선 깨끗이 씻기고 속옷부터 입히고 정말 거룩하게 구별되게 의식을 진행하고 있습니다. 제사장의 에봇이 정확하게 어떻게 생겼는지는 모르겠지만 묘사만으로도 그 화려함이나 구별됨이 느껴집니다. 한 번에 확 입히는 것도 아니고 의식으로 하나씩 입히고 있습니다. 그리고 금패까지 붙인 관도 씌워줍니다. 한 번 떠올려보세요. 출애굽 한지 어언 1년이 다 되가는

데 대부분 보통 사람들의 옷차림은 어땠을까요? 허름한 옷을 입은 일반인들 사이에서 정말 너무나 구별되는 모습이었겠죠. 여호와께서는 그렇게 겉모습만 구별되기를 원치 않으셨습니다. 마지막 위임식으로 이레 동안 회막 안에 거하라고 명령합니다.

> 너희는 칠 주야를 회막 문에 머물면서 여호와께서 지키라고 하신 것을 지키라 그리하면 사망을 면하리라 내가 이같이 명령을 받았느니라(레위기 8:35).

회막은 율법을 둔 하나님 임재의 상징적 공간입니다. 거룩한 곳이요 앞으로 수행할 준엄한 소임을 묵상할 곳이죠. 그 안에서 칠일 동안 일상으로부터 분리되어서 하나님만을 묵상하고 있어야 했습니다. 이렇게 준비된 상태로 아론과 그의 아들들은 이스라엘 전 공동체를 이끌고 여호와께 첫 제사를 드립니다. 레위기 9장의 내용입니다. 처음으로 속죄제, 번제, 화목제 등 규례를 따른 제사를 올리게 됩니다. 레위기를 읽으며 제사의 절차를 살펴보면 복잡하기 그지없습니다. 오늘날 우리에게는 참으로 낯설죠. 필시 그들도 그러했을 거예요. 처음 드리는 것이었으니까요. 어쩌면 회막 안에 있던 칠일 동안 그 순서를 열심히 외웠을지도 모르겠습니다.

피는 어디 바르고 어느 부위는 태우고 어느 부위는 흔들어 바치고, 그것도 위치를 다 달리해서 행하고. 오늘날 우리가 생각하면, 더구나 제의 자체가 예수의 십자가 이후 불필요해졌다고 고백하는 그리스도인의 입장에서는 그다지 중요하다고 생각하지 못할 절차일 수도 있습니다. 하지만 적어도 자신들만의 첫 제사를 드리는 이스라엘로서는 감격과 의미가 매우 남달랐을 겁니다. 이전까지 고대 근동의 이방 습속 가운데 살았던 사람들인데 이제는 그 삶과는 전혀 다른 삶을 살도록 구별되었습니다. 따라서 구별된 제의 절차들을 아주 집중해서 반복해 나가는 동안에 계속해서 의식적으로 다른 사람들과는 달리 살아야함을 마음에 새기는 행위로 삼았을 겁니다. 또한 아시다시피 이스라엘 초기 공동체는 이제 막 시작한 시점입니다. '중다한 잡족'을 포함하여 다양한 사람들이 모여 있는 '하비루들'의 연합입니다. 때문에 공동체적인 결속력을 가지려면 '하나의 성별된 반복적 제의'는 기능적으로도 필요했을 거라는 생각이 듭니다.

이런 중차대한 제의의 처음을 수행하게 된 아론과 아들들, 그들은 제의 집전 전날 밤에 제대로 잠을 잘 수 있었을까요? 순서를 다 외웠더라도 처음 그 많은 백성 앞에서, 그리고 무엇보다도 여호와 앞에서 행하는 거룩한 제사입니다. 얼마나 떨렸겠어요? 그래도 열심히, 정확히, 틀리지 않고 진심으로, 명하신 순서대로 제의를 진행했습니다. 그리고 하이라이트, 즉 여호와께서 받으실 순서가 남았습니다. 아름다운 옷을 입고 장엄하게 제의 집전을 하면 뭐합니까? 제물을 번제단 위에 놓았는데 여호와의 불이 와서 번제를 살라가지 않으면 하나님이 받으신 것이 아닌 걸요. 아무리 아론과 아들들이 구별된 옷을 입고 우아한 동작으로 절차에 맞춰서 제의를 집전했다 하더라도 번제단 위에 있는 제물을 여호와께서 안 받으시면 정말 대중 속에서 망신입니다. 필시 아론과 그 아들들은 집전을 하면서도 그 속이 아주 바짝바짝 타들어 갔을 것 같습니다. 어떡하지? 우리가 할 부분은 다하고 마지막에 여호와께서 마무리를 해주셔야 하는데, 초긴장을 하면서 집전을 했겠지요. 그리고 마지막에 어떤 일이 있어났을까요? 본문을 보겠습니다.

> 아론이 백성을 향하여 손을 들어 축복함으로 속죄제와 번제와 화목제를 마치고 내려 오니라 모세와 아론이 회막에 들어갔다가 나와서 백성에게 축복하매 여호와의 영광이 온 백성에게 나타나며 불이 여호와 앞에서 나와 제단 위의 번제물과 기름을 사른지라 온 백성이 이를 보고 소리 지르며 엎드렸더라(레위기 9:22-24).

번제단은 온 회중이 볼 수 있는 곳에 있거든요. 제사장들이 모든 인간적인 제의를 다 끝낸 마무리 부분에서 여호와의 불이 장엄하게 나와 번제물과 기름을 사르는 모습이 얼마나 장엄했으면 백성들이 소리를 지르며 엎드렸을까요. 그냥 엎드린 것도 아니고 소리를 지르면서 엎드렸다니. 어떤 소리를 질렀을까요? 와~ 하는 환호성? 오, 하는 두려움과 경외감? 엇! 하는 놀라움? 그 무슨 소리였든 자기들이 처음 참여했던 공동 제의인데 여기서 여호와께서 기뻐 받으시는 장면을 눈으로 직접 목격했다는 것이 중요하죠. 소리 지르고 엎드리면서 얼마나 감동하고 감격했겠습니까?

제의의 목적과 기능이 그러합니다. 인간적인 아룀의 몸짓이죠. 신께서 이를 받아주시기를 바라는 간절한 마음을 담은 인간적인 몸짓 말입니다. 그 완성은 언제나 신께서 받아주심에 대한 확신이지요. 이걸 공동체가 함께 체험한 겁니다. "야 이제 우리는 여호와의 백성이구나. 우리가 성실하게 여호와께서 얘기해 주신 대로만 제의를 드리면 우리의 죄도 씻어주시고 우리의 감사도 받으시고 우리를 기뻐해 주시는구나." 모두가 행복하고 기뻤겠죠. 아울러 두려움도 있었을 것입니다. "아 정말 하나님이 계시는구나. 내가 하나님 말씀대로 살지 않으면 번제단 위의 제물처럼 저렇게 불살라지는 벌을 받을 수도 있겠구나." 한편으로는 이런 두려움이 있지 않았을까요?

제사장이 지켜야할 임무, 거룩

여기까지로 첫 제사의 이야기가 마무리되었다면 참으로 은혜스러웠을 텐데 말입니다. 이어지는 이야기들은 우리가 선뜻 받아들이기 힘들만큼 끔찍합니다. 생각해보세요. 우리가 아론이나 혹은 그의 아들 나납과 아비후, 엘르아살과 이다말이었다고. 후줄근한 일반 백성의 복장과는 차원이 다른 에봇을 입고 왕 같은 제사장이 되어 수행한 제의를 여호와께서 받으시는 것을 목도했으니, 어쩌면 여호와의 현존 앞에 탄성을 지르며 엎드리는 백성들이 마치 자신들을 향해 엎드린 양 의기양양하고 자만해졌을지도 모를 일입니다. 두려움과 떨림으로 수행한 첫 제사가 그리 '성공적'으로 마쳐지자 이들은 으쓱했을 겁니다. 사람들의 탄복과 경외가 어디 자신들을 향한 엎드림이었을까요? 그럼에도 이들은 마치 자신들이 일반 백성들보다 특별한 존재라도 된 양 생각했나 봅니다. "우리니까 여호와와 너희 백성들을 중재할 수 있지, 우리는 '거룩'을 '마음대로' 다룰 수 있는 우월한 존재야!" 이런 교만함이 있었기에 다음의 끔찍한 일이 전개되었는지도 모르죠.

> 아론의 아들 나답과 아비후가 각기 향로를 가져다가 여호와께서 명령하시지 아니하신 다른 불을 담아 여호와 앞에 분향하였더니 불이 여호와 앞에서 나와 그들을 삼키매 그들이 여호와 앞에서 죽은지라(레위기 10:1-2).

이건 놀라운 정도가 아니라 가슴을 치며 슬퍼울 일입니다. 제사장으로 거룩하게 구별되고 등극된 날, 여호와의 불에 삼킴을 당하다니요. 도대체 나답과 아비후의 잘못이 여호와의 불에 타죽을 만큼 '죽을 죄'였을까요? 여호와께서는 무엇에 그리 화가 나셨던 걸까요? 일단 성경에 기록된 이 장면을 하나씩 꼼꼼하게 살펴봅시다. 마치 탐정이라도 된 듯이요. 자, 일단 제의는 끝났습니다. 더 이어지는 제의에서 이런 일이 일어나진 않은 거 같아요. 더 뒤에 나오는 아론의 말에서 '오늘'이라는 표현을 쓰는 것으로 미루어 첫 제의 후 만 24시간이 지나지 않은 때로 보입니다. 나답과 아비후가 한 행동은 향료를 가져다가 여호와의 전 앞에 분향하는 것입니다. 이 행위는 제사장들의 일상의 의무입니다. 아침하고 저녁에 매 두 번씩 거룩한 번제단에서 불을 취해다가 향로에 불을 붙여서 여호와 전에 분향하는 역할을 제사장들이 하게 되어 있습니다. 그러니까 공식적인 공동체 제의 후에 일상의 의무를 처음하게 된 상황인 거죠. 그런데 바로 그 상황에서 불과 몇 시간 전에 제물을 불살라 받으시던 여호와의 거룩한 불이 제사장 둘을 삼키는 끔찍한 일이 벌어진 것입니다.

"불이 여호와 앞에서 나와 그들을 삼키매 그들이 여호와 앞에서 죽은지라." 나답과 아비후, 이 두 사람은 무슨 잘못을 했을까요? 도대체 어떤 잘못을 했길래 생명 살리시는 것을 그렇게 좋아하시는 여호와께서 이렇게 무서운 불로 생명을, 그것도 제사장의 생명을 삼키셨을까요? 힌트를 주는 구절은 10장 1절입니다. "아론의 아들 나답과 아비후가 각기 향로를 가져다가 여호와께서 명령하시지 아니하신 다른 불을 담아 여호와 앞에 분향하였더니." 얼른 드러난 잘못은 바로 "명령하시지 않은 다른 불"을 사용했다는 것에 있습니다. 다른 번역서에서 보면 "이상한 불(strange fire)", "불경한 불(profane fire)", "거룩하지 않은 불(a fire that was not holy)"이라고 표현하기도 합니다. 불이 거기서 거기지 물리적이나 화학적으로 다른 불은 아니었겠죠. 다만 여호와께서 '거룩하다'고 구별해 놓으신 불이 아닌 것만은 확실합니다. 거룩하다고 구별된 불이라면 제사장들이 절대로 꺼뜨리면 안 되는 회막 안의 불이 아닐까요? 그 불이 무슨 마술적 힘이 있어서 거룩한 게 아니라 여호와의 번제단에서 타는 불이라고 성별해 놨기 때문에 거룩한 것입니다. 거기에 가서 불을 가져다가 향료에 담아서 가야 되는데 그렇게 하지 않았다는 것이 분명해 보입니다.

그리고 또 한 가지 제가 주목한 부분은 "각기"입니다. "아론의 아들 나답과 아비후가 각기 향로를 가져다가 여호와께서 명령하시지 아니하신 다른 불을 담아 여호와 앞에 분향하였더니"(레위기 10:1). 제각기 갔다는 것입니다. 하나님이 명하신 것은 제사장 둘이서 한꺼번에 같이 가서 아침에 한 번, 저녁에 한 번 드리라고 말씀을 하셨는데 제각기 따로따로 갔다는 것입니다. 하나님이 원하셨던 것은 제사장들이 "함께" 마음을 합하여 올리는 분향이었습니다. 그런데 이 둘은 각각 갔습니다. 그게 뭐요? 설마 사랑 많으신 하나님께서 각기 따로따로 갔다고 화가 나셨을까요? 저도 그리 생각하지는 않습니다. 하지만 만약에요, 만약에 말입니다. 이 둘이 무언가에 빠져서 시간가는 줄 모르고 있다가, "앗, 분향할 시간이다!" 이러면서 서둘러 임무를 수행하느라 서로 의논도 하지 않고 마치 '해치우듯'이 각자 할 일만 하고 돌아올 생각으로 가득했었다면 말입니다. 이야기는 달라지는 거죠.

"각각"에 방점을 찍든 아니면 "거룩하지 아니한 불"에 주목하든 교훈은 하나입니다. 교만했던 것입니다. 일단 첫 제사에 대한 긴장이 풀렸습니다. 우아한 옷을 입은 자기들이 집전할 때 불이 내려와 사르고 온 백성이 소리를 지르고 절하는 것을 보았으니 우쭐하기도 했을 겁니다. 마치 자기들이 여호와의 불을 조종하기라도 했던 것처럼 말입니다. 자신들은 더 거룩한 사람들 인양, 여호와의 불을 다루고 제사를 집전하는 것이 자신들의 존재론적 특권 인양, 그렇게 여겼을 지도 모른다는 말입니다.

한 가지 더 유추할 수 있는 근거는 레위기 10장 9절에 있습니다.

> 너와 네 자손들이 회막에 들어갈 때에는 포도주나 독주를 마시지 말라 그리하여 너희 죽음을 면하라 이는 너희 대대로 지킬 영영한 규례라(레위기 10:9).

포도주나 독주를 마시지 마라. 술 마시지 않은 사람들에게 이런 말씀을 하실 리 만무하죠. 정황이 이러했던 것은 아닐까요? 성대하게 제의를 끝내고 일종의 자신만만함과 승리감에 도취되어 이들은 술을 먹고 있었을 수도 있습니다. 신나게 술 마시고 놀다가 아차차, 분향에 대한 기억이 나서 서로 의논도 하지 않고 각자가 회막 안에 들어갔을 수 있습니다. 그냥 해치우고 빨리 돌아올 양으로, 번제단에서 불을 취하기 귀찮으니까 대충 아무 불이나 가지고서 분향을 올렸을 가능성이 큽니다.

사실 나답과 아비후만 술 취한 상황이 아니었을 수 있습니다. 넷이 다 그랬을지 적혀있지 않아서 우리는 모릅니다. 다만 이들의 순번이었을 겁니다. 아침, 저녁으로 해야 하니깐 어쩌면 나답과 아비후가 먼저 가기로 되어 있을 수도 있습니다. 만약 그 순서가 엘르아살과 이다말이였다면, 그리고 이들도 죽은 형제들과 별반 다르지 않은 우월감과 승리감에 도취되어 술 취한 상황이었다면 두 형제의 죽음이 얼마나 두렵고 무서웠을까요? 진노의 불에 삼키는 것이 자신들이었을 수도 있으니까요.

본인들의 거룩함이, 본인들의 구별됨이 특별하게 하나님을 조정할 수 있는 존재론적 능력이 아닌데 그런 착각을 하게 된 것입니다.

단 한 번의 제사로 말입니다. 본인들이 구별된다는 것이 뭔지 모르고 그것이 자기 능력이라고 착각했다는 생각이 듭니다. 네 형제 중에서 둘이 여호와의 불에 삼켜진 것입니다. 이 기가 막힌 상황에서 여호와께서는 아들 잃은 아비에게조차 통곡하지 말라고 명하십니다.

너희는 머리를 풀거나 옷을 찢지 말라(레위기 10:6).

거룩과 정함을 구별하기 위한 준비

이런 일을 겪고 나서 남은 두 아들 엘르아살과 이다말은 아무 것도 못했을 것 같습니다. 얼마나 떨었던지 이들은 규례에 의해 제사장에게 허락된 고기 부위(흔든 가슴과 들어 올린 뒷다리)까지도 다 하나님께 태워 드렸습니다. 규례대로라면 거룩한 회막 안에서 제사장들의 몫으로 당당히 먹을 수 있는 부위였는데도 말입니다. 아론이 모세에게 말한 것을 보면 그가 얼마나 당황하고 두려워했는지를 알 수 있습니다.

아론이 모세에게 이르되 오늘 그들이 그 속죄제와 번제를 여호와께 드렸어도 이런 일이 내게 임하였거늘 오늘 내가 속죄제물을 먹었더라면 여호와께서 어찌 좋게 여기셨으리요(레위기 10:19).

아론은 크게 착각하고 있습니다. '오늘' 속죄제를 드렸다는 것은 주술적 힘을 지닌 만병통치약처럼 작용하지 않습니다. 마치 방수

(water-free)처리된 기계처럼 물속에 풍덩 담가도 멀쩡한 그런 상태가 된다는 의미가 아닙니다. 사실 제의 자체는 아무런 기적이나 초월적 힘을 가져오지 않습니다. 제의가 이스라엘을 '마술적'으로 깨끗하게 하고 권능 있게 만드는 것이었다면 나답과 아비후도 '재앙-free'(그 어떤 재앙에서도 건져짐을 입는) 존재가 되었겠지요. 아론의 저 말로부터 우리는 아론조차도 여전히 제의의 기능이나 목적을 제대로 알고 있지 못함을 알 수 있습니다. 이런 아론과 남은 아들인 엘르아살과 이다말에게 여호와께서는 준엄하게 말씀하십니다.

> 포도주나 독주를 마시지 마라 그리하여 너희 죽음을 면하라 이는 너희 대대로 지킬 영영한 규례라 그리하여야 너희가 거룩하고 속된 것을 분별하며 부정하고 정한 것을 분별하고 또 나 여호와가 모세를 통하여 모든 규례를 이스라엘 자손에게 가르치리라(레위기 10:9-11).

이 경고는 술 취하는 것 자체에 있지 않습니다. 정신 똑바로 차리고 무엇이 거룩한 것이고 무엇이 속된 것인지 무엇이 정한 것이고 무엇이 부정한 것인지를 구별하라는 것입니다. 제의의 까다로운 절차나 구별된 행동, 물품 등은 모두 이방인의 삶으로부터 구별된 이스라엘 공동체의 윤리를 기억하고 살피기 위함입니다. 삶 안에서 이를 실천하기 위함입니다. 속된 것, 부정한 것에 대한 대안으로 살아야하는 이스라엘 사람들은 끊임없이 생각하면서 끊임없이 하나님께서 기뻐하시는 거룩과 정함을 선택해야 하는 것입니다.

중요하게 기억해야 하는 것은 성과 속, 정함과 부정함을 구별할 수 있는 지혜가 제사장들에게는 타고난 게 아니라는 것입니다. 제사장들이 첫 제사를 드리기 전에 이레 동안 회막 안에 있으면서 거룩하게 구별된 시간을 지냈던 것처럼, 이스라엘 공동체는 계속해서 고대 근동 지역의 다른 사람들과는 구별된 삶을 살아내야 했습니다. 때문에 스스로 묵상하고 다시 각성하고 생각할 수 있는 여지가 있어야 합니다. 여호와의 규례에 근거해서 어떤 것이 정한 것인지, 어떤 것이 거룩한 것인지를 분별할 수 있는 능력은 바로 일상을 멈추고 하나님께 주파수를 맞춘 구별된 삶을 통해 나타나는 것입니다. 이런 구별된 시간이나 공간, 의례가 없으면 사람들은 조만간 또다시 원래 있는 이 세속적인 문화에 흡수되어 버릴 수밖에 없습니다. 실제로 이후에 이스라엘 역사를 보면 가나안에 들어가고부터는 가나안 이방 종교적 의례와 섞여 버리면서 그 생활습속마저 구별됨이 사라지고 맙니다. 그래서 하나님께서는 처음부터 강하게 짚어주시는 것 같습니다.

특히나 오늘날 소위 '제사장' 된 이들은 이 본문을 더욱 가슴에 깊이 새겨야하겠습니다. 이스라엘 공동체 자체가 이를 위해 선택되었거니와, 아론과 그의 집안은 그들 중에서도 제사장된 부르심을 입은 가문입니다. 따라서 영적으로 늘 깨어 있어야 하고, 그러기 위해 늘 거룩하게 구별된 자세로 임해야 합니다. 성직자로 부름 받는다는 것은 결코 쉽게 생각할 일도, 존재론적으로 우월감을 가져서도 안 되는 일입니다. 목숨을 내어놓을 만큼의 두렵고 떨리는 일임을 이 본문을 통해 묵상할 수 있습니다.

평신도는 괜찮겠지, 그렇게 생각할 수도 있겠습니다만, 적어도 그리스도인이라면 '만인이 하나님 앞에 왕 같은 제사장'이라고 고백하는 한 이 엄중한 경고로부터 자유롭지 못할 겁니다. 우리가 모두 하나님의 영을 받고 하나님 앞에서 제사장의 삶을 살고 있는데 어찌 만만하고 편하게 이 본문을 읽을 수 있을까요? 영육 간에 깨어서 거룩하게 구별된 삶을 살아내야 합니다. 그리스도인이라는 사실이 마술처럼 우리를 '죄'로부터 무조건적으로 구원받게 만들어주는 것이 아니니까요. 우리 모두 구별되고 거룩을 추구하는 삶을 살아야 합니다. 하나님 앞에 나의 인생이나 나의 삶의 선택을 계속 이렇게 다시 비추어 보는 삶, 그런 삶을 살지 않으면 어느 순간 우리가 적당히 행하는 겉모습만 그리스도인인 것 같은 그런 모습들에 하나님께서 정말 진노하실 수 있는 것입니다. 하나님 말씀을 제대로 전하려면 계속해서 거룩한 삶을 살아야 합니다. 그럴 때 우리는 이 땅에서 제사장된 삶을 살고 거룩하고 정한 것을 세상에 전하는 그런 사람이 되지 않을까 생각합니다.

기도

사랑의 하나님, 주님께서 저희와 동행하시면서 보여주신 놀라운 능력으로 인해서 자칫 저희가 교만에 빠질 때가 많습니다. 하나님의 영을 받아 행한 일조차 내 능력 인양 착각합니다. 그러나 주님, 언제나 능력의 주체를 기억하게 하시고 언제나 인간의 자리를 돌아보게 하여주시옵소서. 세상사는 동안에 거룩함과 옳음을 분별할 수 있기 위해서는 저희의 시간을 성별하고 공간을 성별하여 늘 거룩하신 하나님을 만나야 할 줄 믿습니다. 매일 매일 늘 성별된 시간과 공간을 떼어내고 하나님을 묵상하는 그리스도인이 되게 하여 주시옵소서. 예수님의 이름으로 기도합니다. 아멘.

바쁜 현대인의 일상 속에서 시간과 공간을 떼어 하나님의 계율을 묵상함으로 거룩과 옳음을 분별하는 영적 제사장이 됩시다.

살리는 힘, 중보의 능력

민수기 14-16장

지난 만남에서 우리는 제사장된 삶에 대한 교훈을 묵상했습니다. 제사장들에게 요구되었던 시간과 공간, 행위의 구별됨은 세상에서 거룩과 옳음을 분별하기 위함이라고 했어요. 오늘날 우리는 모두가 하나님 앞에 제사장된 시대를 살아가고 있으니 신앙인이라면 모두 제사장적인 삶을 살아내야 한다고 했고요. 이를 위해서 무엇보다도 나의 삶 가운데 시간을 떼어내고 공간을 구별하여 오직 하나님과 소통하고 그의 율례를 묵상해야 할 필요성이 있음을 강조했습니다. 그래야 우리가 옳고 그름과 하나님의 것과 아닌 것을 분별할 수 있는 지혜와 영을 가질 수 있기 때문이지요.

하지만 이것은 한 개인으로서 하나님과의 관계 속에서 끊임없이 수행해야하는 신앙적 훈련인데, 그럼에도 불구하고 유한자인 인간이 늘 지혜의 영 가운데 옳고 신실한 판단과 행동만을 하기란 쉽지 않은 법이죠. 하여 오늘은 우리가 영성 가득한 삶의 선택에 실패했을 때, 즉 우리가 옳고 선한 판단과 행동을 선택하지 못했을 때 우리를 다시 하나님께 돌아올 수 있도록 도와주는 '중보'의 힘에 대해서 공부해보려고 합니다.

탐욕이 부른 참극

성경에는 이스라엘 사람들이 받은 율법의 내용이 참으로 세세하게 기록되어 있습니다. 율법을 받고 이를 담을 언약궤도 만들고 주요한 제의를 수행하기까지 대대적인 작업이었어요. 본문대로라면 시나이 산 근처에서 2년 동안 머무르면서 진행된 일입니다. 그러고 난 후에 다시 행군을 하라는 하나님의 명령을 받고 이스라엘 공동체는 길을 떠납니다. 오늘 이야기는 이렇게 다시 길을 나선 이스라엘 사람들의 이야기부터 시작이 됩니다. 이미 체험을 통해 배운 바가 많을 텐데도, 일단 길을 떠나 사막과 광야를 헤매자니 여지없이 불평불만이 터져 나왔습니다.

> 그들 중에 섞여 사는 다른 인종들이 탐욕을 품으매 이스라엘 자손도 다시 울며 이르되 누가 우리에게 고기를 주어 먹게 하랴 우리가 애굽에 있을 때에는 값없이 생선과 오이와 참외와 부추와 파와 마늘들을 먹은 것이 생각나거늘 이제는 우리의 기력이 다하여 이 만나 외에는 보이는 것이 아무 것도 없도다 하니(민수기 11:4-6)

한마디로 만나만 먹다보니 입맛이 떨어졌다는 겁니다. 참 가관입니다. 이집트에서 먹던 온갖 음식을 나열합니다. 생선을 공짜로 먹었다고 하며, 오이, 부추, 수박, 파, 마늘을 골고루 언급합니다. 만나를 받았을 때의 감격과 기쁨은 그새 잊었습니다. 매일 아침 만나가 내리는 것이 언제나 기적 같고 감사한 생활이었던 것도 다 잊었습니다. 그치지 않고 내렸던 일상의 축복은 이제 지겹고 지루한, 그리고 그들 보기에 '턱 없이 부족한' 상황으로 해석됩니다.

그럼에도 불구하고 성경 본문은 다시 한 번 사랑의 응답을 하시는 여호와의 모습을 보여줍니다. "고기 맛이 그립다고?" 사실 따지고 싶으셨을 일입니다. 이집트에서 노예생활 하던 사람들입니다. 그들이 고기를 먹으면 얼마나 기름지게 먹었을까요? 나열했던 음식 목록 또한 그저 주인들의 음식을 준비하면서 조금씩 얻어먹은 수준으로 살았겠지요. 그러니 제발 이 살림을 그치고 나가게 해달라고 울부짖은 게 아니었겠습니까? 그런데도 그 '부스러기'를 그리워하는 백성들을 보니 참으로 속상하셨을 것입니다. 그럼에도 다시 한 번 하늘에서 메추라기 고기를 내려주시기로 하신 하나님의 인내와 사랑이 놀라울 따름입니다. 본문을 보면 살짝 하나님의 뒤끝(?)이 느껴지기는 합니다. 그냥 고기를 많이 먹으라 하시지 않습니다. 한 달 내내 먹고 질려보라는 뉘앙스가 풍기거든요.

> 또 백성에게 이르기를 너희의 몸을 거룩히 하여 내일 고기 먹기를 기다리라 너희가 울며 이르기를 누가 우리에게 고기를 주어 먹게 하랴 애

굽에 있을 때가 우리에게 좋았다 하는 말이 여호와께 들렸으므로 여호와께서 너희에게 고기를 주어 먹게 하실 것이라 하루나 이틀이나 닷새나 열흘이나 스무 날만 먹을 뿐 아니라 냄새도 싫어하기까지 한 달 동안 먹게 하시리니 이는 너희가 너희 중에 계시는 여호와를 멸시하고 그 앞에서 울며 이르기를 우리가 어찌하여 애굽에서 나왔던가 함이라 하라(민수기 11:18-20).

"만나밖에 없어서 입맛 떨어진다고? 그럼 한 달 내내 고기를 줄 테니까 냄새 맡기 싫을 때까지 먹어봐라!" 설마 이 수준의 응답이셨겠습니까? 더 깊게 생각하면 이 말씀 안에서 다른 의미들이 발견됩니다. 첫째, 고기 먹기를 기다리기 전에 "몸을 거룩히" 하는 일입니다. 지난 시간 '거룩'의 의미를 묵상해보았습니다만, 고기를 먹는 데 몸까지 거룩하게 할 일이 무엇일까요? 앞 구절 인용 본문의 '탐욕'과 연결하면 의미가 명료해집니다. 탐욕과 자유는 한 공동체 안에서 공존하기 어렵습니다. 더 많이 먹고 더 맛난 것을 먹고 더 편하게 먹으려는 욕심을 가진 공동체는 축적하고 위계를 만들고 또 다시 힘없는 누군가의 자유를 억압하기 마련이니까요. 만나를 통해 하나님께서 가르치신 것은 '일용할 양식'에 대한 감사와 자족함, 그리고 이를 늘 내리시는 하나님의 신실하심이었죠. 이들이 잃은 것은 입맛이나 기력이 아니라 바로 감사와 자족함이었던 겁니다. 하여 "몸을 거룩히" 함으로 탐심을 버리라는 요청이셨다고 생각해요.

이미 하나님께서는 하루만 내리지 않는다고 약속하셨습니다. 오늘 하루만 내리는 것이 아닙니다. 한 달 내내 충분히 먹을 수 있도록 주겠다는 것입니다. 걱정하지 말고 그날그날에 내려오는 만나처럼 메추라기를 풍족하게 먹되 충분히 고기를 내릴 테니 쌓아놓고 모으지 마라, 늘 하루씩 한 달 동안 허락된 '고기 먹기'를 감사함으로 즐겨라. 그런 말씀이시죠.

하지만 이 공동체에게는 어떤 일이 일어났을까요? 민수기 11장 32절입니다.

> 백성이 일어나 그 날 종일 종야와 그 이튿날 종일토록 메추라기를 모으니 적게 모은 자도 열 호멜이라 그들이 자기들을 위하여 진영 사면에 펴 두었더라(민수기 11:32).

난리가 난 모습이 눈에 선합니다. 온 가족이 다 총출동해서 메추라기를 주웠나봅니다. 사실 메추라기는 만나 때처럼 '한 사람당 한 호멜'이라는 구체적인 제한은 정해놓지 않으셨죠. 하지만 이미 만나로 훈련을 한 이스라엘입니다. 한 달 내내 내릴 메추라기라면 같은 마음으로 딱 그날 먹을 만큼만 거두면 될 일입니다. 내일 또 거둘 수 있으니까요. 그런데 이 모든 것들을 잊어버리고 온 가족이 나와서 정말 허겁지겁 거둔 겁니다. 적게 거둔 사람도 한 사람이 십 호멜을 거두었다고 되어 있습니다.

그날그날 하늘을 앙망하면서 하나님께서 주시는 음식에 감사하므로 자족하면서 충분하지만 축적하지 않는 그 만큼만 먹고 사는 삶!

만나를 통해서 배우는 삶은 메추라기에도 적용해야 합니다. 내일 또 내릴 메추라기를 뭐 하러 그리 탐욕스럽게 잡고 모으고 손질해 널어 둡니까? 여호와께서는 한 달 내내 꼴도 보기 싫을 정도로 먹을 수 있다고 약속하셨는데 결국 여호와를 믿지 않고, 또한 새로운 삶의 방식조차 잊어버린 이스라엘 사람들은 여호와의 진노를 대면하게 됩니다.

> 고기가 아직 이 사이에 있어 씹히기 전에 여호와께서 백성에게 대하여 진노하사 심히 큰 재앙으로 치셨으므로 그곳 이름을 기브롯 핫다아와라 불렀으니 욕심을 낸 백성을 거기 장사함이었더라(민수기 11:33-34).

'기브롯 핫다아와'는 탐욕의 무덤이라는 뜻입니다. 많은 사람이 그 고기를 먹고 죽었나 봅니다. 저는 재앙을 내리시는 이 본문을 읽을 때마다 궁금했었습니다. 사랑의 하나님인데 이렇게까지 심하게 하셔야 했을까? 물론 탐욕이 과하긴 했지만 그 때문에 죽이시기야 할 일인가 싶어서였죠. 그런데 반복하여 읽으며 묵상하다 보니까 이런 생각이 들더군요. 냉장고가 없던 시절입니다. 일교차가 큰 더운 지방이구요. 이런 공간에서 필요 이상으로 고기를 거두어서 널어 놨으니… 당연히 상하고 세균도 번성했을 일입니다. 전염병이 돌았을 수도 있겠죠. 결국 메추라기 먹고 탈이 나고 급기야 죽기까지 한 재앙은 실은 인간들의 탐욕이 부른 결과가 아니었을까요? 이를 '하나님이 내리신 재앙'이라고 해석한 것은 기록자의 신앙고백적 해석일 수 있다는 말입니다.

이스라엘 사람들이 익숙하게 보아온 고대 근동의 사회문화적 습성은 '축적하는 삶'이었습니다. 잉여분을 확보하는 것이죠. 더 많이 축적한 사람이 힘을 얻는 법이고요. 그러니 '먹고 사는 데 필요한 분량'으로 자족한다는 것은 낯선 행위였을 것입니다. 만나를 지루해하고 불평하게 된 계기를 언급하던 11장에서 "그들 중에 섞여 사는 다른 인종들이 탐욕을 품으매"라는 핑계를 대고 있었습니다만, 그 말대로 그게 주위 사람들의 사는 방식이었습니다. 하지만 하나님이 원하셨던 삶의 방식은 상당히 '대조적'이었습니다. 오랜 광야생활 동안 하루하루 만나처럼 내리는 하나님의 은혜를 감사로 받고 자족하는 새로운 삶의 방식이 몸에 배도록 훈련하셨던 것입니다.

물론 이스라엘 사람들도 지쳤을 일입니다. 눈요기 하는 꽃구경을 떠난 것도 아니고 정처없는 유랑생활이 한 두 해가 아닙니다. 그래도 꾹꾹 참고 약속의 땅 코앞까지 갔는데, 결국은 터져버렸습니다. 민수기 14장 2-3절을 읽으며 당시 상황을 살펴봅니다.

> 온 이스라엘 자손이 모세와 아론을 원망하며 온 회중이 그들에게 이르되 "차라리 우리가 이집트 땅에서 죽었더라면 더 좋았을 것이다. 아니면 차라리 우리가 이 광야에서라도 죽었더라면 더 좋았을 것이다. 그런데 주님은 왜 우리를 이 땅으로 끌고 와서, 칼에 맞아 죽게 하는가? 왜 우리의 아내들과 자식들을 사로잡히게 하는가? 차라리 이집트로 돌아가는 것이 좋겠다!(민수기 14:2-3).

무슨 일이 계기가 되었을까요? 가나안에 들어갔던 정탐꾼들의 보고를 듣고 난 다음의 일이었습니다. 총 열 두명이 들어갔었는데, 그 중 열 명이 증언합니다. 그 땅은 "사람들을 삼키는 땅"이요 그곳 백성들은 "키가 장대 같다"고요(민수기 13:32). 그들과 비교하니 "우리는 스스로가 보기에도 메뚜기 같았다"고 합니다(민수기 13:33). 비록 여호수아와 갈렙이 그들은 "우리의 밥"(14:9)이라고 희망을 주려했지만 수적으로 밀렸습니다. 사람들은 언제 폭발할까요? 참고 참고 또 참았는데, 이제 다 이루었다고 생각했는데 마지막 순간에 좌절에 부딪칠 때입니다. 마치 새벽 미명이 오기 직전이 가장 어둡고, 봄이 오기 직전이 가장 춥게 느껴지는 것과 같은 이치라고 할까요. "세상에! 지친 몸으로 여기까지 왔는데, 이제는 하다하다 거인들의 칼에 맞아죽으라고? 도대체 왜 우리를 끌어내서 이 고생을 시키는가?"

하지만 아무리 화가 나도 하지 말아야 할 마지막 말이 있는 법입니다. 너무 속상했던 이스라엘 사람들은 결국 하면 안 될 마지막 말을 뱉어 버렸습니다. "차라리 이집트로 돌아가는 것이 좋겠다"(민수기 14:4). 이 얘기는 그동안 하나님께서 역사하시면서 끌고 왔던 모든 구원사를 다 부정하는 말입니다. 그 엄청난 기적과 동행하심의 증거들을 가지고 이만큼을 끌고 왔는데 그것을 다 보고도 이집트 생활이 낫다는 것입니다.

살려 주소서, 중재자의 마음

성경 안에서 하나님께서 하나님의 백성을 향해서 "내가 저들을 만든 걸 후회하노라"고 하신 것은 이번이 두 번째입니다. 첫 번째는 노아의 홍수 때였죠. 노아와 그의 가족만 빼고는 싹 쓸어버리셨잖아요. 그 만큼의 화를 여기서 내시는 것입니다. 그래서 "지금 이 사람들을 내가 다 전염병으로 쳐서 없애겠다. 너 모세만 살려서 다시 시작하자. 노아 때처럼 말이다. 이 백성은 도저히 소망이 보이지 않는구나." 더 이상 견디지 못한 것은 이스라엘만이 아닌 듯합니다. 여호와의 오래 참으시는 사랑과 인내도 '끝'자락의 감정으로 치닫는 본문입니다.

> 여호와께서 모세에게 이르시되 이 백성이 어느 때까지 나를 멸시하겠느냐 내가 그들 중에 많은 이적을 행하였으나 어느 때까지 나를 믿지 않겠느냐 내가 전염병으로 그들을 쳐서 멸하고 네게 그들보다 크고 강한 나라를 이루게 하리라(민수기 14:11-12).

"내가 그만큼 구체적으로 가르치고 그만큼 돌이킬 수 있는 기회를 줬는데 더 이상 좋아질 기미가 보이지 않는구나. 그러나 모세 너는 신앙 있는 사람이니 너를 통해 다시 크고 강한 나라를 이루겠다"는 제안이십니다. 여러분이 모세였다면 어떤 선택을 하시겠어요? 정말이지 징글징글하게 말도 안 듣는 저 많은 무리들을 힘들게 끌고 여기까지 왔는데 이 상황에서 하나님께서 그런 제안을 모세에게 하시는 것입니다. 아브라함이나 노아에게 했던 약속처럼요. 모세는 엄청난 스트레스를 받았을 것 같습니다. 너무 갈등이 심했고 결단이 필요한 순간이었겠죠. 모세라고 지치지 않았을리 있나요. 잘 생각하셨습니다. 하나님, 저만이라도 살려주시니 감사합니다. 그래야 하는 걸까? 어쩌면 그쪽이 편할 지도 몰라. 더 이상은 못해 먹겠다. 그런 유혹이 없지 않았을 겁니다. 하지만 모세는 하나님께 한 번의 기회를 청합니다. 그의 귀한 중보의 마음을 보겠습니다. 다소 긴 본문이지만 절절한 모세의 회고가 눈물겹습니다.

> 모세가 주께 말씀드렸다. "이집트 사람이 들으면 어떻게 합니까? 주께서는 이미 주의 능력으로 이 백성을 이집트 사람 가운데서 이끌어 내셨습니다. 이집트 사람이 이 땅에 사는 사람들에게 말하면, 어떻게 합니까? 이 땅에 사는 사람들은, 주 하나님이 이 백성 가운데 계시다는 것과, 주 하나님이 얼굴과 얼굴을 마주하여 보이셨다는 것과, 주의 구름이 그들 위에 머물고, 주께서 낮에는 구름기둥 가운데 계시고, 밤에는 불기둥 가운데 계셔서, 그들 맨 앞에서 걸어가신다는 것을 이미 들었습니다. 그런데 이제 주께서 이 백성을 한 사람을 처리하듯 단번에 죽이시면, 주께서 하신 일을 들은 나라들은 '그들의 주가 자기 백성에게 주기로 맹세한 땅으로 그들을 데리고 갈 능력이 없어서, 그들을 광야에서 죽였다' 하고 말할 것입니다. 그러니 이제 주께서는, 이미 말씀하신 대로, 주의 권능을 나타내 보이시기 바랍니다. '나 주는 노하기를 더디하고, 사랑이 넘치어서 죄와 허물을 용서한다. 그러나 나는 죄를 벌하지 않은 채 그냥 넘기지는 아니한다. 나는, 아버지가 죄를 지으면 본인뿐만 아니라 자손 삼사 대까지 벌을 내린다' 하고 말씀하셨으니, 이집트를 떠날 때부터 이제까지 주

께서 이 백성을 용서하신 것처럼, 이제 주님의 그 크신 사랑으로 이 백성의 죄를 용서하여 주시기 바랍니다"(민수기 14:13-19, 새번역).

설마 하나님께서 기억하시지 못하셨을라구요? 하지만 모세는 간절히 청합니다. 하나님께서 이 사람들을 다 끌고 온 것을 주변 족속들이 다 압니다. 하나님이 여호와 되심을 다른 이방인들도 죄다 들었습니다. 그런데 하나님께서 자기 백성이라 칭한 이들을 죽이신다고요? 그들이 여호와 당신이 이들을 약속의 땅으로 끌고 갈 능력이 없어서 다 그렇게 죽여 버렸다, 그리 오해라도 하면 어쩝니까? 이런 식의 변론이죠.

사실 이 본문은 매우 놀라운 메시지를 전하고 있습니다. 듣고 보니 그렇네, 미처 생각지 못했구나! 설마 여호와께서 나중에 아차 하시고 마음을 바꾸셨겠습니까? 하나님과 직접 대면해서 얘기하면서 하나님 마음을 바꾼 사람이라고 기록된 성경 인물들은 많지 않습니다. 모세의 논리가 타당했다기 보다는 그 마음의 아름다움을 보고 감동하신 것이 아닐까요?

비록 불신의 이 세대만큼은 그들 불신앙의 대가로 약속의 땅을 밟지 못하겠지만, 이들 후손들의 미래까지는 닫지 않겠다는 일종의 '변경된 약속'을 내리십니다. 모세의 중보가 있었기에 가능했던 일입니다. 하나님과 이스라엘 민족 사이의 중재였지요. 살리려는 마음이 하나님께 닿았던 게 아닐까? 그런 생각이 듭니다.

살리기 위해 달려가는 힘

그 뒤에도 한 번 더 중보의 힘을 볼 수 있는 에피소드가 있었습니다. 고라를 비롯해서 여러 사람들이 반란을 일으키고 모세의 권위에 도전하던 당시의 일입니다. 민수기 16장을 보면 하나님께서 백성의 패악함으로 인해 전염병으로 사람들을 쓸어버리실 때 모세가 제사장인 아론에게 부탁을 합니다. 빨리 하나님의 거룩한 전에서 불을 담은 향로를 가지고 지금 전염병으로 죽어가고 있는 사람들과 살아 있는 사람들 사이에 가서 중재를 해달라고요.

> 모세가 아론에게 이르되 너는 향로를 가져다가 제단의 불을 그것에 담고 그 위에 향을 피워 가지고 급히 회중에게로 가서 그들을 위하여 속죄하라. 여호와께서 진노하셨으므로 염병이 시작되었음이니라 아론이 모세의 명령을 따라 향로를 가지고 회중에게로 달려간즉 백성 중에 염병이 시작되었는지라 이에 백성을 위하여 속죄하고 죽은 자와 산 자 사이에 섰을 때에 염병이 그치니라(민수기 16:46-48).

모세의 말을 듣자마자 아론은 두 번 생각할 것도 없이 달려갑니다. 백성들 사이에서는 이미 염병이 번지고 있었건만, 아랑곳하지 않았습니다. 그들 사이에서 속죄의 예식을 베풀었습니다(민수기 16:47). 사실 전염병이라는 건 가족끼리도 병자 한 가운데로 가기 힘든 일입니다. "하나님, 이들을 살려주세요."하는 진정어린 마음과 갈급함이 아니라면 달려감이 가능했겠습니까? 제사장이 중재적 호소력을 가지고 하나님의 임재를 호소하며 삶과 죽음 사이에 끼어드는 것입니다. 성경은 아론이 끼어드는 그 순간에 죽어감이 멈췄다고 증언합니다.

이 기적은 향로 자체가 마술적 힘을 발휘한 까닭이 아니라고 생각해요. 사실 신앙인들끼리는 중재와 중보란 단어를 일상적으로 씁니다. 그러나 이 본문을 보면 '중보'는 개개인의 인간적인 욕망을 더 쉽게, 더 완전하게 이루도록 도와주기 위한 것이 아닙니다. 생명을 살려내시는 하나님을 믿으며 죽음의 위기 상황에서 살림의 역사를 위하여 하나님과 사람 사이에 끼어드는 기도입니다. 그래서 기도는 행동입니다. 모세도 그랬고 아론도 그랬습니다. 중보는 기도뿐만 아니라 행동이 수반되어야 합니다. 막 달려가야 하는 행동입니다. 중보와 중재는 일단 마음에서는 살리려는 마음을 가지고 행동으로 하나님과 사람들 사이에 끼어드는 굉장히 적극적인 행동인 것입니다. 살리려는 마음을 가지고 하나님과 사람 사이에 끼어드는 것이 바로 그리스도인의 중보입니다.

중보와 중재는 하나님 마음을 알고 믿는 자가 할 수 있는 행위입니다. 하나님의 마음이란 결국 모든 사람들을 살리려는 마음이시고 하나님의 뜻이란 결국 이웃끼리는 서로 평등하게 사귐과 나눔의 공동체를 가지라는 것이니까요. 십계명에도 이미 언급되어 있습니다만, 뺏고 탐하고 도둑질하고 살인하고, 이런 약육강식의 삶을 그치고 평화롭게 사랑의 공동체를 이루고 살아라. 이게 하나님의 뜻입니다. 그걸 온전히 가지고 있는 자만이 하나님의 뜻대로, 사람들이 살아갈 수 있도록 중재자로 화해의 몸짓을 할 수가 있겠지요.

참 놀라운 것은 우리에게 그 힘이 있다는 것입니다. 사실은 모세 한 사람만 가진 힘도 아니고 아론 한 사람만 가진 힘도 아닙니다. 하나님의 형상대로 지음 받은 까닭에 모든 사람은 하나님의 그 마음을 품으면 우리 역시 사람들과 하나님 사이에 서서 살리는 힘을 발휘할 수 있습니다. 이웃을 위하여 하나님을 감동시킬 수 있는 능력이 우리에게 있다는 것입니다. 이 귀한 능력을 이웃을 비방하고 헐뜯는데 사용하거나, 하나님 나만 축복해주세요 하는 이기적인 마음으로 사용해서는 안 될 것입니다. 내가 누군가의 사이를 화목케 하고 그가 하나님을 볼 수 있게끔 끼어들어야만 하는 자리는 어디일까, 그 사람은 누구일까, 이를 살피고 헤아리며 달려갈 수 있는 삶을 살아내기를 소원합니다.

기도

사랑의 하나님, 감사를 드립니다. 주님께서 저희에게 허락하신 그 큰 중보의 능력, 중재의 능력을 오늘 묵상해 보았습니다. 주께 범죄함으로 자신의 생명을 지킬 수 없었던 그 많은 이스라엘 사람들 사이에 중보하고 중재하기 위하여 달려갔던 모세와 아론처럼, 저희들도 속해있는 공동체, 이웃 사이에서 선한 힘을 모아 중보하고 중재할 수 있도록 도와주시옵소서. 예수님의 이름으로 기도합니다. 아멘.

제사장된 우리가 가진 중보의 능력, 살리려는 힘은 사랑이신 하나님에게 도달됩니다. 이 선한 힘을 하나님과 이웃, 이웃과 이웃 사이의 관계의 회복을 위해 귀하게 사용합시다.

구리뱀 이야기의 교훈

민수기 21장

오늘은 조금 당혹스러울 수도 있는 묵상입니다. 자칫하면 사물에 불과한 것의 신성을 인정하는 것인가, 오해할 만한 이야기가 전개되기 때문입니다. 여호와께서는 당신의 형상을 주조하는 것을 금하셨습니다. 물론 어떤 물건에도 신성이 내재되어 있다고 믿으며 머리를 조아리지 말라고 하셨지요. 그런데 오늘의 이야기는 의아합니다. 사람이야 하나님의 성품을 마음 안에 담을 수 있으니 중재의 힘을 가질 수 있지요. 그러나 인격을 가지지 못한 물건이 위대한 구원 행위에 중심이 되었던 사건이라면 이를 어떻게 봐야 될까요? 모세가 만들어서 높이 들었던 구리뱀의 의미를 공부해 봅니다.

싫어요, 이스라엘 공동체의 관계 파괴적 선언

우여곡절을 겪으면서 광야를 지나온 길고 긴 여정 끝에 이스라엘 백성은 이제 가나안 땅 코앞까지 왔습니다. 가장 단거리로 가나안을 들어가려면 에돔 땅을 거쳐 가야 합니다. 그런데 에돔 왕이 허락을 안 해 주는 것입니다. 그냥 지나가기만 하겠다는 데도 거절을 당합니다. 약속의 땅을 바로 눈앞에 두고서 우회라니요. 마음이 많이 상했을 것입니다. 결국 이스라엘 군중들 가운데서 불만의 소리가 다시 터져 나옵니다.

백성이 하나님과 모세를 향하여 원망하되 어찌하여 우리를 애굽에서 인도해 내어 이 광야에서 죽게 하는가 이곳에는 먹을 것도 없고 물도 없도다 우리 마음이 이 하찮은 음식을 싫어하노라 하매(민수기 21:5).

인간적으로 힘들고 좌절하면 불평이야 할 수 있지요. 하지만 중요한 건 만나를 "하찮은 음식"이라고 칭했다는 겁니다. 새번역에는 "보잘것 없는 음식"이라고 표현했죠. 하나님께서 내린 음식이 하찮다니요. 보잘 것 없다니요. 만나를 처음 받을 때 환희와 기쁨과 감격과 감사를 여호와께 돌렸던 그들이었습니다. 그런데 이젠 '무덤덤' 하다도 아니고, 싫답니다. 진저리가 난답니다. 연인이나 부모 자식 사이에도 가장 상처가 되는 말이죠. "진저리가 난다"는 표현 말입니다. "너라면 이제 진저리가 나!" "너, 싫어!" 사랑하는 사람에게 이런 말을 듣는다고 생각해보세요. 상상만으로도 눈물이 나죠? 너와 관계하는 게 더 이상 즐겁지 않다는 표현이니까요. 이것은 관계의 파괴를 의미합니다.

이스라엘 백성에게 만나는 단순히 음식이 아니라 상징적인 의미가 있다고 했습니다. 만나를 거두고 먹는 전 과정이 가나안에 가서 살게 될 새로운 삶을 훈련하는 하나의 구체적인 연습이었으니까요. 더 많은 소유를 탐내고 축적하고 부에 따라 위계를 만들고, 강한 사람이 약한 사람을 억압하는 약육강식의 삶과는 전혀 다른 대안적인 삶을 살려고 이집트를 떠난 공동체가 이스라엘이었으니까요. 여호와께서는 만나를 통해서 율법을 잘 지키도록 훈련을 시켜오셨다고 했습니다. 잊으셨을 지도 모르니 다시 보지요.

> 그 때에 여호와께서 모세에게 이르시되 보라 내가 너희를 위하여 하늘에서 양식을 비 같이 내리리니 백성이 나가서 일용할 것을 날마다 거둘 것이라 이같이 하여 그들이 내 율법을 준행하나 아니하나 내가 시험하리라(출애굽기 16:4).

그런데 이 만나를 보잘것 없는 음식이라 표현하고 지긋지긋하고 진저리가 난다고 말하다니요. 이는 단순히 한 음식에 대해서 질린다고 하는 것 이상을 의미합니다. 궁극적으로 '하나님은 우리의 하나님이 되시고 우리는 하나님의 백성이 되는' 일종의 연인 혹은 부모자식 같은 관계성을 버리는 선언이니까요.

좀 돌아가게 된 상황이라고 하나님과의 관계성 자체를 회의하다니! 하여튼 이렇게 한껏 투덜거린 이스라엘 사람들은 우회로를 걷다가 '불뱀'에 물리는 수난을 당합니다. 사막지대였거든요. 불뱀이 정확히 어떤 생물이었는지는 확실치 않습니다. 사막에 사는 독성이 강한 뱀들은 보통 사막 모래에 묻혀 있기가 쉽죠. 사람 눈에 잘 보이지 않으니 행군하다 보면 밟을 수도 있을 것입니다. 혹자는 발에 화끈거리는 수포를 일으키는 일종의 기생충 같은 생물이라고도 합니다. 분명한 것은 예상치 못한 '불뱀'의 출현으로 많은 사람들이 죽어나가고 공동체는 전혀 전진할 수 없는 상황이었던 거죠. 이 상황을 여호와께 불만을 품었던 자신들의 태도에 대한 '벌'로 해석하고 이스라엘 사람들은 후회를 합니다.

> 백성이 모세에게 이르러 말하되 우리가 여호와와 당신을 향하여 원망함으로 범죄하였사오니 여호와께서 기도하여 이 뱀들을 우리에게서 떠나게 하소서(민수기 21:7).

삶은 결국 해석입니다. 이는 불뱀을 만나 생명이 경각에 달린 이스라엘 백성들의 해석이었습니다. "아이고 우리가 투덜거려서 진절머리가 난다고 하나님의 관계를 거절해서 우리가 이런 벌을 받는구나." 성경, 특히 구약을 읽다보면 그려지는 여호와는 마치 쉽게 분노하고 즉각적으로 벌을 내리시는 잔인한 신처럼 이해하기 쉬운데(실제로 그리 이해해서 구약의 하나님을 신약의 하나님과 다른 존재인양 바라보는 학자들도 있었습니다만), 저는 달리 봅니다. 이스라엘 사람들은 약속의 땅으로 들어가는 길목에서 불뱀의 재앙을 만나자 그 원인을 바로 직전의 실언에서 찾았던 겁니다. 즉, 하나님이 이스라엘의 망언에 분노하시어 불뱀을 보내서 즉각적인 벌을 내리셨다기보다는, 인간 입장에서 이스라엘 백성이 자기들이 당한 불행의 원인을 신앙의 눈으로 그렇게 해석했다는 거죠.

구리뱀의 상징성, 만인의 구원

그나마 자신들이 만난 재앙을 신의 심판으로 여기며 모세의 중재와 여호와의 용서를 간구하는 것까지는 신통합니다. 이스라엘 백성들의 요구는 뱀이 우리에게서 물러나게 해달라는 것이었습니다. 그래야 전진을 하지요. 그런데 하나님께서는 모세에게 다소 '엉뚱한' 명령을 내리십니다.

> 여호와께서 모세에게 이르시되 불뱀을 만들어 장대 위에 매달아라 물린 자마다 그것을 보면 살리라(민수기 21:8).

이스라엘 백성의 요구사항에 비추어 본다면 엉뚱한 해결책입니다. 우주의 만물을 관장하시는 여호와 하나님이신데 까짓 거, 불뱀 따위를 물러가게 하는 건 일도 아닙니다. 그냥 불뱀을 물리시면 아주 간단한 일인데 여호와께서는 뜬금없이 구리뱀을 만들라는 것입니다. 구리뱀을 만들어서 기둥 위에 높이 달아놓고 사람들에게 저 구리뱀을 쳐다만 보면 곧 낫고 생명을 다시 얻을 수 있다고 전하라 하십니다. 생각할수록 기이합니다. 분명히 십계명 2계명에 보면 그 어떤 형상도 만들지 말고 절하지 말라고 했습니다.

너를 위하여 새긴 우상을 만들지 말고 또 위로 하늘에 있는 것이나 아래로 땅에 있는 것이나 땅 아래 물속에 있는 것의 어떤 형상도 만들지 말며 그것들에게 절하지 말며 그것들을 섬기지 말라 나 네 하나님 여호와는 질투하는 하나님인즉 나를 미워하는 자의 죄를 갚되 아버지로부터 아들에게로 삼사 대까지 이르게 하거니와(출애굽기 20:4-5).

물론 구리뱀에게 절하라고는 안하셨죠. 하지만 여전히 위험성은 있습니다. 만약에 여호와께서 말씀하신대로 구리뱀을 쳐다보고 낫는다면 어떤 일이 일어날까요? "오호, 영험한 신물이구나." 오해할 수도 있는 상황입니다. 여호와 대신 구리뱀을 섬길 가능성도 있습니다. 이런 위험성을 감수하느니 차라리 그냥 낫게 하셨어도 될 일입니다. 아니면 '만나'처럼 하늘에서 약초를 내리는 '기적'을 행하시든지요. 그런데 왜 이렇게 오해 가능성이 있는 제안을 하셨을까요? 실제로 이스라엘 사람들은 구리뱀을 보고 나았던 놀라움에 구리뱀을 계속 보존하고 있었고 왕국이 형성되고 난 다음에도 이를 영험한 것처럼 숭배했습니다. 향을 피우고 구리뱀을 올려다보고 거기에 기도하곤 했었죠. 이런 일들로 인해 결국은 히스기야 왕이 구리뱀을 찍어서 없애버렸죠.

그가 여러 산당들을 제거하며 주상을 깨뜨리며 아세라 목상을 찍으며 모세가 만들었던 놋뱀을 이스라엘 자손이 이때까지 향하여 분향하므로 그것을 부수고 느후스단이라 일컬었더라(열왕기하 18:4).

'느후스단'이란 놋조각 따위라는 뜻입니다. 그저 놋조각에 불과할 뿐 그 자체가 신성하거나 영험하지 않다는 겁니다. 실제로 히스기야가 구리뱀을 찍어 없애고도 여호와의 진노를 사지 않은 것을 보면 구리뱀 자체는 하나님의 신성과 아무런 '존재론적' 연관성이 없어 보입니다. 그렇다면 더욱 궁금합니다. 오해의 소지가 다분한 구리뱀은 여태껏 한 번도 나타나지 않았던 일종의 '중재용 물건'이잖아요. 그 동안은 계속 모세와 아론이 혹은 미리암이 선지자가 되어서 사람과 하나님 사이를 중재했었는데, 뜬금없이 구리뱀이라니요.

저는 이 질문의 답을 '보편 구원'이라는 핵심어로 풀어보았습니다. 예수께서 요한복음에서 하셨던 말씀에서 힌트를 얻었죠. 요한복음 3장 14절에 예수님께서 이런 말씀을 하셨습니다. "모세가 광야에서 뱀을 든 것 같이 인자도 들려야 하리니." 예수님께서 자신의 십자가 사건을 이 구리뱀의 역할과 비교하실 정도로 구리뱀은 중요한 상징성을 가진다는 말입니다.

제 생각은 이렇습니다. 분명히 사람들은 "불뱀들을 치워주세요 없애주세요."라고 요구했습니다. 이것은 인간이 할 수 있는 극히 합리적인 요구였습니다. 그런데 이 요구를 그대로 들어 주셨다면요, 그래서 여호와께서 불뱀을 다 치워주셨다면 누구만 살아남은 걸까요? 아직 물리지 않은 사람만 살지 않겠습니까? 백성들은 지금 불뱀에 물려 고통 받는 이웃과 가족을 낫게 해달라고 청원하지 않았습니다. 불뱀을 치워달라고 했죠. 지금 모세 앞에 와서 청원하는 사람들은 건강한 자들입니다. 저들 눈에는 불뱀에 물려 죽어가는 이들은 보이지 않습니다. 얼른 저 불뱀들을 치워주세요. 우리가 전진하도록! 물린 사람들은 결국 버리고 가겠다는 거잖아요. 아직도 이 사람들은 인간적인 합리성, 효용 이런 것만 따지는 것입니다. 어차피 물린 사람들은 어쩔 수 없고, 불운인 것이고, 사막에서 그냥 죽으라는 것이고, 안 물린 사람들만이 자기들이 살아날 궁리를 하는 겁니다. 우린 아직 안 물렸으니까, 남아있는 사람들이 더 많으니깐 효율적으로 말하자면 지금 건강한 사람들만 무사히 살아남아보자, 하는 계산인 것이죠. 예수님이 말씀하셨던 비유 중에 '잃은 양'의 비유가 기억나시나요? 아흔아홉 마리나 있는데 한 마리쯤이야 없어진다고 대수냐? 지금 이스라엘의 제안에는 이런 발상이 깔려 있습니다. 물론 창조주이신 여호와께는 안 물린 건강한 사람도 사랑과 관심의 대상입니다. 그러나 이미 물려서 죽어가는 사람들에 대한 안타까움이 당연히 더 크고 긴박하셨을 겁니다. 생명이라면 다 살리시고 싶은 마음이 바로 하나님의 마음, 아니셨을까요? 구리뱀은 아직 안 물린 사람들이 아니라 물려서 죽어가는 사람들, 생명이 경각에 달린 사람들에 대한 처방전이었습니다. 사랑의 상징이죠. 자기만 살겠다고 여호와 앞에 나온 건강한 사람들에게 여호와께서는 구리뱀을 통해 가르치시고 싶으셨던 것이 아닐까요? 함께, 다 사는 길을….

앙망, 하나님을 우러러 보는 신앙의 행위

또 하나, 이 구리뱀이 '높이 들렸고' 이것을 '우러러 보아야만 산다'는 설정이 주는 교훈입니다. 생명의 하나님이신데 저들을 '모두'

건지고 싶은 것이 하나님의 뜻이었다면 홍해를 가르듯 시나이 산에서 강림하시듯 한 번에 놀라운 권능으로 치유를 해주시면 될 일입니다. 지금까지 하나님은 물을 달라고 하면 바위에서 물이 샘솟게 하시고 고기를 달라고 하면 하늘에서 메추라기를 보내주셨던 전능자시니까요. 그런데 구리뱀을 만들어서 장대에 달라고 하는 것은 너무 황당하게 느껴집니다. 그냥 '아멘' 하며 따르기가 참 힘이 듭니다. 인간의 이성, 합리성으로는 이해가 안 됩니다. 일단 광야에서 그걸 만들고 있자니 번거롭기도 하구요. 구리뱀을 쳐다보면 낫는다니. 허어, 그것 참! 도대체 이 비합리적인 행위를 요구하신 이유가 뭘까요?

물론 죽기 살기 아니면 밑져야 본전이라고 보는 사람도 있었겠죠. "어이없는 말씀임에도 불구하고 여호와께서 말씀 하셨으니깐 죽게 생긴 마당에 뭔들 못하랴. 그저 만들고 달아 올리고 믿고 쳐다보자!" 그리 생각한 사람들도 있었을 겁니다. 실은 여호와께서는 그것을 원하셨던 것 같습니다. "어이없고 불가능하고 대책이 안서는 일이지만, 여호와께서 이루겠다고 하셨다. 그러니 믿고 너의 몫을 행하라. 너는 그저 믿고 '앙망'하며 하늘을 우러르는 것이다. 그것도 못하냐? 믿기만 하면 되는데?" 만나가 아직 도래하지 않은 이스라엘의 삶의 방식을 구체적으로 보여주듯이, 구리뱀은 아직 완성되지 않은 '만인을 향한 하나님의 구원'을 보여주는 '연습용' 매개체가 아니었을까요? 구리뱀 자체가 구원이라는 말이 아닙니다. 구리뱀에 영험한 신통력이 있다는 말은 더 더욱 아닙니다. 다만, "다 살 거다." "내가 다 살려낼 거다." 하시는 하나님의 보편 구원을 향해 사람들이 믿고 고개를 들어 하늘을 우러르게 하는 상징물이었다는 말입니다.

살다보면 어디 불뱀만 있겠습니까? 죽음의 위협은 어디든 있는 법이지요. 그것을 치워달라는 기도나, 나는 그런 불행을 안 만나게 해달라는 기도는 너무나 이기적이지요. 이미 소망 없는 사람들은 버리고 가겠다는 '사랑 없는' 발상이구요. 하지만 여호와께서는 '불뱀'으로 상징되는 삶의 난관들, 죽음의 실재적 위협 앞에서 피하는 길보다 사는 길을 제시하신 겁니다. 앙망, 그게 답이다. 믿고 우러르라!

그러고 보면 믿음과 행동은 항상 같이 가는 것입니다. 믿기만 하고 우러르는 행동을 하지 않을 수는 없는 일이니까요. 믿었기 때문에 우러러 본 것입니다. 그러니까 우러르는 행위는 내가 선택하는 겁니다. 나는 하나님의 약속을 믿기로 했어요. 비록 당장 눈앞에 보이지는 않지만, 우리가 과감하게 이집트를 떠나올 수 있었던 것은 우리 믿음 때문이죠. "강한 왕권중심의 성곽이 우리의 보호가 아니다. 그건 우리의 산성이 아니다. 우리의 산성은 누구시냐? 여호와 하나님이시다. 우리는 그분만 믿고 인간적 산성을 나오겠다." 그래서 나온 사람들이니까요. 그렇기에 우리의 안전은 오로지 여호와 하나님을 우러러 보는 것입니다. 그래야만 삽니다.

'신앙'이라는 한자가 믿을 신(信)자에다가 우러를 앙(仰)입니다. 믿음으로 우러르는 것. 그것이 하나님을 주(主)로 섬기는 공동체가 안전하게 존속할 수 있는 핵심적인 힘이라는 것입니다. 그랬기 때문에 이 구리뱀 사건을 통해 하나님께서는 이스라엘 공동체를 근본적으로 다시 한 번 믿음으로 초청하시는 것입니다. "싫다" "진절머리가 난다"는 끔찍한 표현을 듣고 나서도 이스라엘 백성과 헤어지지 않으시고 다시 한 번 관계회복을 꾀하시는 것입니다. 사실 구리뱀 자체는 전혀 초월적 힘이 없지만 그 상징을 통해서 믿음을 다시 갈구하시는 것입니다.

그렇기에 구리뱀이 영물이 된 상황이라면 히스기야가 그 뱀을 때려 부셔도 문제 될 것이 없는 것입니다. 구리뱀을 일종의 마술적인 성물로 보면 큰일 납니다. 이것을 통해서 하나님을 앙망하고 다시 하나님과의 관계 속에서 살아가는 구원의 삶을 살도록 해야지 생명이 살아나는 것입니다. 물렸다가 살아나는 것은 일종의 하나님을 보게 하는 통로가 되는 상징이었던 겁니다.

어쩌면 예수께서 십자가에 높이 들리심을 '모세의 구리뱀'에 비유하신 것도 같은 의미가 아니셨을까요? 나의 십자가는 너희들이 다시 하나님 안에서 생명을 얻을 수 있도록 하나님을 보게 하는 통로다, 이런 이야기를 해주시는 겁니다. 서구권의 조야한 종교 영화에서 보듯 사제가 십자가를 앞세우면 악령이 으아악 소리를 지르거나 귀신의 형체가 연기를 내며 타들어가는 따위의 힘으로 제한되어 표현될 수 없는 까닭이 거기 있습니다. 여기서 중요한건 십자가의 의미입니다. 십자가 자체는 아무런 마술적 힘이 없는 것입니다. 이 상징은 인간들이 오직 믿음으로 오직 신앙으로 하나님을 우러러야 산다는 메시지를 전할 뿐입니다. 나의 안전, 나의 인생에서 죽음 이후의 영생의 기원이요, 근거요, 그 토대는 여호와 하나님이시라는 것을 믿고 앙망하라는 것, 믿음으로 올려보라는 메시지가 핵심 메시지라는 겁니다.

우리가 볼 것은 구리뱀 자체(그리고 십자가 자체)가 아닙니다. 구리뱀을 '우러러' 보면서 우리가 기억해야 하는 건 '우리의 구원이 여호와로 말미암는다는 것'입니다. 때문이 이 행위는 임마누엘, 주와 동행하는 삶이 구원임을 다시 한 번 고백하는 '믿음의 행위'입니다. 정말 중요한 것은 상징이 전달하는 메시지이지 상징 자체를 우상시하거나 거룩하게 하면 안 되는 것입니다. 하나님의 약속을 믿고 믿음으로 '앙망'하는 행위가 결국 우리를 살려낼 것입니다.

기도

사랑의 하나님, 감사드립니다. 주께서는 하루를 살아낼 힘과 또 그 하루의 생명을 이어가기 위한 모든 필요를 다 아시고 공급하여 주시는데, 저희는 그 삶을 부족하다고 투덜거렸습니다. 심지어 진절머리가 난다고까지 불평하기도 했습니다. 저희들의 신앙 없음을 고백합니다. 주여 용서해 주소서. 이런 저희 모습을 보고도 내치시지 않고 다시 믿음의 행위로 초청하시는 하나님의 큰 사랑을 봅니다. 우리 인생 가운데 '불뱀'과 같은 환란이 없지 않겠으나, 오직 여호와를 앙망함으로 저희들의 안전과 생명을 구하게 하옵소서. 예수님의 이름으로 기도합니다. 아멘.

믿음은 행동 없음을 의미하지 않습니다. 하나님의 약속을 믿고 우러르는 선택을 하며 살아갑시다.

열일곱 번째 만남

하나님의 몫을 지킨 여인들–슬로브핫의 딸들

민수기 27장, 36장

말라, 노아, 호글라, 밀가, 디르사 무슨 이름인 것 같으세요? 요즘 유행하는 걸그룹 멤버들의 이름은 물론 아닙니다. 성경 이야기를 하고 있는 중이니 성경 인물임에는 틀림없는데, 어째 자주 듣지 못했던 낯선 이름들이다, 그리 생각하실 겁니다. 힌트는 다 여자들이고 한 가족이며 자매라는 점입니다. 성경에 이렇게 다섯 자매 이름이 빠짐없이 나온 경우는 제가 알기로는 전무후무합니다. 여자가 공적(公的)인 메시지를 전할 수 없던 시절, 공적 의미를 가지는 사건을 만들고 이것이 기억되기엔 여러모로 제약이 따랐건만, 하나 둘도 아니고 다섯 자매의 이름이 모두 기록되어 있다니요. 보통 일은 아닙니다. 그녀들은 이스라엘 공동체 안에서 어떤 일을 했길래 이들의 이름이 모두 성경에 기록되었을까요? 오늘 사랑방 이야기의 주제입니다.

딸부자 '슬로브핫'

뭔가 범상치 않은 일을 벌인 것이 틀림없는 이 다섯 딸들의 아버지가 누군지 궁금하지 않으세요? 아들이 없는 딸부자였던 아버지의 이름은 슬로브핫이라고 합니다. 슬로브핫과 다섯 딸들, 이 이름이 기록된 본문은 민수기입니다. 이제 가나안 입성을 목전에 두고 모세는 백성들의 수를 집안별로 계수하였습니다. 약속의 땅을 각 지파, 집안 사람들에게 분깃으로 나누어주고자 함이었지요. 슬로브핫의 다섯 딸들 이야기가 기록된 곳은 수를 다 계수하고 그 숫자에 맞춰서 사람들에게 하나님의 분깃으로서의 땅을 배분해 주기 전, 그 사이의 사건으로 등장합니다.

> 요셉의 아들 므낫세 종족들에게 므낫세의 현손 마길의 증손 길르앗의 손자 헤벨의 아들 슬로브핫의 딸들이 찾아왔으니 그의 딸들의 이름은 말라와 노아와 호글라와 밀가와 디르사라 그들이 회막 문에서 모세와 제사장 엘르아살과 지휘관들과 온 회중 앞에 서서 이르되 우리 아버지가 광야에서 죽었으나 여호와를 거슬러 모인 고라의 무리에 들지 아니하고 자기 죄로 죽었고 아들이 없나이다 어찌하여 아들이 없다고 우리 아버지의 이름이 그의 종족 중에서 삭제되리이까 우리 아버지의 형제 중에서 우리에게 기업을 주소서 하매 모세가 그 사연을 여호와께 아뢰니라(민수기 27:1-5).

슬로브핫이 어떤 삶을 살았고 공동체 안에서 어떤 영향력을 끼쳤는지는 모릅니다. 하지만 보통 아버지의 이름을 앞에 넣어 '아무개의 아들'로 불리는 것이 당시의 문화적 관례이던 것을 기억한다면, 슬로브핫의 가문은 제법 유명세가 있는 가문이었던 것 같습니다. 요셉과 므낫세의 이름이 나오고 아울러 마길, 길르앗, 헤벨 등 조상들의 이름이 무려 5명이나 언급됩니다. 필시 이스라엘 공동체가 듣고서 고개를 끄덕일 만큼 잘 아는 인물들임에 틀림없습니다. 그러니 저리 긴 수식어구가 등장한 것이겠지요. 유학시절 태국인 룸메이트와 지냈던 적이 있었습니다. 대단한 귀족이라면서 자신의 'full name' 즉 공식적인 이름을 읊더군요. 그야말로 어린 시절 개그 코드로 들었던 '서 수완무 개구리와 두루미~'로 시작하던 끝을 모르는 이름처럼 무려 10여분을 읊어야 끝이 나는 긴 이름이었습니다. 더 고귀한 집안일수록 이름이 길다고 하더군요. 자랑스런 조상의 이름들을 다 앞에다 붙이다 보니 그렇게 길어진 겁니다. 비슷한 발상이겠죠? 슬로브핫 그 한 개인은 잘 알지 못하나, 적어도 그 집안은 이름 앞에 다섯 조상의 이름이 언급될 만큼 대단한 집안의 사람이었음에는 틀림이 없습니다.

그런데 아버지에서 아들로 이어지는 가부장제적 상속이 전통이었던 이 공동체에서 슬로브핫의 가문은 약속의 땅에서 분깃을 받지 못할 상황이 되었습니다. 아들이 없었으니까요. 큰일입니다. 유력한 가문이 그칠 상황입니다. 하지만 슬로브핫의 다섯 딸들은 이 '문화적 당연'에 질문을 합니다. "도대체 아들이 없다는 이유로 아버지의 분깃, 아버지의 기업을 받지 못한다는 것이 말이 됩니까? 우리는 분명

하나님의 약속을 믿고 이집트를 탈출한 믿음의 사람들인데, 하여 저 약속의 땅에서 분명히 아버지의 몫이 있을 텐데, 단지 아들이 없다는 이유만으로 왜 우리가 아버지의 몫을 빼앗겨야 하나요?" 다섯 딸들은 이런 얘기를 하고자 공적 장소에 섰습니다.

참으로 대단한 여인들입니다. 그 광경을 한 번 그려보세요. 성경은 그 다섯이서 회막 문 앞에 서서 회중 앞에서 이야기를 했다고 기록합니다. 회중 앞에서 이야기하는 것은 일반 남자들이라도 쉽지 않았습니다. 원칙적으로야 이스라엘 백성이라면 누구나 발언권이 있었지만, '회막 앞'은 주로 모세나 아론 혹은 각 지파의 지도자라든가 이런 '대표성'을 지닌 사람들이 하나님과 백성 사이에 서서 공적 스피치를 하던 장소였습니다. 그런데 아주 '당돌하게도' 여자 다섯이서 회막 문에 나와서 섰습니다. 그리고 모세와 제사장들, 지도자들과 회중들 앞에서 자신들의 주장을 하고 있는 겁니다. '회막 문 앞' 이라는 이야기는 비단 사람들을 향한 외침만이 아닙니다. 실은 "여호와 하나님, 좀 들어주세요." 하는 의미도 담고 있는 상징적 행위입니다.

저는 슬로브핫이 딸들을 어찌 키웠길래 이리 당당할까, 그의 교육관이 궁금해졌습니다. 사람을 육체적 매력으로 응시하는 21세기 소비자본주의 문화의 정점에서는 딸의 몸매를 매력적으로 잘 관리해준 '관리맘'을 찬양하는 황당한 노래가 나왔다더니, 그 제목을 패러디하면 저도 묻고 싶은 심정입니다. "아버님이 누구니?" 당시는 가부장적인 사회였는데, 아버지 슬로브핫은 딸들을 어찌 길렀길래 저리 당당하게 사람들과 하나님 사이에 서서 자신들의 주장을 펼칠 수 있는 주체적 인간으로 자란 걸까요?

안타깝게도 슬로브핫의 가치관이나 인생관을 유추할 근거가 성경 자체에는 없습니다. 그러나 제가 주목한 하나의 힌트는 마지막 딸의 이름입니다. 디르사~ 디르사라는 뜻은 '기뻐하는 것' '기뻐하는 자'라는 의미입니다. 그러니까 기쁨이 되는 막내딸이라는 것이죠. 지금은 많이 달라졌지만 가부장제 사회에서 아들 하나 얻지 못한 상태에서 딸만 다섯이라는 것은 그다지 기쁠 일이 아닙니다. 유교 전통이 오랫동안 지배해온 우리나라에서도 딸을 많이 낳으면 막내딸의 이름을 대부분 종남이, 말자, 끝순이 이런 식으로 지었습니다. 딸은 이제 그만, 이라는 의미이죠. 이스라엘이라고 다르지 않았을 겁니다. 아들이 아니면 아버지의 기업을 상속받을 수가 없는 가부장제의 정점에서 첫째도 딸, 둘째도 딸, 셋째, 넷째, 심지어 다섯째까지도 딸인데, 슬로브핫은 다섯째 딸을 낳고도 여느 아버지와 달랐습니다. 다섯째 딸아이를 보며 '내가 기뻐할 수 있는 아이'라고 부를 수 있는 아버지였다면 슬로브핫의 딸들 교육이 어떠했을지 짐작이 갑니다.

한 생명 한 생명 하나님이 준 선물이기에 모두 감사함으로 받았을 겁니다. 무엇보다 아들 딸 구분은 내가 선택할 수 있는 게 아니잖아요. 하나님이 주신 선물인데 어찌 기쁘지 않겠습니까? 하여 기 죽여서 키우지 않았을 것 같습니다. 그랬기에 이 딸들이 당당하고 자기주장을 펼칠 수 있었고 하나님과 사람들 앞에서 주체로 서는 용감한 여성들로 자랄 수 있지 않았을까, 이런 생각이 듭니다. 딸은 아버지나 주변 어른들이 그 아이를 존중해주고 그 말에 귀 기울여 줄 때 자존감이 강한 아이로 성장한다고 합니다. 가끔 가부장적 시선을 가진 어른들이 자기주장이 강하거나 활동적인 여자아이들에게 '남자 같다'고 표현합니다만, 실은 그런 의미입니다. 남자들이 주로 공적인 일들을 하고 자기 주장을 펼칠 기회를 부여받았기 때문이죠. 적어도 슬로브핫은 가부장적인 사회였던 고대 이스라엘 문화권에서 하나님의 선물로 다섯 생명을 편견 없는 자세로 길러냈던 것 같습니다. 그러니 딸들이 그리 또박또박 자신들의 생각을 말하고 당당히 되물을 수 있지 않았겠어요?

다섯 딸들이 지켜낸 아버지의 몫

물론 다섯 딸들도 훌륭합니다. "아버지가 '아들 없이' 돌아가셨으니 할 수 없다. 다 딸인데 어쩔 거야? 아들만이 상속권이 있는 세상인걸, 우린 시집이나 잘 가면 되는 일이지." 이렇게 생각해버릴 수도 있었을 텐데, 그녀들은 분연히 일어섰습니다. 흔치 않은 일이었으니 모를 일입니다. 자칫 회중 앞에서 공적 발언을 하다가 여자들이 말이 많다고 처벌 받을 수도 있는 상황입니다. 그럼에도 다섯 딸들은 함께 손을 붙잡고 당당하게 말했습니다. "우리에게 아버지의 분깃을 주세요." 굉장한 용기입니다.

무엇보다 이 다섯 딸들은 여호와 하나님에 대한 신앙이 확고했다고 봅니다. 그렇지 않으면 못할 질문이었을 겁니다. 만약 여호와가 무조건 무서운 분이고 불합리하고 남자만 챙기시는 하나님이라고 생각했다면 어떻게 '감히' 이런 질문을 할 수 있겠어요? 본인들이 믿고 있는 신앙에 따라서 "하나님은 이걸 들어 주실 거야 우리의 호소를 충분히 이해하실거야" 그런 믿음이 있었으니까 앞으로 나갔을 겁니다. 실은 이 일만 보아도 슬로브핫이 평소 딸들에게 어찌 대했을 지가 유추 가능합니다. 아버지의 권위로 무조건 입 다물게 하는 양육 방식이 아니었을 겁니다. 어쩌면 '대드는 일'조차 가능했을 듯합니다. 청소년기의 삐뚤어진 반항을 말하는 것이 아닙니다. 이런 '대듦'은 오직 아버지에 대한 깊은 신뢰와 견고한 관계를 가진 자녀만이 할 수 있는 행동입니다. 이런 언쟁으로도 관계가 멀어지거나 일방적인 벌을 받지 않는다는 것을 알기에 감히 '도전'하는 겁니다. 난 이해가 가지 않아요. 제 생각은 이래요, 하면서. 서로 설득하고 설득당할 가능성을 열고서 소통하는 모습입니다. 늘 그랬기에, 이 다섯 딸들은 하나님 '아버지'에게도 신뢰를 기반한 당돌한 질문을 던졌던 것이 아닐까요?

"어찌하여 아들이 없다고 우리 아버지의 이름이 그의 종족 중에서 삭제되리이까? 우리 아버지의 형제 중에서 우리에게 기업을 주소서!" 다섯 딸들의 질문은 모세조차도 지금까지 듣도 보도 못한 일이었나 봅니다. 여태껏 여자가 기업을 무를 수 있다는 발상은 생각조차 못했던 일인데, 자신들이 만들 새 질서 안에 혹 그것이 가능한 일인지 일단 여호와께 여쭤봐야겠다 싶었나 봅니다. 모세의 질문에 여호와께서는 이리 답하십니다.

여호와께서 모세에게 말씀하여 이르시되 슬로브핫 딸들의 말이 옳으니 너는 반드시 그들의 아버지의 형제 중에서 그들에게 기업을 주어 받게 하되 그들의 아버지의 기업을 그들에게 돌릴지니라 너는 이스라엘 자손에게 말하여 이르기를 사람이 죽고 아들이 없으면 그의 기업을 그의 딸에게 돌릴 것이요 딸도 없으면 그의 기업을 그의 형제에게 줄 것이요 (민수기 27:6-9).

통쾌합니다. 정말 성경에서 보기 드문 멋진 광경이 펼쳐졌습니다. "슬로브핫 딸들의 말이 옳으니"라니요. 알려준 율법도 제대로 수행치 못하여 늘 혼나던 이스라엘 백성입니다. 백성들이 감히 여호와께 되물어 본 일도 드물거니와, "네 말이 옳다"고 인정받은 경우는 더더욱 자주 있는 일이 아니었습니다. 그런데 여호와께서는 "다섯 딸들의 말들이 옳다"고 하십니다. 심지어 "용감했던 너희 다섯만 아버지의 분깃을 가져가라"가 아닙니다. 이 기회에 아예 법을 바꾸라고 명령하십니다. 덕분에 슬로브핫의 다섯 딸들에게만, 혹은 슬로브핫의 집안에게만 복이 되는 게 아니라 이제 앞으로 오고 또 올 딸들에게조차 복이 되는 새 법이 생겼습니다. '아들이 없는 집이면 딸에게 먼저 여호와의 분깃이 가야 된다'는 법 조항을 만들게 한, 굉장히 놀라운 공동체적 변화를 슬로브핫의 다섯 딸들이 해낸 겁니다.

땅, 하나님과 동행하는 삶의 터전

그런데 자칫 우리의 문화권에서 생각하면 이 딸들이 아주 계산적이고 이기적인 목적으로 유산 상속을 주장했다고 생각할 여지가 있습니다. 말하자면 아버지 몫으로 올 땅을 못 받으면 손해니까 아주 영악하게 재산을 챙겼구나, 그런 생각을 할지도 모르겠네요. 하지만 이스라엘 백성에게 있어 '땅'의 이해는 매우 독특합니다. 21세기 투기금융자본주의적 마인드로 '땅'을 응시하면 이 본문의 진의를 오해할 수 있습니다. 다섯 딸들은 땅을 영구적으로 소유하거나 투기하려는 목적으로 '아버지의 몫'을 간구하지 않았습니다. "우리 아버지 몫의 땅을 주세요." 이 당당한 요청은 히브리적인, 즉 유대 공동체적인 문화권의 사고방식으로 이해를 하고 해석해야 된다고 봅니다.

그렇습니다. 슬로브핫의 다섯 딸들은 당당하게 회막 문 앞에 선 이유가 있습니다. 히브리 사람들에게 '땅'은 하나님이 약속하신 새로운 관계성, 새로운 사회 질서의 구체적 상징이었습니다. 땅을 처음 약속 받았던 사람이 누구죠? 아브라함입니다. 하나님께서 말씀하신 땅은 인간의 부요함이나 높은 권력을 쌓을 수 있는 탐욕의 상징이 아니었습니다. 약육강식의 도시국가 틈바구니에서 제대로 거주할 삶의 기본 공간조차 없어서 이리저리 이동하던 '히브리' 사람 아브라함에게 하나님께서는 땅을 약속하셨습니다. 정착할 수 있는 땅, 후손을 길러내고 행복한 가정을 이룰 수 있는 땅을 주겠다는 하나님의 약속에서, '땅'은 재산이라기보다는 삶이었습니다. 약속의 땅은 하나님과 동행하는 삶을 의미합니다.

다른 도시 국가들처럼 높은 산성을 쌓아 지키는 땅이 아니었습니다. 그저 여호와와 동행하며 사는 인생 여정에서 기본적으로 필요한 공간이 '약속의 땅'으로 상징된 겁니다. 여호와께서 우리 몫으로 허락하신 그 땅에서 인간으로서 우리의 삶이 풍성할거야, 화목할 거야. 그 믿음이 있었던 겁니다. 그래서 초기 이스라엘 공동체에게 땅은 사고파는 게 아니었습니다. 레위기 25장 23절을 보세요. 여호와께서 이미 선포하신 것이었습니다.

> 토지를 영구히 팔지 말 것은 토지는 다 내 것임이라 너희는 거류인이요 동거하는 자로서 나와 함께 있느니라(레위기 25:23).

"땅은 너희가 사고파는 것이 아니다. 사유재산이 아니다. 토지는 나 여호와의 것이다." 이건 여호와께서 땅 부자가 되시겠다는 말이 아니잖아요. "내가 창조한 이 땅에서 너희는 잠시 머물다가 가는 존재다. 네가 이 땅에서 머물러 살아가는 동안에 네 생명이 풍성하도록 내가 함께 할 거다. 내가 함께 함으로 너와 머물러 만드는 그 공간, 그 만큼이 내가 너에게 주는 축복이다." 힘센 자가 축적하는 고대 근동 사회에서 있어왔던 소유에 대한 개념은 인간주의적인 삶의 방식이었잖아요. 아브라함이 불려나왔을 때부터 이 사람들은 철저하게 이런 인간주의적인 삶의 방식에서 대안적인, 상당히 대조적인 삶의 방식을 '믿고' 있었던 신앙의 공동체였습니다. 그래서 계속해서 하나님께로부터 요구받는 거였죠. "땅을 영구히 네 것으로 만들려는 탐욕을 버려라. '약속의 땅'은 언제나 임시적이다. 항구적인 것은 나 여호와다. 너와 늘 동행할 여호와 나와 동거하는 한 네가 거하는 그 땅은 네가 잠시 거류하는 삶의 터전일 뿐이다."

슬로브핫의 다섯 딸들은 필시 이스라엘 공동체의 전통에서 강조해온 바, '땅'이 주는 의미를 알고 있었다고 봅니다. 그래서 당당하게 요청했을 겁니다. 아버지의 분깃, 아버지의 몫, 하나님이 아버지에게 약속하셨던 '땅'을 받지 못한다는 것은 재산의 상실만을 의미하지 않는다는 것을 알고 있었습니다. 다섯 딸들에게 '아버지의 분깃'을 받지 못한다는 것은 여호와께서 우리에게 주시기로 했던 여호와의 몫이 없어지는 것이었습니다. 우리가 거류민으로서 여호와와 함께 하면서 여호와와 동행할 기회가 완전히 없어지는 거잖아요. 어떻게 보면 '거룩한 욕심'입니다. 이 당시에 여자들은 시집을 가버리면 다른 부족으로 흡수되어 버리니까요. 자신들의 현세적 삶은 어떻게든 이어질 겁니다. 하지만 아버지의 몫, 여호와께서 약속하신 아버지의 삶의 터전은 영영 없어지게 됩니다. 이들이 안타까워했던 것은 여호와께서 약속하신 땅에서 아버지의 이름과 몫이 사라지는 것이었습니다. 이는 가부장적인 혈통을 이어가는 것보다 더 큰 의미가 있었다고 생각합니다. '슬로브핫'이라는 우리 아버지의 이름! 약속을 믿고 이집트를 나왔던 그 이름, 그 이름이 약속의 땅에서 하나님이 주신 몫으로 영원하기를 바라는 딸들의 사랑이 아니었을까요?

사실 저는 이 구절을 읽을 때마다 가슴이 벅차오릅니다. 이유 중 하나는 어렸을 때부터 성경을 읽으면서 들었던 한 질문에 대한 해답을 발견했기 때문입니다. 만물을 낳으신 하나님께서는 결코 남녀를 차별하지 않으실 텐데, 유대법들을 보면 왜 이렇게 차별적이지? 어려서는 그걸 못마땅해 하면서 읽었던 기억이 납니다. 그런데 이 본문을 묵상하면서 얻은 해석은 하나님의 계획은 처음부터 평등하고 보편적이지만, 인간들의 문명의 눈높이에 맞춰주시는 것이 아닌가 하는 점이었습니다. 당시는 가부장적인 문화였고 남녀평등을 얘기해봤자 이해하기 힘든 상황이었을 테니까요. 처음부터 받아들이기 힘든 청사진을 다 제시하기란 어려우셨을 지도 모를 일입니다. 그저 안타까움과 기대감으로 사람들을 지켜보시며 동행하셨겠죠. "모든 생명은 한 생명 한 생명이 평등하고 내 형상대로 지은 귀한 생명이라는 것을 이 아이들은 언제 알아차릴까?" 이런 생각, 이런 기대감을 가지면서 우리의 성장을 기대하고 기다리셨다면, 이 다섯 딸들이 회중들 앞에 서서 당당히 외쳤을 때 얼마나 기특하셨을까요? 필시 아버지의 마음이 그러했을 겁니다. "옳거니, 그거지. 너희들이 옳았다. 이제야 그런 생각에 다다랐구나. 그걸 법으로 정하렴." 이렇게 얘기해 주시는 놀라운 역사에는 '아버지' 하나님의 이런 기쁨이 동반되지 않았을까요?

그런데 문제는 여기서 끝나지 않았습니다. 소위 므낫세 지파의 남자들이 봉기를 합니다. 어찌 보면 속이 좁다고 볼 수도 있고, '땅은 여호와의 약속'이라는 맥락으로 보면 신앙적인 이유일 수도 있습니다. 무슨 이유이든 분쟁은 현실적인 문제였습니다. 슬로브핫의 딸들에게 아버지의 몫이 돌아가게 된다면 그 땅이 조만간 다른 지파에게로 넘어가 버릴 것이라는 문제제기였죠. 가부장 시스템에서 이 딸들이 다른 지파로 시집을 가버리면 현재 이 공동체의 시스템에서 그

분깃은 다른 지파의 것이 되는 거잖아요. 그러니까 결국 므낫세 지파 공동체의 땅이어야 하는 몫이 '슬로브핫'의 분깃만큼 없어지는 것입니다. 그렇다고 이 다섯 딸들보고 평생 혼자 살라고 할 수도 없습니다. 그래서 항변하는 므낫세 지파 사람들에게 여호와께서는 또 하나의 해결책을 제시하십니다.

> 모세가 여호와의 말씀으로 이스라엘 자손에게 명령하여 이르되 요셉 자손 지파의 말이 옳도다 슬로브핫의 딸들에게 대한 여호와의 명령이 이러하니라 이르시되 슬로브핫의 딸들은 마음대로 시집가려니와 오직 그 조상 지파의 종족에게로만 시집갈지니 그리하면 이스라엘 자손의 기업이 이 지파에서 저 지파로 옮기지 않고 이스라엘 자손이 다 각기 조상 지파의 기업을 지킬 것이니라 하셨나니(민수기 36:5-7).

하하, 하나님도 참 하나하나 세세하게 다 조정하시느라 애를 쓰십니다. 그 모습이 그려져 저도 모르게 미소 짓게 되네요. 친족 간 결혼이라, 물론 우리의 현대적 문화권에서는 받아들이기 어려운 일입니다. 하지만 이 당시에는 가능했던 제도였습니다. 사실 므낫세 지파 남자들의 요구사항은 이스라엘 공동체가 가지고 있었던 희년법을 염두에 둔 문제제기였습니다. 희년법은 매 50년마다 땅을 원주인에게 돌려주는 것입니다. 살다보면 어렵고 힘들어서 땅을 팔 수도 있는 일입니다. 투기 목적이 아니라 먹고 살기 위한 최후의 수단인 거죠. 안타깝고 힘들지만 일단 먹고 살아야 되니까 어쩔 수 없이 땅을 팔수도 있고 실제로 그런 일들이 있었습니다. 땅을 판 돈으로 연명하는 거죠. 또 여호와가 준 분깃을 누군가에게 저당 잡히고 급전을 마련하기도 했습니다. 다만 이런 방식으로 토지가 영구히 다른 사람의 것이 되는 걸 여호와께서 싫어하신다는 이들의 신앙고백은 희년법이라는 매우 독특하고 혁명적인 규칙을 낳았습니다. "50년마다 네가 가지고 있던 분깃을 다시 원주인에게 돌려주라." 이것이 희년법의 원칙입니다. 그렇기 때문에 각 지파의 분깃들이 상황에 따라서는 다른 지파들에 조금씩 팔릴 수도 있었겠지만 희년이 되면 다시 원점으로 돌아와야 하는 겁니다.

슬로브핫의 몫이 원주인 즉 므낫세 지파의 땅이 되기 위해서 이 다섯 자매는 다른 지파에 시집을 가버리면 안 된다는 겁니다. 므낫세 지파의 남자들이 우리 몫을 지켜야겠다는 단순한 생각에서 반발했을 수도 있습니다. 그러나 다섯 자매처럼 '거룩한 욕심'을 품었을 가능성도 있죠. 이건 우리가 판단하기는 힘듭니다. 문맥만 가지고 섣불리 얘기할 수 있는 건 아니니까요. 다만 어느 쪽으로 보든지 결국 이스라엘 사람들이 생각했던 '땅' 개념을 우리가 확실하게 알고 가는 게 오늘 제일 중요한 포인트 같습니다. 결코 자본주의적인 '땅' 이해가 아니었다는 것, 사고파는 부동산으로서의 '땅'이 아니었다는 것을 기억해야 합니다. 우리 영토를 조금 더 늘려서 우리가 조금 더 부자가 되어야겠다는 의미가 아니었다고 봅니다. 이 땅에서 임시적인 거류민인 사람이, 하나님이 우리와 함께 하시는 약속의 징표요 삶의 터전인 '땅'을 지켜내려는 거룩한 욕심인 것입니다.

결국 슬로브핫의 딸들도, 므낫세 지파의 남자들도 여호와와 동행하는 삶의 약속이요 터전인 땅을 빼앗기지 않으려는 '거룩한 욕심'을 품었던 것이라고 읽고 싶습니다. 그 때문에 이들은 당당히 여호와와 사람들 사이의 공간인 회막 문 앞에서 선 것이 아닐까요? 이리 읽고 나니 스스로 되묻게 됩니다. 여호와께서 나에게 주신 '거룩한 몫'은 뭘까? 결코 누군가에게 빼앗기거나 양도하고 싶지 않은 임마누엘의 징표는 무엇일까? 그것을 나는 어떻게 지키고 어떻게 사용해야 할까? 이것을 통해 어떻게 여호와께 영광을 돌릴까? 이런 부분을 묵상해 보았습니다. 이것은 비단 나 자신만이 아닙니다. 내 이웃에게도 내가 감히 탐하거나 침범하면 안 되는 그만의 거룩한 분깃이 있습니다. 여호와로부터 받은 삶의 약속 말입니다. 내가 받은 하나님의 몫을 용감하게 지켜내고, 동시에 네가 받은 하나님의 몫을 존중하면서, 잠시 거하는 이 땅에서 거룩하고 화목하게 살았으면 좋겠습니다. 그러다가 주께서 희년을 선포하실 때, 하나님의 것을 하나님께 돌려드리며 기뻐할 수 있다면 우리는 여호와의 참된 자녀일 겁니다.

기도

사랑의 하나님, 감사를 드립니다. 저희들로 하여금 슬로브핫의 다섯 딸들처럼 당신께서 저희에게 주신 여호와의 몫을 지켜내는 지혜와 용기, 그리고 거룩한 욕심을 품게 하여 주시옵소서. 주님, 저희가 인생을 하루하루 살아가는 동안 인간적인 욕심이나 인간적인 계획에 사로잡히지 말게 하시며, 언제나 임마누엘 하시는 주와 동행하는 이 땅의 거류민으로서 하나님께서 기뻐하시는 삶을 살게 하여 주시옵소서. 그리하여 훗날 저희의 이름을 기억하는 자손들이 참으로 용감하고 지혜롭고 신앙심 깊었던 선조였다고, 그렇게 떠올려주고 자신들의 이름 앞에 두어 기억하고 싶은 삶을 살게 하여 주시옵소서. 예수님의 이름으로 기도합니다. 아멘.

하나님의 약속과 은총을 감사하며 우리 인생 가운데 여호와의 몫을 지켜내는 거룩한 삶을 삽시다.

여호와의 사람, 여호수아

여호수아 1-6장

한 세대를 넘겨 광야를 헤매던 이스라엘 백성들이 드디어 가나안 땅에 들어가게 되었습니다. 정말 지난한 세월이었습니다. 얼마나 많은 일이 있었는지는 읽는 우리조차 힘겨웠었죠. 투덜대다가 혼나고 다시 회개하고 불신앙으로 의심하고 대들고, 이것을 끊임없이 반복하고…. 결국 이집트를 나온 첫 세대는 불신앙과 불순종으로 말미암아 여호와께서 약속하신 새 땅, 새 질서에 들어갈 기회를 얻지 못하고 죽었다고 성경은 전합니다. 결국 그들의 후손들이 약속의 땅을 밟게 되었습니다.

오늘은 이 기쁘고 감격스러운 역사를 주도했던 인도자에 대한 이야기를 할 건데요. 성경의 인물들 중에서 최초로 그 이름에 '여호와'가 붙은 사람입니다. 누구일까요? 바로 여호수아입니다. 성경은 이집트를 탈출하여 광야를 지나온 첫 세대 중에서 오직 두 사람만이 가나안 땅에 들어가게 되었다고 전하는데요, 여호수아와 갈렙입니다. 심지어 모세도 못 들어갔잖아요? 그러고 보면 성경 안에서 굉장히 주목해야 할 인물임에는 틀림이 없습니다. "성경 사랑방"을 통해서 이름 불러줌, 이름의 의미, 이름값을 하며 산다는 것에 대해 계속 강조해왔는데, 그런 의미에서 자신의 이름자에 '여호와'란 이름을 달고 산 사람인 여호수아, 그의 삶의 행보가 유난히 궁금해집니다.

'여호와'를 앞세운 이름값의 의미

여호수아의 원래 이름은 호세아였습니다. '구원'이라는 의미입니다. 이스라엘 공동체에서는 흔한 이름이죠. 사회적 약자들이 모여 이룬 공동체라면 '구원'은 가장 절실한 소망이었을 테니까요. 여호수아는 '호세아'라는 이름 앞에 '여호와'를 붙여 만든 일종의 합성어인 셈입니다. 본인 스스로 개명한 것이 아니고 모세가 그를 부를 때 호세아라고 안 부르고 늘 여호수아라고 불렀습니다. 민수기의 기록입니다. "모세가 눈의 아들 호세아를 여호수아라 불렀더라"(민수기 13:16).

그러니까 '구원'이라는 의미를 담은 호세아와 '여호와'를 붙이면 그의 이름은 '여호와는 구원이시다' 정도의 의미가 되겠네요. 그 이름의 뜻이 실로 거룩하고 무게가 있습니다. 그 이름을 하고 사는 삶은 남다른 소명감도 있어야 할 것 같아요. 이 공동체의 핵심을 담고 있는 이름이니까요. 여호수아의 육신의 아버지는 '눈'인데요, 성경에서 '눈의 아들'이라고 하니 많은 분들이 '보는 눈'이나 '하늘에서 내리는 눈'으로 오해하시기도 합니다. 물론 아닌 거 아시죠? 모세는 왜 호세아의 이름 앞에 여호와를 붙였을까요? 혈육의 아버지가 준 이름인 호세아 앞에 영적인 아버지인 모세가 늘 데리고 다니며 후계자를 삼을 생각이었던 것이라고 보여요. 이스라엘 공동체에서는 '아무개의 아들'이 정체성을 말해준다고 했잖아요. 자기 이름 앞에 '여호와'를 달고 산다는 것, 그 정체성은 결국 '너를 통해 이스라엘의 구원을 이루시기를 바란다'는 모세의 소망이 담겨 있겠지요.

여호와께서 구원이시다! 이런 이름으로 불린다는 것은 영광이면서 동시에 무한한 책임감이죠. 이름은 '여호와는 구원'이신데 자기의 삶은 그런 방향과 반대되는 삶을 산다면 곤란하겠지요. 여호수아의 이름을 묵상하다 보니 문득 그런 생각이 듭니다. 우리도 각자의 이름자 앞에 여호와의 이름을 두고 살면 어떨까? 물론 개명을 하자는 이야기는 아닙니다. 그러나 육신의 아버지가 준 우리 이름 앞에 여호와를 선행하여 놓을 때, 우리의 삶의 자세가 달라질 것은 자명한 일입니다. 오늘의 성경 공부는 인간의 이름에 여호와의 이름을 앞에 붙이는 삶의 자세, 이를 훈련하는 시간이 되었으면 하네요.

저는 무엇보다 여호수아가 모세의 후계자가 되는 부분에 있어서 항상 의문이 들지만 한편으로는 감격스러운 부분이 있어요. 뭐냐하면 모세도 분명히 아들이 있거든요. 여호수아는 눈의 아들이지 모세의 아들이 아니에요. 이스라엘 백성이 만만한 백성이 아니잖아요. 숫자도 많고 문제는 더욱 많은 이들을 이끌고 가는 지도자를 고르는 것에 있어서, 모세의 고민은 이만저만이 아니었을 겁니다. 모세는 계시를 통해 이미 자신이 가나안까지 이들을 이끌고 들어가지 못할 것을 알고 있었습니다. 그러니 많이 기도하고 신중히 후계자를 선정하려 애썼을 겁니다. 그럼에도 인지상정이라고 왜 존귀한 지도력을 아들에게 물리고 싶지 않았겠어요. 그런 욕망은 예나 지금이나 똑같죠. 심지어 세습이 불가한 오늘날까지도 그런 욕망에서 벌어지는 변칙 세습들이 비일비재하잖아요. 그런데 오히려 세습이 당연시 되던 이때에 고대 근동이라는 문화적인 여건에서 모세는 자기 아들에게 지도력을 세습하지 않습니다. 그리고 여호수아를 차기 지도자로 선택하죠.

이스라엘 리더십의 기초, 여호와 신앙

이쯤 되면 상당히 궁금해집니다. 모세는 왜 여호수아를 택했을까? 첫 번째로 꼽고 싶은 것은 그가 가진 눈입니다. 여기서는 '보는 눈'이요. 시각 말입니다. 여호와의 시각으로 사물과 세상을 보는 눈이죠. 각 지파 대표로 12명이 먼저 가나안 땅을 정탐하고 온 에피소드는 유명한 일화이니 아실 겁니다. 가나안 땅을 쭉 정탐하고 돌아온 사람들 중 10명은 부정적인 이야기를 전합니다.

> 거기서 네피림 후손인 아낙 자손의 거인들을 우리가 보았나니 우리 스스로 보기에도 메뚜기 같으니(민수기 13:33).

"가봤더니 그 땅의 거주민들은 기골이 장대하더라, 거인들의 후손이더라, 우리와는 비교할 수 없더라. 거기 비하면 우리는 메뚜기 같았다. 땅이 좋은 건 맞지만 도무지 들어갈 방도가 없다." 이런 말이죠. 열 명이나 되는 정탐꾼의 증언에 이스라엘 사람들은 불평을 합니다.

어찌하여 여호와가 우리를 그 땅으로 인도하여 칼에 쓰러지게 하려 하는가(민수기 14:3).

기껏 배고픈 것, 힘들고 목마른 것 견디며 왔더니 이제는 칼에 맞아 죽게하냐는 원망이죠. 그렇게 10명이 부정적인 시각을 가지고 있을 때, 유일하게 여호수아와 갈렙만은 여호와의 시선으로 약속의 땅을 바라보았습니다. 여호수아가 가졌던 시각, 그 부분을 성경을 통해서 한 번 읽어 보겠습니다.

이스라엘 자손의 온 회중에게 말하여 이르되 우리가 두루 다니며 정탐한 땅은 심히 아름다운 땅이라 여호와께서 우리를 기뻐하시면 우리를 그 땅으로 인도하여 들이시고 그 땅을 우리에게 주시리라 이는 과연 젖과 꿀이 흐르는 땅이니라 다만 여호와를 거역하지는 말라 또 그 땅 백성을 두려워하지 말라 그들은 우리의 먹이라 그들의 보호자는 그들에게서 떠났고 여호와는 우리와 함께 하시느니라 그들을 두려워하지 말라 하나 온 회중이 그들을 돌로 치려 하는데 그 때에 여호와의 영광이 회막에서 이스라엘 모든 자손에게 나타나시니라(민수기 14:7-10).

10명 중 2명은 압도적 소수입니다. 회중들은 '이미' 열 사람에게 들은 부정적인 평가로 불만이 가득한 상황입니다. 실제로 가나안 상황이 어떻든 간에 거기서 반대의 의견을 내어 놓는다는 것은 인간적으로는 어리석은 행동입니다. 그냥 조용히 묻어가는 것이 안전하다는 것은 계산해볼 여지도 없이 뻔한 일이죠. 가만히 있으면 중간은 간다고 하죠. 실제로 그러했습니다. 이미 잔뜩 성나 있는 회중들은 여호수아와 갈렙의 말을 들은 뒤에 이들을 돌로 치려고 했다고 되어 있습니다. 그럼에도 여호수아는 말 그대로 돌에 맞아 죽을 수 있는 상황임에도 '아니라'고 용감하게 말할 수 있었던 사람임에는 틀림없습니다.

그가 여호와 신앙에 입각한 믿음에서 가나안 땅과 그곳 사람들을 보았다는 것은 중요합니다. "그래, 그곳 사람들 덩치가 좋기는 하더라. 하지만 나에게 승산이 있는 아이디어가 있으니 걱정 말라. 이러저러한 전략으로 공격을 하면 될 거다." 이런 인간적인 전략이나 계산을 말하지 않았습니다.

> 그 땅은 심히 아름다운 땅이다. 여호와께서 우리에게 주시기로 약속한 땅이 참으로 아름답더라(민수기 14:7).

이미 여호와께서 허락하신 땅이기에 주실 것을 믿고 여호수아는 감탄과 감사의 시선으로 그야말로 '감상'을 하고 돌아온 겁니다.

이는 과연 젖과 꿀이 흐르는 땅이니라(민수기 14:8).

"우리가 하나님의 기뻐하심만 입는다면" 이 이야기는 여호와의 율법 안에서 우리가 거하고 여호와의 계약을 잘 지키는 삶을 산다면 저 땅을 분명히 우리에게 주신다고 약속을 하셨으니 우리 것입니다라는 의미죠. "여호와께서 우리를 기뻐하시면 우리를 그 땅으로 인도하여 들이시고 그 땅을 우리에게 주실 건대요, 뭐가 걱정인가요?" 그 믿음에 입각해서 선언하는 것입니다. "그들은 이미 우리의 '밥'입니다"(민수기 14:9).

메뚜기와 밥. 그렇죠. 인간적인 시각으로 볼 때 오히려 우리가 메뚜기인 겁니다. 그러나 여호와 신앙으로 보면 그들이 오히려 우리의 '밥'입니다. 이렇게 반대되는 이야기를 한 것입니다. 우리도 살면서 이런 선택의 기로에 설 일이 많습니다. 다수의 답, 다수의 시선, 그것을 따르는 것이 안전해 보입니다. 그럼에도 불구하고 굳건하게 여호와의 약속을 믿으며 그가 보라 한 것들을 신앙의 눈으로 보고 믿음으로 선포할 수 있는 용기가 필요합니다. 모세는 여호수아의 이런 모습을 본 것이 아닐까요? "지도자가 될 만하다, 나의 후계자가 될 만한 신앙의 사람이구나." 이렇게 생각할 수 있는 계기가 된 사건이었을 겁니다.

무엇보다 그 용기가 인간적인 품성으로서의 용기가 아니라, 하나님의 약속을 믿는 신앙에 기초한 용기인 것이 더욱 특별했습니다. 적어도 이스라엘이라는 신앙 공동체를 이끌어 감에 있어 가장 1차적인 필수자질이라고 모세는 판단했던 것 같습니다. 여호수아는 출애굽 1세대입니다. 애굽에서 나오면서 하나님의 역사하심을 모두 눈으로 목격했기에 더 믿음의 확신이 큰 사람이 된 게 아닐까요? 그러고 보면 모세도 대단합니다. 아무리 뛰어난 사람이 옆에 있다고 하더라도 내 아들이 먼저 눈에 들어오지 어찌 남의 아들을 살피며 후계자 삼을 마음이 들겠어요?

나중에 사사기를 배우면서 자세히 설명하겠습니다만, 이스라엘 공동체는 세습이 원칙적으로 불가능해요. 왜냐하면 여호와의 영과 함께 하는 사람만이 공동체를 이끌 자격이 있다고 믿기 때문입니다. 통치권은 혈통에 있기 않고 '임마누엘' 즉 하나님의 영과 동행하는가에 있습니다. 아버지가 여호와의 영과 함께 거했다고 해서 자동적으로 아들도 주와 동행하는 것은 아니잖아요. 공동체의 리더십의 근거가 '임마누엘'일진대, '세습 불가'는 이 공동체의 출발부터 있었던 신앙의 원칙인 거죠. 모세도 그 원칙을 따랐습니다.

두 번째로 모세가 여호수아의 뒤를 이었던 후계자로 지목한 자질을 말할 때 저는 그의 '성실성'을 말하고 싶어요. 정탐꾼의 보고 사건 하나로 여호수아가 모세 눈에 들어 확 픽업한 것이 아니라는 이야기입니다. 요즘엔 그러더라구요. 인생, 한 방이라고. 투기금융자본주의 시대를 살아가다보니, 투자한 돈이 천문학적으로 불어나는 '인생 대박'을 경험하기도 합니다. 영상매체들의 발달과 일상화된 보급으로 노래 한 곡, 드라마 한 편이 뜨고 난 뒤에 남들 평생 벌어도 다 못 벌 거액의 수입을 단 몇 달 만에 얻기도 합니다. 그러나 '지도자'

가 되는 길은 이렇게 '한 방'으로 만들어지지 않습니다.

여호수아는 꾸준히 모세와 동행을 했던 사람이에요. 출애굽기 24장 13절에는 이런 기록이 있습니다. "모세가 그의 부하 여호수아와 함께 일어나 모세가 하나님의 산으로 올라가며." 모세가 율법을 받으려고 시나이 산에 올라갈 때도 여호수아를 데리고 올라갔다는 말입니다. 그때부터 마음에 있었는지는 모르겠지만 여호수아는 모세 가장 가까이에서 계속 모세를 보필했던 사람이었던 거죠. 회중들은 평지와 산 아래 있고 제사장과 지파의 수장들도 어느 정도까지만 오게 했던 모세였습니다. 심지어 아론까지도 거기에 있으라 해놓고 혼자 올라간 여호와의 현존 앞이었습니다. 그런데 모세는 여호수아만은 동행했습니다.

다시 말해 여호수아는 모세 곁에서 계속 동행하며 어떤 지도력이 이스라엘 공동체를 이끌어가는 지도력인지를 보면서 배웠던 훈련의 기간이 있었다는 말입니다. 신앙에 기초한 용기에 더하여 성실하게 지도력을 배우고 습득해 나갔던 여호수아입니다.

> 모세는 진으로 돌아오나 눈의 아들 젊은 수종자 여호수아는 회막을 떠나지 아니하니라(출애굽기 33:11).

이 구절도 여호수아의 성실성을 보여주는 대목입니다. 모세가 여호수아와 회막에서 대화를 다하고 집으로 돌아가고 난 다음에도 젊은 여호수아는 계속 회막을 지켰습니다.

여호와 신앙과 성실한 지도력, 이 둘만으로도 여호수아는 모세의 후계자가 될 만합니다. 하지만 초기 이스라엘 공동체는 안정적인 집단이 아니었습니다. 여전히 광야에 있었고 정착 과정에서 물리적 충돌 또한 충분히 예상해야 합니다. 그런 면에서 여호수아의 전투 능력은 또 하나의 지도자적 자질로 인정받을 수 있는 것이었습니다. 여호수아는 무기를 잘 다루고 전투력이 있었던 것으로 그려집니다. 아말렉과의 전투에서도 용맹하고 강한 전투력을 보여줍니다. 가나안 땅으로 들어가면서 어쩔 수 없이 벌어지는 전쟁에서도 아주 훌륭한 전쟁 리더십을 발휘합니다. 사실 여호수아서에 나오는 여호와 전쟁(여호와의 이름으로 수행된 전쟁)은 대부분 여호수아의 지도력 아래서 수행됩니다.

통치권의 근거, 여호와의 영과 함께 함

여호와께서는 전쟁을 원하시는 신이신가? 이런 질문도 생길 법합니다만, 이 이야기는 이후의 강의에서 하기로 하고요. 오늘은 여호수아의 지도자적 자질에 초점을 맞출까 합니다. 사실 지도자는 대중적 인기만으로, 혹은 신적 소명 하나로만 선정할 수 없다고 봅니다. 때문에 순식간에, 한 번에, 기분 따라, 대세가 그러해서 뽑을 수 없는 인물이 소위 '지도자'입니다. 한 공동체와 계속 같이 있으면서 그 공동체의 단점과 약점을 알고 어떤 식으로 인도해가는 지도 알고 그럴 수 있는 지식 혹은 기술 능력까지 갖춘 사람이어야 하는 거죠. 그렇기에 모세 생각에는 적임자가 이 친구밖에 없겠구나 하는 생각을 하게 된 것이 아닐까요? 그래서 후계자로 오케이를 하고서 드디어 여호수아가 제사장과 여러 회중 앞에서 모세의 후계자로 인정을 받는 그런 장면이 나와요. 그 장면을 읽어보면서 묵상을 해봅시다.

> 여호와께서 모세에게 이르시되 눈의 아들 여호수아는 그 안에 영이 머무는 자니 너는 데려다가 그에게 안수하고 그를 제사장 엘르아살과 온 회중 앞에 세우고 그들의 목전에서 그에게 위탁하여 네 존귀를 그에게 돌려 이스라엘 자손의 온 회중을 그에게 복종하게 하라 그는 제사장 엘르아살 앞에 설 것이요 엘르아살은 그를 위하여 우림의 판결로써 여호와 앞에 물을 것이며 그와 온 이스라엘 자손 곧 온 회중은 엘르아살의 말을 따라 나가며 들어올 것이니라(민수기 27:18-21).

이 장면에서 중요한 것은 여호와께 허락을 받는 것입니다. 모세가 아무리 저 사람이 제일 낫겠다는 생각을 해도 여호와께서 허락을 안 하시면 이스라엘 공동체 안에서는 소위 '통치권'을 갖기 힘들기 때문이죠. "눈의 아들 여호수아는 그 안에 영이 머무는 자니(민수기 27:18)." 이것만큼 확실한 인정이 어디 또 있을까요? 무슨 영이 머무는 걸까요? 그 이름의 뜻처럼 당연히 여호와의 영이죠. 호세아라는 한 인간이 여호와의 영을 늘 마음에 담고 살아왔다는 것을 여호와께서도 인정해주시는 것이잖아요. 인간들만의 인정이 아니고 여호와께서도 인정해주시는 것입니다. "나의 영이 저 사람 안에 있다. 모세네가 나의 영과 더불어 했던 이 모든 일들을 능히 감당할 자다. 그러니까 제사장과 회중 앞에서 여호수아를 지도자로 세워라." 이런 인정이었습니다.

드디어 모세는 후계자를 세우는 마지막 할 바까지 모두 마치고 여호와께로 돌아갔습니다. 이제 이스라엘 공동체는 여호수아의 인도로 가나안으로 들어가게 됩니다. 가나안에 들어가면서 제일 처음 있었던 일은 여리고 성을 치는 것이었습니다. 여리고 성벽이 무너지는 이야기는 어린이 동화로도 많이 회자된 일화라 익숙하리라 생각합니다. 그래서 여리고 성 하면 제일 많이 기억하는 것이 성벽 일곱 바퀴 돌고 성이 무너지는 이미지만을 떠올리기 쉽습니다. 심지어 이 본문을 문자 그대로 받아들이는 '열혈' 신자들 중에는 이웃종교의 성지를 일곱 바퀴 돌며 무너지라고 기도를 하며 사회적 물의를 일으키기도 하죠.

그러나 저는 오늘 여리고 성이 일곱 바퀴 돌아서 무너진 그 사건보다는 좀 다른 부분에 초점을 맞추고 싶어요. 그리고 실은 그 '다른' 부분이 이 에피소드의 더 중요한 핵심 메시지라고 생각합니다. 하여 들어가는 과정은 생략하고 이미 들어가고 난 뒤의 본문을 읽어보도록 하겠습니다. 여호와의 준엄한 경고입니다.

> 여호수아가 그 때에 맹세하게 하여 이르되 누구든지 일어나서 이 여리고 성을 건축하는 자는 여호와 앞에서 저주를 받을 것이라 그 기초를 쌓을 때에 그의 맏아들을 잃을 것이요 그 문을 세울 때에 그의 막내아들을 잃으리라 하였더라(여호수아 6:26).

살리시는 하나님이신데 이 경고는 참으로 무섭습니다. 이스라엘 백성들이 무너진 성벽 안에 들어갔습니다. 고대 근동의 성곽이 무엇인지 우리가 계속 공부했는데 성곽이 무엇인가요? 말 그대로 외부 세력과 우리를 보호해주어서 안에 있는 우리가 안전하게 살 수 있게 만들어주는 일종의 보호 울타리입니다. 고대 근동의 도시 국가들은 성벽을 견고하고 높게 쌓았어요. 고고학자들의 말에 따르면 여리고는 이중벽으로 쌓았다고 합니다. 외벽과 내벽으로요. 일종의 인간적인 보호막이잖아요. 이것이 하나님의 방법으로 무너졌습니다.

거기까지는 '아멘'입니다. 하지만 이제 들어왔으니 이스라엘의 입장에서는 성벽을 다시 쌓을 생각을 할 수도 있지 않을까요? 안전하게 살려면 성벽을 쌓아야지 다른 외부 침입자들로부터 자신들을 지킬 수 있을 테니까요. 하지만 그런 생각과 시도는 무슨 의미일까요? "여호와가 우리의 구원이시다. 여호와가 우리의 산성이시다. 여호와가 우리의 요새시다. 여호와께서 우리를 안전하게 만드시는 분이라는 것"을 부정하는 것이잖아요. 성곽을 쌓는다는 것은 여호와의 개입을 더 이상 바라지 않는다는 의미가 됩니다. 이제 건너왔으니까 되었어요. 여호와여 걱정하지 마세요. 고마웠어요. 그 동안은 하나님이 지켜주셨지만 광야 생활도 끝났고, 아무래도 성벽이 있어야할 것 같아요. 이런 의도가 아니라면 왜 무너진 성벽 터 위에 다시 성벽을 쌓고 성문을 건설하겠어요?

하지만 기억해야 합니다. 바벨탑 이야기에서 이미 묵상한 내용입니다. 하나님께서는 왜 성벽 쌓는 것을 그렇게 싫어하셨을까요? 그것을 쌓으려면 벽돌을 만들고 또다시 노동력이 필요하고 결국 누군가는 강요된 노동을 해야 하고 결국은 또다시 위계적인 사회가 만들어져야 하는 것입니다. 그것을 막으시려는 하나님의 의도가 있는 것입니다. 그러니 이렇게 엄하게 경고하시는 것이겠죠. "너희들 그런거 쌓을 생각을 말아라. 발상도 하지마라. 기초도 만들지 마라. 심지어 그런 생각을 하면 너는 장자를 잃게 될 것이다. 성문을 만들면 막내아들을 잃게 될 것이다"라고 말입니다.

'바벨'은 스스로 신이 된 통치자들의 문이라고 했습니다. 만약 성벽과 성문을 다시 만들고 그 방어벽에 의해 안정이 유지되는 삶을 다시 살려고 한다면 너는 너의 자손들을 잃을 정도의 저주를 받을 것이라고 경고하시는 겁니다. 온전히 하나님을 의지하는 삶의 질서에 대한 요청이죠. 이 땅에서 너희가 앞으로 만들어갈 새 질서는 '여호와가 성벽'인 그런 삶이라는 메시지죠. 이 말씀을 묵상하면서 지금 우리 시대를 생각하면 우리 문명은 여호와의 뜻으로부터 너무 멀리 오지 않았나, 하는 그런 생각이 들어요. 여호와께서 다시 보기 싫어하신 인간의 사는 방식은 힘 없는 자가 힘 있는 자에게 꿇고 사는 모습입니다. 신하 '신(臣)'이 형상화하는 엎드린 모습을 말씀드린 바 있죠. 인간이 자유혼을 포기하고 다른 인간 앞에 꿇어 엎드리는 삶을 하나님은 싫어하십니다. 그런데 성곽을 쌓게 되면 그런 시스템이 다시 생기는 것입니다.

우리는 그동안 '땅콩회항'이니 '백화점모녀 갑질'이니 '수 천 만원의 매값'이니, 매일 기사로 올라오는 이런 일들을 지켜보았습니다.

여전히 약자가 무릎을 꿇고 머리를 조아려야 끝나는 인간 사회의 '위계질서'를 보며 가슴을 칩니다. 아, 21세기에도 무릎을 꿇어야 하는구나. 하나님이 제일 싫어하는 모습인데…, 인간이 잘나면 얼마나 잘났고 얼마나 훌륭해서 동일한 인간을, 하나님의 형상으로 지음 받은 귀한 이웃을 사람으로 대하지 않고 꿇려야만 하는가? 이스라엘 사람들은 적어도 공동체적인 새 질서를 꿈꾸고 있던 사람들이에요. "이 강을 건너면서 앞으로 우리는 그런 삶을 살 거야. 성곽, 성문? 괜찮아. 이런 것을 인간적인 시스템으로 만들다보면 우리는 또다시 누군가는 왕 앞에, 부자 앞에 꿇어야 하는 삶을 만들게 될 거야. 그러니까 발상조차 하지 말자. 성벽과 성문은 필요 없다. 우리는 모든 필요와 안전을 다 하나님께 맡기고 인간들끼리는 오로지 평등하게 지내는 삶을 살겠어." 바로 그런 각오거든요. 그래서 여리고 성은 어떤 의미에서 무너뜨리는 과정보다는 다시 세우지 말라고 하신 하나님의 그 말씀이 더 중요하다고 생각합니다. 아주 위태롭고 긴박한 상황에서는 하나님의 임재와 개입을 바라다가도, 일단 급한 불을 끄고 나면 우리도 모르게 "하나님, 이제 되었어요. 여기까지 만요."하면서 내 시스템을 만들려는 것이 인간입니다. 그러지 말라는 경고인거죠. 오늘 우리들의 성곽, 우리들의 성문은 무엇일까요? 우리는 행여 여호와께 이런 망령된 요청을 드리는 삶을 선택하지는 않았나요? 오늘을 사는 우리가 이 본문을 통해 이런 질문을 되묻고 마음으로 새기면 좋겠습니다.

기도

여호와 하나님, 저희들의 구원과 소망과 안전과 생존의 그 모든 기반은 당신이심을 다시 한 번 고백합니다. 여호와는 구원이시다. 그 이름값대로 살아냈던 여호수아를 돌아보며 다시금 그 의미를 되새깁니다. 저희들도 저희 이름자 앞에 여호와를 앞에 두고, 하루하루 이 땅에서의 삶을 살아가는 동안에, 인간적인 시스템이 아니라 당신께서 원하시고 기뻐하시는 새로운 삶, 대안적인 삶, 서로를 평등하게 사랑하고 어느 누구도 무릎 꿇리지 않는 사회를 만들게 하소서. 그런 아름답고 화목한 공동체를 건설하기 위한 사건을 만들고 이상을 세우는 삶을 살게 하여 주시옵소서. 예수님의 이름으로 기도합니다. 아멘.

여호와만이 우리의 구원이요 강한 산성이십니다. 인간적인 시스템으로 권력의 위계, 소유의 위계를 견고히 쌓지 맙시다.

열아홉 번째 만남

기생 라합, 구원의 계보를 잇다

여호수아 2장, 6장

질문 하나 드릴까 해요. 오늘 공부할 인물은 신구약 성경을 통틀어 무려 다섯 번이나 나오는 여성입니다. 분량상의 비중보다는 성경의 중요한 핵심 메시지, 구원 역사에 있어서 굉장히 중요한 역할을 했던 사람이라고 평가받기 때문인데요. 이스라엘 공동체가 막 요단강을 건너서 처음 여리고 성을 점령해 들어가던 그 당시의 인물입니다. 누구일까요? 혹시 떠오르는 이름이 있으세요?

라합이라고 아시나요? 아하! 우리는 보통 '기생' 라합이라고 알고 있죠. 지금도 존귀한 직업은 아니지만 당시에 기생이라고 얘기를 하면 사람들이 굉장히 천시하던 직업이었습니다. 그럼에도 이 여인의 삶의 선택이 얼마나 대단했으면, 왕후도 아니요 선지자도 아닌 라합의 이름이 그리 중요하게 기억되는 걸까요. 어느 정도 성경의 내용에 익숙한 분들은 아시겠지만 라합은 다윗의 계보를 잇는 조상이 되고요, 다윗은 또 예수 그리스도의 계보잖아요. 결국 구원의 계보를 잇게 되는 여자인 것입니다. 그녀의 이름은 마태복음에서도 나오고 히브리서에서도 나오고 야고보서에서도 기억됩니다. 오늘은 이런 공적 기억을 가능케 했던 그녀의 선택을 살펴보려 합니다.

라합의 선택

우선 본문을 정독해보겠습니다. 여호수아 2장 1-3절까지입니다.

> 눈의 아들 여호수아가 싯딤에서 두 사람을 정탐꾼으로 보내며 이르되 가서 그 땅과 여리고를 엿보라 하매 그들이 가서 라합이라 하는 기생의 집에 들어가 거기서 유숙하더니 어떤 사람이 여리고 왕에게 말하여 이르되 보소서 이 밤에 이스라엘 자손 중의 몇 사람이 이 땅을 정탐하러 이리로 들어왔나이다 여리고 왕이 라합에게 사람을 보내어 이르되 네게로 와서 네 집에 들어간 그 사람들을 끌어내라 그들은 이 온 땅을 정탐하러 왔느니라(여호수아 2:1-3).

여호수아가 먼저 여리고 상황이 어떤지 좀 알아보라고 두 명의 정탐꾼을 보냅니다. 이스라엘 진영은 강 건너에 대기 중이고요. 스파이가 눈에 띄지 않으려면 왁자지껄하고 사람들이 많이 들락날락하는 곳으로 숨어들어가는 것이 유리하겠죠? 하여 객을 가장해서 라합의 집에 들어갔습니다. 라합의 집은 여리고에서는 꽤나 번창한 여인숙 겸 술집이었을 겁니다. 나중에 묘사된 라합의 집 위치를 보면 성곽 위에 있다는 표현(여호수아 2:15)이 있습니다. 여리고 성은 이중으로 지어져있다고 하거든요. 그 경계에 있는 유곽이라. 당연히 드나드는 사람들이 많은 곳이겠죠. 하여 일종의 작전으로 몰래 들어간 것인데 그럼에도 불구하고 알아본 사람이 있었나 봅니다. 낯선 얼굴에 의심이 들었는지 왕에게 고했습니다. "이스라엘 정탐꾼 같은 사람들이 들어와 있어요. 지금 라합의 집에 머물러 있습니다." 이러한 상황보고를 듣고 왕은 심부름꾼을 통해서 라합에게 명령을 합니다. "네게로 와서 네 집에 들어간 그 사람들을 끌어내라. 그들은 정탐꾼이다."

예나 지금이나 '밀실정치'니 '요정정치'니 이런 말들이 회자됩니다만 공식적인 정치활동 이외에도 비공식적인 정보망이나 협력의 네트워킹은 주로 '기생의 집'으로 묘사된 공간이 활약하기 마련입니다. 라합도 그런 일들을 통해 먹고 살 거리를 만들고 자신의 안전을 보호받았겠죠. 평소 긴밀한 협조관계에 있었을 지도 모를 일입니다. 왕이 이렇게 명령하는 것을 보면 늘 있던 일이었겠죠. 이번에도 여느 때처럼 그저 시키는 대로 하면 될 일입니다. 라합이 선한 여인이었는지, 야훼를 경외하는 여인이었는지는 본문에 나와 있지 않습니다. 오히려 '기생'이라는 그녀의 직업은 그녀가 이해타산에 빠르고 이권을 따라 선택하는 일을 늘 해왔을 거라는 생각을 갖게 합니다. 직업으로 인해 도덕 판단을 하겠다는 말이 아닙니다. 그러한 일상을 살아온 여인이었을 수 있다는 말입니다. 그래야 사니까요.

왕의 명령 앞에 선 힘없는 여인, 하면 떠오르는 이름들이 있지요.

십브라와 부아. 이집트 왕의 명령 앞에 섰던 두 히브리 산파 말입니다. 파라오의 '죽이라'는 법보다 여호와의 '살리라'는 더 큰 법에 순종했던 믿음의 여인들이었습니다. 그러나 라합의 경우는 조금 상황이 다릅니다. 일단 라합은 히브리인이 아닙니다. 민족적인 배경은 안 나와 있지만 여리고 성 안에 사는 사람입니다. 굳이 말하자면 이스라엘 사람들하고는 아무 상관이 없는 사람입니다. 더구나 여리고 성에서 장사 꽤나 하고 살려면 왕의 말을 들어야 한다는 계산쯤은 나올 일입니다. 왕의 말을 거역한다는 것은 요즘 말로 장사 접겠다는 것입니다. 어떻게 생각하든 그냥 지킬 수밖에 없는 명령입니다. 내가 살려면 할 수 없습니다. "저 사람들인 것 같아요."하고 일러야 되는 상황인 것입니다. 정황은 분명히 그러한데 라합은 어떻게 행동했을까요?

> 그 여인이 그 두 사람을 이미 숨긴지라 이르되 과연 그 사람들이 내게 왔었으나 그들이 어디에서 왔는지 나는 알지 못하였고 그 사람들이 어두워 성문을 닫을 때쯤 되어 나갔으니 어디로 갔는지 내가 알지 못하나 급히 따라가라 그리하면 그들을 따라잡으리라 하였으나 그가 이미 그들을 이끌고 지붕에 올라가서 그 지붕에 벌여 놓은 삼대에 숨겼더라 그 사람들은 요단 나루터까지 그들을 쫓아갔고 그들을 뒤쫓는 자들이 나가자 곧 성문을 닫았더라(여호수아 2:4-7).

여기 첫 구절에 보면 그 여인이 "그 두 사람을 이미 숨긴지라"고

되어 있습니다. 왕의 메신저 사자가 오기 전에 이미 이 두 사람을 숨겼다는 얘기잖아요. 이미 정황을 다 파악하고 있습니다. 여인숙 하면서 살아가려면 눈치가 백단은 되어야지요. 숱하게 드나드는 사람들 중에서 누가 낯선 사람이고 이스라엘 정탐꾼인지 벌써 알아챈 것입니다. 벌써 왕에게 고하러 간 것도, 그리고 앞으로 어떤 일들이 벌어질지 까지도 간파했던 것 같습니다. 그러니까 미리 숨겼겠죠. 옥상에 삼대가 널려있는 사이에 두 사람을 숨겨 놓고서 심부름꾼에게는 시치미를 뗍니다. '몰라요.' 정도가 아니었습니다. 오히려 집을 수색할까 봐 다른 곳으로 시선을 돌립니다. "여기 왔었던 건 맞는대요, 성문 닫을 때쯤 나갔어요. 서둘러 가보시면 잡을 수 있을 거예요."

들음에서 나는 신앙

이상한 일이죠? 라합은 여리고에 소속되어 있는 사람이고 그리고 왕의 명령인데, 어째서 이런 선택을 했을까요? 이 정도로 그친 라합이 아니었어요. 숨겨주었던 정탐꾼들에게는 지금 바로 가다가 만나면 잡힐 수 있으니까 반대방향 산으로 가서 삼일 정도 숨어 있다가 잠잠해지면 그때 떠나라(여호수아 2:17)고 팁까지 줍니다. 이 정도로 적극적으로 도왔습니다. 마치 미리 여리고로 와서 정착하고 있었던 이스라엘 사람처럼 말이에요. 라합도 스파이였을까요? 설마요. 적어도 성경 안에는 그런 정보가 없습니다. 그럼 라합은 두 정탐꾼 중에 한 사람에게 마음을 뺏겼던 걸까요? 요즘 아이들 말로 '금사빠' 금세 사랑에 빠진 탓에 도왔을 가능성이 있을까요? 007과 같은 스파이물에서 자주 등장하는 설정이죠. 처음 보는 적이지만 예뻐서, 멋있어서 돕게 되는. 뭐, 가능성이 전혀 없지는 않을 거예요. 보통 스파이를 보낼 때 나이 들고 둔탁한 몸집의 노인을 보내지는 않으니까요. 날렵하고 젊은 사람들이었을 터이니 첫 눈에 반했었을 수도 있잖아요. 실제로 라합이 살몬이란 사람하고 결혼해서 보아스를 낳았다는 계보(마태복음 1:5-6)가 있는 것으로 보면, 어쩌면 살몬이 두 스파이 중 한 명이 아니었을까 하는 재미있는 상상도 해보게 됩니다.

그러나 이것도 제 상상일 뿐입니다. 두 정탐꾼의 이름은 성경엔 안 나옵니다. 그러나 이런 추측 말고 성경은 왜 라합이 두 정탐꾼을 도왔는지에 대해 라합의 입으로 확실하게 밝히고 있습니다. 그러니 라합의 스파이설과 금사빠설은 괜한 짓이었네요. 여호수아 2장 9-11절입니다.

> 말하되 여호와께서 이 땅을 너희에게 주신 줄을 내가 아노라 우리가 너희를 심히 두려워하고 이 땅 주민들이 다 너희 앞에서 간담이 녹나니 이는 너희가 애굽에서 나올 때에 여호와께서 너희 앞에서 홍해 물을 마르게 하신 일과 너희가 요단 저쪽에 있는 아모리 사람의 두 왕 시혼과 옥에게 행한 일 곧 그들을 전멸시킨 일을 우리가 들었음이니라 우리가 듣자 곧 마음이 녹았고 너희로 말미암아 사람이 정신을 잃었나니 너희의 하나님 여호와는 위로는 하늘에서도 아래로는 땅에서도 하나님이시니라 (여호수아 2:9-11).

이게 답이었던 것입니다. 사실은 미리 보낸 첩자도 아니고 두 정탐꾼 중에 한 사람한테 마음이 끌려서 그런 것도 아닙니다. 라합은 이미 히브리인들의 이집트 탈출 사건을 전해 들었습니다. 정보의 여왕답지요. 라합은 이스라엘 무리가 광야를 거쳐 오며 경험했던 일들도 생생하게 전해 들었습니다. 하여 그녀는 기다리고 있었을 지도 모릅니다.

라합의 집은 성벽 위에 있었습니다. 성벽 안이 아닙니다. 성안과 성 밖의 경계선입니다. 굉장히 상징적인 공간입니다. 성안도 아니고 성 밖도 아니고 성벽 위에 제일 왕래가 많고 제일 잘 볼 수 있는 그런 공간이었습니다. 또 어떤 의미로는 완전히 그 체제 안에 포섭되거나 그 안에 들어가지 않은 사람이라는 의미로 읽을 수도 있겠다 싶어요. 경계선에 서 있는 사람이기 때문에 소문을 빨리 들어서 알고 있는 사람이기도 하지만, 비단 물리적 위치만이 아닙니다. 직업도 그렇고 라합의 집을 묘사한 부분도 그렇고 여러 가지 면에서 그녀는 '성 안'의 질서와 '성 밖'에서 대기 중인 저 이스라엘 사람들의 꿈 사이의 경계선에 있는 사람입니다. 그런 라합이 고백을 한 겁니다. "너희가 오는 동안에 소위 말해서 잘난 척했던 왕들, 많은 사람들한테 해악을 끼쳤던 왕들이 여호와로 인해서 어떻게 곤란했었는지 우리가 다 들었다. 내 비록 '살기' 위하여 이제까지 저 성 안의 왕의 질서에 무릎 꿇고 살았지만, 사람의 삶이 아니었다. 자유로운 삶도, 존중받는 삶도 아니었다. 나는 이제 결정을 하려 한다. 성 안의 질서, 도시 국가 왕 체제에는 들어가지 않겠다. 나의 선택은 여호와 하나님이다. 나는 그의 편이다." 라합은 자신의 목숨과 자기 식솔과 그리고 전 재산을 걸고 일생일대의 선택을 한 겁니다. 실로 큰 믿음입니다. 이 믿음을 신약 성경에서 계속 강조하는 것입니다. 자기가 겪지도 않고 보지도 않았는데 라합은 듣는 것만으로도 믿음의 결단을 하였습니다. 그러고 보면 이스라엘 사람들하고 참 비교가 많이 되는 장면입니다. 이스라엘 사람들은 출애굽부터 시작해서 여호와께서 행하신 역사의 현장에서 보면서 체험했던 공동체였습니다. 그러면서도 만날 의심하고 불평불만을 늘어 놓았더랬죠. 그런데 라합은 듣기만 하고도 여호와의 권능을 인정합니다. 그가 원하시는 새로운 삶의 방식을 선택합니다. 그리고 믿음으로 이쪽 편에 서겠다고 작정을 하는 것입니다. 대단한 믿음입니다.

그렇기 때문에 히브리서와 야고보서에서는 라합이 믿기만 한 게 아니라 믿음에 기반한 행동을 했노라고 칭송하는 겁니다. 미리 숨겨주고 잘 살아서 돌아갈 수 있게끔 아이디어도 주었던 라합의 행동은 믿음에 의한 행동이라는 것입니다. 라합의 이 행동이 결국 그 여인으로 하여금 구원사의 계보를 잇는 핵심 인물이 되게 했습니다. 그래서 성경에 그 이름이 다섯 번이나 나오는 여인으로 구원의 계보를 이었던 것입니다. 넓은 의미에서 보면 라합도 어쩌면 하비루(Hapiru), 사회적 약자가 아니었을까요? 여리고 성 안에 온전히 속하지 못한 자였으니 말입니다. 그 동안 '성곽 위에서 술집 하는 여자'라고 손가락질을 많이 받았을 겁니다. 권력가들, 힘 있는 사람들은 인격적으로 무시하고 막 대하고 멸시하고 그랬을 겁니다. '성벽 위의 삶' 자체가 상징적으로 온전히 성 안의 시스템에 속하지 못하는 사람인 것입니다. 그러니 늘 물었겠지요. 갈망했겠지요. "희망이 없을까? 소망이 없을까? 나의 구원은 어디서 오나?" 그러면서 성 밖의 어떤 가능성을 쳐다보던 사람이었으니까 그 소문들을 더 살뜰하게 듣고 거기에 믿음이 가고 그 가능성을 가지고 온 사람들을 환대했겠지요. 라합은 비록 이집트를 탈출해서 넘어왔던 히브리인은 아니지만 넓은 의미에서 하비루에 속하는 그런 사람이었던 것입니다.

살리는 선택이 가져온 축복, 집안의 구원

그랬기 때문에 라합은 구원을 얻었습니다. "너희가 이 땅을 점령하여 들어올 때에 여호와의 손에 의해서 이 여리고 성이 너희 손에 들어올 때에 나와 내 가족을 구원해 달라." 두 정탐꾼을 안전하게 돌려보내면서 라합이 했던 부탁이었죠. 그때에 정탐꾼들도 약속했습니다. "징표로 너희 집 앞에 천을 달아라. 그래야 표식을 보고 너희의 집을 구원할 것이 아니냐?" 그 집에 드리운 붉은 천은 이집트를 탈출할 때 문설주에 빨갛게 발랐던 양의 피처럼 구원의 상징이 된 것이지요. 그리고 약속대로 이스라엘은 가나안 진입 바로 직전에 라합과 그녀의 부모, 형제자매와 일가친척들, 그리고 라합의 집에 있던 모든 식솔까지 이스라엘의 진영으로 데리고 옵니다. 쳐들어가기 전에 이미 라합의 집을 이스라엘의 진영에 안전하게 두고 전쟁을 시작하는 것입니다.

라합의 믿음의 결단으로 그녀의 온 집안이 구원을 얻었습니다. 거룩한 예수님의 선조로서 그녀는 인류의 구원에도 참여했습니다. 이쯤 되는 큰 인물이라면 성경에 기록할 때 '기생'이라는 신분은 슬쩍 뺄 만도 한데, 성경은 줄곧 그녀가 '기생'이었음을 숨기지 않습니다. 아니, 잊지 않고 꼭 기록하고 있습니다. 예수님의 계보는 출신성분이나 민족적 혈통과는 큰 상관관계가 없기 때문입니다. 라합은 이스라엘 사람도 아니고 인간적인 기준으로는 소위 사람들이 '낮게' 여기는 직업에 종사하고 있었습니다. 보통 그런 조상이 부끄러우면 과거를 조작하기도 하고 기생이라는 것을 기록에서 슬쩍 지울 수도 있을 것입니다. 그러나 중요한 것은 '성경적 가치관'입니다. 성경은 이것이 전혀 중요하지 않았다는 것을 천명하는 것이지요. 그러니까 '기생 라합'이라는 것을 당당하게 밝히는 것입니다.

성경 안에서 기생이라는 것은 사회적 약자를 의미하는 것이지 죄인을 의미하는 것은 아닙니다. 마치 '우리 조상은 유리방황하던 나그네, 즉 이주노동자들이었다'는 것을 당당히 밝히는 것과 같은 맥락입니다. 오히려 이것은 성경적 가치관에서는 자랑스러울 수도 있는 사회적 위치입니다. 즉, "낮고 낮은 자였음에도 하나님의 은총을 입었다. 주께서 돌아보셨다. 여호와는 비천한 우리를 사랑하신다." 또한 우리가 살고 죽는 것은 출생성분에 있지 않고 어느 편, 어느 말씀, 어느 질서에 동참할 것인가에 있음을 천명하는 '성경적 세계관'을 그대로 드러내는 부분이기도 합니다. 라합의 믿음의 선택과 행동이 무엇이었는지 그게 중요한 것이지 그녀가 어떤 출신인가 하는 것은 성경적으로는 전혀 문제가 되지 않는다는 겁니다. 성경이 기억하는 라합은 구원의 계보를 잇는 신앙의 여성이라는 점입니다.

세상 모든 사람들이 '사람'으로서 자신의 존귀함을 믿고 당당했으면 좋겠습니다. 아브라함에게 주신 하나님의 약속을 늘 기억합시다. "너를 축복한 사람을 내가 축복한다. 그리고 너를 저주한 사람을 내가 저주하겠다"(창세기 12:3 참조). 여기서 '너'라는 것이 아브라함 한 개인을 말하는 것이 아니라고 말했었습니다. 오히려 아브라함 한 개인보다 중요한 것은 그의 사회적 자리였습니다. '히브리 사람' 아브라함의 처지 말입니다. 라합도 마찬가지입니다. 라합이 여호와의 은총을 입은 것은 사회적 약자들의 공동체를 돌보시는 하나님, 신앙으로 묶어 있는 그 공동체를 축복하고 그 공동체의 일원이었던 두 사람을 살려준 까닭이었습니다. 그녀의 이 결단이 자기 자신과 온 가족, 그리고 그녀의 '집'을 모두 구원한 겁니다. 심지어 그녀의 집안에 있는 가축들마저도요. 반면에 가나안의 여러 왕들이 여호와의 저주를 받았다면 이는 여호와의 질서를 순종하지 않았기 때문이겠죠. 사회적 약자를 저주하고 학대했기에 저주를 받은 것입니다. 그들도 이집트를 탈출한 히브리 공동체의 이야기를 듣지 않은 것이 아닐 테니까요. 그들이 저주를 받았다면 그것은 '가나안인'이었기 때문이 아니라, 새로운 질서의 가능성과 그 예시적 사건들을 듣고도 믿지 않은 것, 그리고 알고도 거부한 선택이 아닐까요?

"믿음으로 기생 라합은 정탐꾼을 평안히 영접하였으므로 순종하지 아니한 자와 함께 멸망하지 아니하였도다"(히브리서 11:31). 히브리서 저자의 평가입니다. 이 교훈을 21세기 우리의 삶 가운데로 끌어온다면 신앙인들이 더 두렵고 무섭게 자문해보아야 할 겁니다. 여기 나오는 대귀는 '믿음'이라는 단어와 '순종하지 아니하는 자'가 강한 대조를 이룹니다. 여리고 사건에서 '순종하지 않는 자'란 하나님의 창조질서를 거스르는 자, 사회적 약자를 축복하지 아니한 자를 의미한다고 봅니다. 하나님의 창조 질서대로 살지 않고 축복해야 하는 자를 축복하지 않고 오히려 그들을 착취하고 억압했던 사람들을 의미합니다. 그들은 멸망을 했습니다. 반면 그렇지 않고 믿음을 가지고 하나님의 질서에 순종했던 라합은 구원을 받았습니다. 사실 성경은 사랑이 넘치는 메시지를 가득 담고 있기도 합니다만 한편으로 우리에게 "선택하라" "결단하라"는 명령과 함께, 결단의 결과는 이렇게 치명적일 수 있다는 엄중한 경고를 함께 전하고 있는 겁니다.

우리 속담에 '하룻강아지 범 무서운 줄 모른다'는 말이 있잖아요. 하룻강아지이니까 범이 무서운 줄 모르는 것이죠. 여호와가 어떤 분이신 줄을 모르면 우리는 두려움이라는 것을 모르고 우리 마음대로 권세를 부리며 살아갈지도 모를 일입니다. 같은 신앙인인데도 가끔 의문이 드는 삶의 선택과 행동을 하는 사람들을 봅니다. "하나님이 살아 계시다는 것을 믿기는 하는 걸까? 정말 하나님이 살아 계시다는 것을 안다면 어떻게 저렇게 행동하지?" 하룻강아지가 되지 맙시다. 여호와의 편에 서서 늘 약자를 돌보고 살려내는 선택을 합시다. 이를 기뻐하시는 여호와와 그의 질서를 믿읍시다. 바로 그 믿음으로 라합은 자신은 물론 그녀가 속한 온 집안을 살렸고, 예수님의 조상이 되는 축복을 누렸던 것입니다.

기도

사랑의 하나님, 당신께서 귀하게 지어놓으신 생명인데, 많은 사람들이 '사람' 대접을 받지 못하는 험한 세상을 살아갑니다. 이 안타까운 질서를 만든 저희를 용서하여 주시옵소서. 행여 사람을 대할 때에 나보다 못하다고 멸시하고 또 나보다 우월하다고 무릎 꿇는 행동을 보였다면, 주여 반성케 하옵소서. 무엇보다 모든 인간들이 평등하게 살기 원하시며 그런 세상을 만들기 원하시는 하나님의 창조질서를 기억합니다. 그 질서가 이 땅에 도래하기까지 언제나 '사람'의 선택, '살리는' 선택을 하는 신앙인이 되게 하여 주시옵소서. 저희들의 하루하루를 당신 편에서 치열하게 살아내게 하여 주시옵소서. 예수님의 이름으로 기도합니다. 아멘.

하나님의 역사하심에 귀 기울이고 그 편에 서는 믿음의 결단을 내린 라합처럼, 우리도 구원의 역사를 믿고 이에 동참하는 선택을 합시다.

헤렘과 헤세드, 아간 이야기

여호수아 6-7장

지난 시간에는 라합이라는 인물에 대해 공부했습니다. 라합은 여리고 성에 거주하던 이방 민족임에도 불구하고 이스라엘의 하나님을 듣고 믿음을 가졌습니다. 그로 인해 그녀의 온 가족이 구원을 얻게 되었지요. 오늘은 그녀와는 정반대의 인물에 대한 이야기를 나누어 보겠습니다. 이스라엘 사람입니다. 긴 광야의 여정도 보냈고, 요단강도 건넜습니다. 그렇게 하나님과 오랜 시간을 보냈음에도 불구하고, 그래서 여호와의 능력과 언약의 말씀을 그저 들은 것만이 아니라 직접 보고도 제대로 믿지 않은 인물입니다. 하나님의 언약의 말씀을 듣고도 실천하지 않았죠. 약속의 땅에 들어왔음에도 불구하고 약속대로 행하지 않았고요. 그로 인해 자기 자신과 그의 재산, 그리고 가족까지도 멸망을 당했습니다. 바로 아간의 이야기입니다.

진멸을 원하시는 하나님?

아간 이야기를 살펴보기 위해선 두 단어에 익숙해질 필요가 있습니다. 바로 '헤렘'과 '헤세드'라는 단어입니다. 헤렘은 "진멸(殄滅)"의 의미를 담고 있는 히브리 단어입니다. 헤세드는 상당히 대조적인 말이죠. "사랑", "은총"으로 번역될 수 있습니다. "헤세드를 입었다"는 뜻은 여호와의 은총을 입었다는 의미이죠. 반면 "헤렘하다"는 의미는 진멸하다, 즉 완전히 없애버린다는 뜻입니다. 얼른 듣기에 헤렘과 헤세드는 반대말 같습니다. 라합은 헤세드를 입었던 여인이죠. 이방 여인이었음에도 여호와의 편에 서서 은총을 입은 경우니까요. 반면 아간이 받은 것은 헤렘이었습니다.

사실 '살리시는' 하나님을 쭉 배워온 우리들로서는 '헤렘'이라는 단어 자체를 성경 안에서 발견하는 것이 불편하기만 합니다. 더구나 이방인이 아니라 '선민'인 이스라엘 사람 가운데 헤렘을 당한 인물을 발견한다는 것은 더욱 더 그러하죠. 일단 성경에 기록된 배경을 살펴보겠습니다. 여리고 성을 점령하던 당시의 이야기입니다.

> 너희는 온전히 바치고 그 바친 것 중에서 어떤 것이든지 취하여 너희가 이스라엘 진영으로 바치는 것이 되게 하여 고통을 당하게 되지 아니하도록 오직 너희는 그 바친 물건에 손대지 말라 은금과 동철 기구들은 다 여호와께 구별될 것이니 그것을 여호와의 곳간에 들일지니라 하니라 이에 백성은 외치고 제사장들은 나팔을 불매 백성이 나팔 소리를 들을 때에 크게 소리 질러 외치니 성벽이 무너져 내린지라 백성이 각기 앞으

로 나아가 그 성에 들어가서 그 성을 점령하고 그 성 안에 있는 모든 것을 온전히 바치되 남녀노소와 소와 양과 나귀를 칼날로 멸하니라(여호수아 6:18-21).

요즘 우리 정서로 읽기에는 무서운 이야기이지요. 도대체 남녀노소에 가축들까지 칼날로 멸하다니요. 바로 이 "멸하다"는 의미가 '헤렘'입니다. 대학생 친구들과 성경을 읽다가 이 본문에 이르면 저조차도 많이 망설이고 마음이 불편해집니다. 하나님은 생명의 하나님이시고, 생기를 불어넣으시는 분이다, 이렇게 배워왔는데 '헤렘'의 본문을 접하면 의문이 들 수밖에 없지요. "하나님은 살리시는 분이라면서, 어째서 잘못된 문화를 가진 가나안 땅을 돌이켜 살리시지 않으시고 이렇게 멸하시는 겁니까? 어린 아이와 노인까지도 멸하셔야 했나요? 그 땅에 있던 가축들은 무슨 잘못이 있나요?"

여러분 생각은 어떠세요? 여호와께서는 왜 가나안의 것들을 온전히 진멸하도록, 즉 헤렘하도록 명령하셨을까요? 헤렘은 적당히 혼내고 잘못된 이들로 하여금 돌이키게 하는 것이 아닙니다. 어떠한 흔적도 남기지 않고 완전히 진멸(殄滅)하라는 거예요. 단 하나의 예외도 없습니다. 과연 모든 생명까지 다 헤렘하라는 것이 여호와의 명령이었을까요? 하나님의 큰 뜻을 우리 인간이 온전히 다 알 수는 없겠지요. 그렇지만 이런 의문점을 우리 마음에 남겨 놓고 질문하지 않은 채 그냥 "하나님이 명령하셨으니까"하고 넘어가는 것도 성숙한 신앙인의 자세는 아니라고 생각합니다. 슬로브핫의 딸들 이야기를 하면서도 말했지만 되물어보는 것, 하나님께 따져야 한다면 따져서라도 반문해보는 것이 신뢰와 믿음이 두터운 관계 안에서 우리가 할 수 있는 성장하는 신앙이기 때문입니다.

저의 해석은 이렇습니다. 우선은 '헤렘'을 당시 문화적 맥락에서 이해해보는 것이 중요해요. '맥락화(contextualization)'입니다. 이 본문에서 자주 등장하는 말이 '온전히 바치다'라는 표현인데요. '온전히 바치라'는 말은 크게 두 가지 의미로 볼 수 있습니다. 첫째, 하나님을 향한 순전한 마음을 표현한 제의적 의미로 해석하는 것입니다. 그 어떤 불순함이나 사심도 없이, 몸과 맘과 혼을 다한다는 의미에서의 온전함 말입니다. 한편으로 '온전히 바친다'는 것은, 가나안 땅에 있는 반(反)하나님적인 문화와 세계를 온전히 멸하라는 뜻, 즉 '헤렘'으로도 볼 수 있습니다. 기존의 가나안적인 삶은 모두 헤렘(진멸)시키라는 하나님의 의지를 담고 있는 명령이죠. 그랬기 때문에 실제로 성경 본문에서도 모든 것을 온전히 바치되, 재물만이 아니라 남녀노소와 소와 양과 나귀까지도 '진멸'하라고 전하는 겁니다.

맞습니다. 이 말씀은 너무나 무서운 이야기입니다. 폭력적이기까지 합니다. 도대체 어린 아이들은 무슨 잘못을 했길래요? 더구나 소, 양, 나귀야 말로 자유의지가 없는 존재들인데, 그들이 하나님이 싫어하시는 '가나안적'인 행위를 했을 리 만무합니다. 더구나 그런 행위를 했더라도 돌이키고 반성하게 할 일이지 어쩌자고 다 '진멸'을 해야 할까요?

우선 저는 이 본문을 '문자적으로' 받아들이는 것에는 조심스런 입장을 가집니다. 기원전 3천여 년도 더 전에 있었던 문화적 방식을 '문자 그대로' 받아들여서 해석하는 것은 옳지 못하다고 봅니다. 성경을 있는 그대로 따라 하려던 무모한 시도의 한 사례가 바로 중세 유럽의 십자군 전쟁이에요. 이슬람 교도들에게 점령된 예루살렘을 탈환하면서 기독교인들은 바로 '헤렘'을 적용했습니다. 하여 그 안에 있던 모든 생명을 희생시키는 안타까운 역사를 남겼어요. 여호수아가 살던 당시의 문화적 습속을 정당화하거나 변호할 생각이나 필요를 느끼지 못합니다만, 적어도 그 방식 그대로를 받아들이는 것은 이 본문의 핵심적인 의미를 놓치는 일이라고 봅니다.

헤렘의 의미

이 본문이 오늘날에도 성스런 하나님의 말씀으로 우리에게 여전히 소중하다면 그것은 헤렘의 '방식'이 아니라 헤렘의 '의미'에서 찾아야 한다고 생각해요. 오늘 배워 볼 아간의 이야기가 이 의미를 찾는 데에 도움이 될 수 있기를 바랍니다. 아간의 이야기도 여전히 잔인한 사건이기는 합니다. 여리고 성을 함락하던 당시의 이야기입니다. 이스라엘 사람들 중에서 여호와의 명령인 헤렘을 어긴 사람이 있었어요. 당시 여호수아는 이 성 안의 모든 것을 다 "여호와께 온전히 바치라"고 명령합니다.

> 일곱 번째에 제사장들이 나팔을 불 때에 여호수아가 백성에게 이르되 외치라 여호와께서 너희에게 이 성을 주셨느니라 이 성과 그 가운데에

있는 모든 것은 여호와께 온전히 바치되 기생 라합과 그 집에 동거하는 자는 모두 살려 주라 이는 우리가 보낸 사자들을 그가 숨겨 주었음이니라(여호수아 6:16-17).

여호수아의 추상과 같은 명령이었습니다. 물건뿐만 아니라 생명까지도 다 바치라고 분명히 말했죠. 그러나 그 많은 사람들이 함께 진멸에 참여하는 가운데 누가 무엇을 빼돌렸는지는 일일이 확인할 수 없는 일입니다. 다들 그저 명령에 따르며 진멸 전쟁이 완수되었다고 생각하고 있었을 거예요. 그것이 여호수아의 명령이었고, 더욱이 하나님의 말씀이었으니까요. 물론 저로서는 조금 조심스럽지만 이것이 과연 여호와의 명령이었을까? 아니면 여호와의 명령을 '이렇게' 해석한 여호수아의 명령이었을까를 묻게 됩니다. 하나님의 계시를 받더라도 인간은 자기가 살고 있는 문화적 상상력 이상을 넘어서는 일이 여간 어려운 일이 아니기 때문이에요.

듣기에 따라서는 '위험'하기까지 한 해석일 수 있으므로 조금 더 깊이 묵상해 보겠습니다. 여호와의 명령에 대한 이야기를 신명기에서 잠깐 다시 살펴볼게요. 신명기 7장 1-4절 말씀입니다.

네 하나님 여호와께서 너를 인도하사 네가 가서 차지할 땅으로 들이시고 네 앞에서 여러 민족 헷 족속과 기르가스 족속과 아모리 족속과 가나안 족속과 브리스 족속과 히위 족속과 여부스 족속 곧 너보다 많고 힘이 센 일곱 족속을 쫓아내실 때에 네 하나님 여호와께서 그들을 네게 넘겨 네게 치게 하시리니 그 때에 너는 그들을 진멸할 것이라 그들과 어떤 언약도 하지 말 것이요 그들을 불쌍히 여기지도 말 것이며 또 그들과 혼인하지도 말지니 네 딸을 그들의 아들에게 주지 말 것이요 그들의 딸도 네 며느리로 삼지 말 것은 그가 네 아들을 유혹하여 그가 여호와를 떠나고 다른 신들을 섬기게 하므로 여호와께서 너희에게 진노하사 갑자기 너희를 멸하실 것임이니라(신명기 7:1-4).

가나안의 일곱 족속을 이스라엘 가운데서 살게 하지 말라는 말씀이 '헤렘' 즉 진멸의 핵심 목적입니다. 물론 '헤렘'의 단어 속에 생명을 거두는 행위가 포함되어 있지만 이 본문 자체에서 가나안 족속을 '죽이라'는 직접적인 명령은 없습니다. 다만 그들과 어떤 언약도 체결하지 말고 그들과 혼인하여 함께 살지 말라고 하시죠. 즉 헤렘의 명령에는 가나안적인 습속과 행위를 따라 할 가능성을 아예 차단한다는 의미가 있었던 겁니다. 필요이상으로 부를 축적하고 물질을 탐하고 더 소유하려 하고 비윤리적인 종교의례를 따라하는 삶의 가능성을 '헤렘'하라는 것이 여호와의 본뜻이었다고, 저는 그리 생각합니다. 이것을 모든 생명을 포함한 '진멸'로 해석한 것은 여호수아의 한계였을 거라는 풀이입니다. 그래야만, 적어도 제게는 이 끔찍한 헤렘의 사건들, 여호와의 이름으로 수행된 전쟁들이 '의미'로 다가오거든요. 물론 다시는 반복되면 안 되는 문화적 한계에 대한 경계와 함께 말입니다.

하나님의 언약을 믿고 여리고 성에 들어갔었던 여호수아는 모든 이스라엘 백성이 하나님의 명령인 헤렘을 따랐다고 생각했어요. 그 큰 성 여리고를 점령하고 여세를 몰아 연이어 아이 성 전투를 준비합니다. 큰 성 여리고도 함락한 여호수아의 군대입니다. 아이 성은 상대적으로 작은 도성입니다. 사람들은 저 정도 크기의 성이라면 이삼천 명으로도 충분하겠다고 말하며 만만해 합니다.

> 여호수아가 여리고에서 사람을 벧엘 동쪽 벧아웬 곁에 있는 아이로 보내며 그들에게 말하여 이르되 올라가서 그 땅을 정탐하라 하매 그 사람들이 올라가서 아이를 정탐하고 여호수아에게로 돌아와 그에게 이르되 백성을 다 올라가게 하지 말고 이삼천 명만 올라가서 아이를 치게 하소서 그들은 소수이니 모든 백성을 그리로 보내어 수고롭게 하지 마소서 하므로(여호수아 7:2-3).

워낙 작은 성이니까 다들 안심하고 적은 숫자의 병력만 보냈습니다. 그러나 결과는 이스라엘의 패배였습니다. 많은 사상자가 나왔고 살아남은 이들도 도망하여 돌아왔습니다. 이 전쟁이 그저 사람과 사람의 전쟁이었다면, 이스라엘 백성들도 그냥 아쉬워하며 그들의 패배 요인을 이성적으로 분석했을지도 모릅니다. 훗날을 도모하면서요. 하지만 이 전쟁은 그들에겐 그렇게 단순한 전쟁이 아니었습니다. 바로 그들의 신인 여호와의 이름을 걸고 했던 전쟁이었기에, 성전(聖戰)에서 패했다는 사실이 그들을 당혹케 했습니다. 당시 '민족신' 개념을 가지고 있었던 고대 근동에서는 각 민족마다 수호신을 섬겼거든요. 전쟁은 사람들만의 싸움이 아니었습니다. 하여 그 어떤 이방신보다 여호와께서 더 위대하고 크고 강하시다고 신앙고백했던 그들로서는 전쟁의 패배란 있을 수 없는 일이었습니다. 그것은 여호와의 힘에 대한 의문까지도 제기할 수 있을만한 사건이었으니 너무나 놀라웠던 거죠. 우리의 신이 이방신보다 약하거나 아니면 인간이 거룩한 전쟁을 잘못 수행했거나, 입니다. 물론 전자를 의심치 않았던 여호수아는 절망하며 하나님께 다시 기도합니다. 그리고 하나님께선 여호수아에게 왜 그들이 지게 되었는지 가르쳐 주십니다. 여호수아 7장 6절 말씀과 10-12절 말씀입니다.

> 여호수아가 옷을 찢고 이스라엘 장로들과 함께 여호와의 궤 앞에서 땅에 엎드려 머리에 티끌을 뒤집어쓰고 저물도록 있다가 … 여호와께서 여호수아에게 이르시되 일어나라 어찌하여 이렇게 엎드렸느냐 이스라엘이 범죄하여 내가 그들에게 명령한 나의 언약을 어겼으며 또한 그들이 온전히 바친 물건을 가져가고 도둑질하며 속이고 그것을 그들의 물건들 가운데에 두었느니라 그러므로 이스라엘 자손들이 그들의 원수 앞에 능히 맞서지 못하고 그 앞에서 돌아섰나니 이는 그들도 온전히 바친 것이 됨이라 그 온전히 바친 물건을 너희 중에서 멸하지 아니하면 내가 다시는 너희와 함께 있지 아니하리라(여호수아 7:6, 10-12).

"내가 너희와 함께 있지 아니하리라." 듣기만 해도 정말 무서운 말씀이지요. 지금 이스라엘 백성들의 유일한 방패요 산성이요 힘이요 구원이신 여호와, 오직 그 한 분만 믿고 온 여정인데…, 그들에겐 강한 산성도 없었고 강력한 무기도 없었습니다. 그들에겐 오로지 여호와가 함께하시는 것만이 유일한 힘이었던 것입니다. 그런 여호와께서 떠난다고 말씀하셨을 때에 이스라엘 백성들이 느꼈을 두려움이 얼마나 컸을까요?

여호와께서 이스라엘과 함께 하지 않겠다고 하신 까닭에 대해 본문은 그의 명령대로 따르지 않은 한 사람 때문이라고 전합니다. 이에 여호수아는 회중들을 모두 불러 모아 제비를 뽑게 합니다. 지파 중에는 유다 지파가, 그 중에서도 세라 족속이, 그리고 세라의 증손이요 삽디의 손자요 갈미의 아들인 '아간'이 뽑혔습니다(여호수아 7:16-18). 이런 제비뽑기는 인간이 답을 알 수 없는 사건의 해결책으로 신께 의뢰한다는 의미에서 수행하던 당시의 문화적 행동이었죠. 빼도 박도 못하게 된 아간은 어쩔 수 없이 그가 했던 일을 자백합니다.

> 내가 노략한 물건 중에 시날 산의 아름다운 외투 한 벌과 은 이백 세겔과 그 무게가 오십 세겔 되는 금덩이 하나를 보고 탐내어 가졌나이다 보소서 이제 그 물건들을 내 장막 가운데 땅 속에 감추었는데 은은 그 밑에 있나이다 하더라(여호수아 7:21).

아니 외투 한 벌과 은과 금이 여호와의 '헤렘' 명령을 어길 만큼 대단한가? 다른 시간 다른 공간에서 살고 있는 우리로서는 이렇게 생각할 수도 있습니다. 하지만 21세기 대한민국 버전으로 옮겨볼까요? 수천만 원을 호가하는 이태리 수제 명품 외투와 신사임당이 그려진 오만 원권 뭉치다발, 그리고 금괴가 우리 눈앞에 있는 겁니다. 쉽게 '헤렘' 할 수 있었을까요? 아이고, 그걸 왜요? 자원낭비 아닌가요? 가져다가 요긴하게 쓰는 것이 더 낫지 않나요? 이런 생각이 들지 않겠습니까? 우리 마음도 흔들렸을 거예요. 아간 역시 이 유혹을 이기지 못하고 여호와의 명령을 어기게 됩니다. 분명 탐심이지요. 허나 여호와께서 광야생활을 통해 이스라엘 백성들에게 끊임없이 강조하셨던 것은 이집트적인, 가나안적인 욕심을 없애라는 것이었습니다. 출애굽 내내 하나님이 강조한 부분입니다. 축적하려는 마음, 필요 이상으로 더 가지려는 마음을 '헤렘'시켜야 한다는 것을 계속해서 강이 조하셨습니다. 만나를 통해 연습도 시키셨습니다. 이를 지킬 율법도 주셨습니다. 그렇게 만반의 준비를 하고 요단강을 건넜던 아간이 이 명령을 어긴 것입니다.

헤렘은 나에게로, 헤세드는 너에게로

어쩌면 제비가 뽑혀 자백하게 된 아간의 마음속에는 용서받을 수 있을 거라는 생각이 자리 잡고 있었을지도 모릅니다. "나는 이스라엘인인데, 아브라함의 자손인데, 여호와의 선택과 은총을 입은 공동체의 일원인데, 나는 당연히 헤세드를 입겠지?" 그런 생각이었을 수 있습니다. 그러나 성경본문에서 아간이 받은 벌은 실로 끔찍합니다.

여호수아가 이스라엘 모든 사람과 더불어 세라의 아들 아간을 잡고 그

> 은과 그 외투와 그 금덩이와 그의 아들들과 그의 딸들과 그의 소들과 그의 나귀들과 그의 양들과 그의 장막과 그에게 속한 모든 것을 이끌고 아골 골짜기로 가서 여호수아가 이르되 네가 어찌하여 우리를 괴롭게 하였느냐 여호와께서 오늘 너를 괴롭게 하시리라 하니 온 이스라엘이 그를 돌로 치고 물건들도 돌로 치고 불사르고 그 위에 돌무더기를 크게 쌓았더니 오늘까지 있더라 여호와께서 그의 맹렬한 진노를 그치시니 그러므로 그 곳 이름을 오늘까지 아골 골짜기라 부르더라(여호수아 7:24-26).

꼭 이렇게까지 해야 했을까요? 동족인데, 여호와의 백성인데 말이죠. 사람답게 살아보려고 그 먼 여정을 거쳐 이제 드디어 정착할 수 있게 되었는데 그 가운데 한 일족을 헤렘해야 한다니 얼마나 모두의 마음이 아팠을까요. 여호수아가 너무 심했다는 생각도 듭니다. 그러나 어쩌면 '괴로움'('아골'의 의미)에도 불구하고 그가 아간과 그의 집을 온전히 '헤렘'한 까닭은 막 정착하는 땅에서 이스라엘이 걸어가야 하는 길에 대한 다짐이었을 것도 같습니다. 이스라엘이 가나안이나 이집트인들과 비교하여 여호와의 '헤세드'를 입은 까닭을 너무나 잘 알고 있던 여호수아였기 때문입니다. 물질적 탐심은 종국에 가서는 기껏 떠나온 고대근동의 다른 도시국가들과 같은 사회를 건설하게 될 것이니까요. 그건 이스라엘 안에서도 사람답게 살지 못하는, 존중받지 못하는 무리가 또 다시 생긴다는 의미입니다. 첫 출발부터 이를 허용할 수 없었던 것이 아닐까요? 이스라엘이 여호와의 '헤세드'를 계속 입기 위해서 이들은 늘 금은보화가 아니라 "여호와만이 우리의 분깃"이라고 고백하는 삶을 살아야하니까요.

그런 의미에서 헤렘과 헤세드를 같이 묶어서 이해해야 한다고 생각해요. 가나안의 삶의 방식을 진멸하지 않으면, 이스라엘은 하나님의 은총으로 선택받았던 자신들의 모습을 잃게 됩니다. 축적하고 높아지고 더 가지기를 원하고 이웃을 억압하고 착취하게 될 것이니까요. 하지만 가나안의 문화를 완전히 진멸한다면(헤렘한다면), 이스라엘은 계속하여 하나님의 은총(헤세드)을 받을 수 있는 거예요. 하나님의 사랑은 인간적인 탐욕을 헤렘함으로 여호와의 헤세드를 받길 원하고 계신 것입니다. 아간 역시 하나님을 따르며 살아왔지만 마지막 순간의 초심을 잃고 욕심을 내는 바람에 비극을 맞이하게 되었습니다.

이 말은 오늘날에도 인간적인 탐욕을 헤렘하지 않는 신앙인은 아간처럼 진멸해야한다는 의미가 아닙니다. 이 에피소드를 읽으며 여호와를 '작은 실수도 용서치 아니하시고 진멸하시는 분'으로 이해하면 곤란합니다. 그러나 한편으로 너무나 쉽게, 예수님 이후의 은총의 세대를 살아가노라고 마음 편히 읽어버려도 안 될 것 같습니다. "우리는 죄사함을 입었어, 우리는 헤세드를 받을 거야." 이런 안이한 태도는 어쩌면 '하나님의 백성'이라는 자만심이 가득했던 아간도 가졌을 일이니까요. "까짓 거, 살면서 죄를 저지르지 않는 사람이 어디 있겠어? 우리는 다 신이 아닌 나약한 인간인 걸. 저지른 죄야 용서를 구하면 그뿐이지. 사랑의 하나님이시니까 용서해주실 것 아니겠어?" 자기 자신에게는 여호와의 '헤세드'를 이렇게 자신하면서 나의 죄로 인하여 마음의 상처를 입고 삶의 비참함을 당한 이웃을 금세 잊습니다. 더구나 불신자, 이방인들에게는 그들이 마치 '영구적'인 헤렘(진멸)의 대상인 양 정죄하는 자세를 보이는 그리스도인들도 적지 않습니다. 이 본문의 교훈을 거꾸로 적용하는 것이지요. 어떤 의미에서 우리는 헤렘의 대상을 다른 누군가가 아닌 우리 자신으로 삼아야 할 것입니다. 우리 안에서 헤렘해야 하는 것은 무엇인가? 즉 온전히 하나님께 드려야 할 것이 무엇이고, 내 안에 온전히 진멸해야 하는 것은 무엇인가를 끊임없이 물으면서 말이에요.

우리 안에서 온전히 하나님께 돌려야 하는 요소는 무엇이 있을까? 우리 안에서 참 신앙을 위해 소멸해야 하는 요소는 무엇이 있을까? 이 두 가지 의미를 '헤렘'의 본뜻으로 이해한다면 '헤렘'은 남에게 적용하는 것이 아니라 우리 자신에게 적용해야 하겠죠. 헤렘은 나에게로, 헤세드는 너에게로! 어떠세요? 그렇다면 우리들의 삶을 통해 많은 사람들이 헤세드를 입고 하나님을 따라가는 삶을 살 수 있을 것 같지 않나요? 다시 한 번, 헤렘의 방식을 기억하는 것, 즉 그들의 문화와 칼날을 기억하는 것이 아니라 헤렘을 명령하신 하나님의 마음과 그 속에 담긴 의미를 기억하기를 바랍니다. 어쩌면 우리에게 물질적으로 이익이 되는 것일지라도 그것이 행여 하나님으로부터 멀어지게 될 계기가 될 수 있다면, 과감히 그것을 나로부터 멀리하려는 자세가 필요합니다. 헤렘의 현대적 의미는 "스스로의 탐욕을 진멸시키고 하나님을 향해 바칠 것들을 온전히 바치는 것"입니다.

기도

헤세드의 하나님, 저희들에게 사랑을 베푸시고 자비를 주시길 기뻐하시는 당신의 마음을 돌아봅니다. 연인처럼, 부모님처럼 언제나 사랑으로 저희를 품으시는 당신을 기억하오니 행여 우리 마음속에 하나님의 사랑을 잊도록 훼방하고 가로막는 것들이 있다면 그것을 과감히 헤렘할 수 있게 하여 주시옵소서. 저희들이 온전히 당신을 향하는 순전함으로 이웃들에게 헤세드를 전하는 자가 되도록 하여 주시옵소서. 예수님의 이름으로 기도합니다. 아멘.

우리가 하나님을 순전히 바라보게 하는데 장애물이 되는 것은 무엇인가요? 자신을 성찰하며 내 안에서 '헤렘'해야 할 것들을 생각해 봅시다.

스물한 번째 만남

헤렘과 헤세드, 기브온 족속 이야기

여호수아 9-10장

지난 강의는 많이 무거우셨죠? 헤렘과 헤세드에 대해 많은 생각을 하셨나요? 우리 삶 속에서 나에게는 헤렘하고, 상대방에겐 헤세드하는 자세로 살아가자고 했었죠. 적어도 '헤렘'에 대해서는 섣부르게 그 진멸의 칼날을 이웃에게 돌리지 말고 나 자신을 온전히 하나님께 드리고 있는지 돌아보는 의미로 삼자 당부했고요. 헤렘은 나에게로, 헤세드는 너에게로! 이렇게 '헤렘과 헤세드'를 하나의 짝으로, 그리고 제의적인 의미를 담아 생각한다면, '살리기' 원하시는 하나님의 뜻에 반(反)하는 해석과 적용을 피할 수 있겠지요. 오늘 공부해 볼 한 부족도 이 두 단어의 묵상과 관계가 있습니다. 이 부족은 매우 재미있는 부족이에요. 성경본문에는 헤렘의 대상으로 선포되어 있지만, 스스로의 결단과 행동으로 헤세드를 입게 되었습니다. 어떤 일이 벌어졌던 것일까요?

기브온 족속의 꾀

오늘 우리가 집중해서 읽어 볼 성경본문은 여호수아 9-10장입니다. 이 본문은 이스라엘이 본격적으로 정복에 나선 시기이기 때문에, 헤렘에 대한 이야기가 상당히 많이 나옵니다. 해당 내용들을 문자적으로가 아니라 의미로 해석하고자 아무리 마음을 단단히 먹어도, 문화적인 면이나 신앙적인 면에서 걸림이 많이 되는 잔인하고 처절한 묘사가 많습니다. 마음이 많이 무거워요. 그런데 헤렘의 무거움이 지속되는 한가운데, 어찌 보면 우리로 하여금 잠시 웃음을 짓게 만드는 한 가지 이야기가 끼어들어 있습니다. '헤렘(진멸)과 헤세드(은총)는 항상 같이 생각해야 한다'는 접근에 가장 적합한 이야기입니다.

헤렘의 대상이었던 기브온 족속은 이스라엘 족속의 이야기를 풍문으로 듣게 됩니다. 여리고 성과 아이 성이 함락되었다고 합니다. 기브온 족속만 들은 풍문은 아닙니다. 가나안의 다른 도시국가도 이 소식을 전해 들었습니다. 다섯 성들은 연합전선을 펼쳐 이스라엘과 대항하고 있던 상황이었어요. 이런 상황에서 기브온 족속은 가나안 도시국가연합에 들어가지 않고 다른 선택을 합니다. 이스라엘 족속에게 찾아갑니다. 자신들을 '헤렘' 대상으로 선포한 이스라엘이니 소위 '적진'으로 들어간 거죠. 참으로 위험한 선택일 텐데, 과연 어떤 의도였는지 한 번 살펴봅시다.

기브온 주민들이 여호수아가 여리고와 아이에 행한 일을 듣고 꾀를 내

> 어 사신의 모양을 꾸미되 해어진 전대와 해어지고 찢어져서 기운 가죽 포도주 부대를 나귀에 싣고 그 발에는 낡아서 기운 신을 신고 낡은 옷을 입고 다 마르고 곰팡이가 난 떡을 준비하고 그들이 길갈 진영으로 가서 여호수아에게 이르러 그와 이스라엘 사람들에게 이르되 우리는 먼 나라에서 왔나이다 이제 우리와 조약을 맺읍시다 하니(여호수아 9:3-6).

어찌 보면 귀여워 보이기도 하지요? 주도면밀하게 이스라엘을 설득할 방법을 알아낸 것이지요. 본문의 "멀리서 왔다"라는 표현은 두 가지 의미로 해석될 수 있습니다. 첫 번째는 에베르, 즉 말 그대로 저기 강 건너서, 외지에서, 타지에서, 멀리서 왔다는 의미가 있습니다. 한 마디로 자신들은 가나안 토박이가 아니라는 말이지요. 가나안 도시국가의 사람들을 '헤렘' 대상으로 여기고 있는 이스라엘이니 일종의 눈속임을 한 것입니다.

하지만 여전히 의문은 듭니다. 굳이 멀리서 왔다는 걸 증명한다고 해도 행색이 말이 아닙니다. 해진 옷에 낡은 신발, 곰팡이가 난 떡까지… 필시 사전조사를 열심히 한 것임에 틀림없습니다. 이스라엘은 여호와의 구원역사를 믿고 동참하는 이들을 받아들이는 족속임을 알았던 것이 아닐까요? 초기 이스라엘 공동체를 이루던 다수의 사람들은 '하비루' 즉 사회적 약자 집단이었다는 이야기를 했었죠. 이스라엘 족속은 혈연으로 깊게 뭉쳐진 족속은 아니지요. 출애굽에 성공할 때에도 수많은 잡족들이 이미 함께 했던 바 있습니다(출애굽기 12:38). 우리도 '하비루'야, 말로 이렇게 했다가는 거짓말이 되겠지만 적어도 이런 뉘앙스를 풍기기 위함이 아니었을까요? 이스라엘 공동체에 속하기 위해 갖은 노력을 한 것이죠.

'살리시는' 하나님에 대한 믿음

하나님의 눈으론 그들이 귀여워 보였을지도 모르겠네요. 그러나 여호수아와 이스라엘 백성들은 그들을 매우 의심합니다. 그런 의심에도 불구하고 기브온 족속들은 끝까지 자신들이 멀리서 왔다고 말하며 사실을 부정하지요. 여호수아 9장 7절과 9절 말씀입니다.

> 이스라엘 사람들이 히위 사람에게 이르되 너희가 우리 가운데에 거주하는 듯하니 우리가 어떻게 너희와 조약을 맺을 수 있으랴 하나… 그들이 여호수아에게 대답하되 종들은 당신의 하나님 여호와의 이름으로 말미암아 심히 먼 나라에서 왔사오니 이는 우리가 그의 소문과 그가 애굽에서 행하신 모든 일을 들으며(여호수아 9:7, 9).

심지어 기브온 족속들은 이스라엘 사람들에게 자신을 종으로 삼아도 좋다고 말하기까지 합니다. "그들이 여호수아에게 이르되 우리는 당신의 종들이니이다"(여호수아 9:8). 조약을 맺는다는 것은 오늘날과 같은 공동체간의 협약입니다. 국민국가 단위로 살고 있는 오늘날에는 보통 나라와 나라가 조약을 맺죠. 힘의 균형을 가진 두 나라 간이거나, 아니면 강대국이라도 인권이나 선의가 있는 상황이라면 상호존중이 담긴 조약이 가능할 겁니다. 하지만 우리나라가 일본제국과 불평등조약으로 어려움을 겪었던 것처럼, 보통은 약한 공동체에게 불리한 조약조건들이 제시되기 마련이죠. 기브온 족속은 이런 문화권에서 살던 사람들이니 완전히 낮은 자세로 이스라엘에게 다가선 것이죠. 어찌 보면 그들이 정말로 여호와의 능력을 완전히 믿었기에 가능했던 행동이었습니다. 기브온 족속은 자신들이 여호와의 헤렘(진멸) 대상이라는 걸 알고 이스라엘 앞에 납작 엎드렸습니다. 이스라엘 사람들은 계속해서 남들의 종이었잖아요? 그런 그들에게 종으로 다가온 기브온 족속은 매우 신기하고 당황스러운 존재였을 것입니다. 여호수아가 당황한 듯이 그들에게 묻습니다. "너희는 누구며 어디서 왔느냐?" 그런 여호수아의 물음에 기브온의 사신들이 대답합니다.

> 그들이 여호수아에게 대답하되 종들은 당신의 하나님 여호와의 이름으로 말미암아 심히 먼 나라에서 왔사오니 이는 우리가 그의 소문과 그가 애굽에서 행하신 모든 일을 들으며 또 그가 요단 동쪽에 있는 아모리 사람의 두 왕들 곧 헤스본 왕 시혼과 아스다롯에 있는 바산 왕 옥에게 행하신 모든 일을 들었음이니이다(여호수아 9:9-10).

기브온 사신의 변은 어쩐지 기생 라합의 고백과 매우 비슷해 보입니다. 사신들은 위와 같이 말하며 여호와를 알기 원한다고 여호수아를 설득합니다. 여호수아는 그 말을 순전히 믿고 여호와께 묻지 않은 채 그들을 헤세드의 대상이라고 여기게 됩니다. 곧 그들과 화친

하여 '살리겠다'는 조약을 맺죠. 맹세도 하구요(여호수아 9:14-15). 여호수아가 경솔했다고 생각했는지 성경기록자는 그가 여호와의 뜻을 묻지 않았다고 기술하고 있어요. 하지만 기브온 족속이 여호와의 능력을 알고 그들에게 다가왔다는 것은 분명한 것 같습니다. 물론 그들이 가나안 족속인 것을 이야기 하지 않은 것은 사실이지만, 이는 분명 헤렘의 대상이 될까봐 두려워서 그랬을 거예요. 결국 그들은 여호수아의 결정에 의해 헤세드를 입게 됩니다.

물론 들키기까지 오래 걸리지는 않았죠. 여호수아는 조약체결 후 사흘이 지나서 그들이 멀리서 온 족속이 아닌 가나안 족속이라는 것을 깨닫게 됩니다. 하나님께서 명령하신 헤렘의 대상이라는 것을 알게 된 것이죠. 자신이 속았다는 것을 깨달은 여호수아는 속이 상한 상태로 그들에게 묻습니다. "너희가 우리 가운데에 거주하면서 어찌하여 심히 먼 곳에서 왔다고 하여 우리를 속였느냐?"(여호수아 9:22) 이에 기브온 족속이 대답합니다.

> 그들이 여호수아에게 대답하여 이르되 당신의 하나님 여호와께서 그의 종 모세에게 명령하사 이 땅을 다 당신들에게 주고 이 땅의 모든 주민을 당신들 앞에서 멸하라 하신 것이 당신의 종들에게 분명히 들리므로 당신들로 말미암아 우리의 목숨을 잃을까 심히 두려워하여 이같이 하였나이다 보소서 이제 우리가 당신의 손에 있으니 당신의 의향에 좋고 옳은 대로 우리에게 행하소서 한지라(여호수아 9:24-25).

측은지심이 절로 나게 하는 답입니다. 하나님의 계획과 명령을 모두 알고 있기에 두려운 마음에 이렇게 행했다네요. 이제 우리를 어떻게 하실 지는 당신들이 결정하소서, 라고 말합니다. 과연 기브온 족속들의 표정이 어땠을까요? 정말 절절했겠지요. 그 표정을 바라보는 여호수아의 마음은 또 어땠을까요? 결국 그 모든 사실을 알고도 여호수아는 과감한 결정을 내립니다. 그들을 헤렘하지 않기로 한 것이지요. "여호수아가 곧 그대로 그들에게 행하여 그들을 이스라엘 자손의 손에서 건져서 죽이지 못하게 하니라"(여호수아 9:26). 결국 기브온 족속은 헤세드의 대상이 되어 이스라엘 족속과 함께 살아가게 되었습니다.

이후 여호수아 10장 말씀을 보면 앞서 연맹을 맺었던 다섯 개의 성들이 얼마나 처참하게 무너지는지 표현됩니다. 헤렘의 장면들이죠. 차마 읽기 힘든 끔찍하고 잔인한 표현들이 등장하는데, 다 묵상하기는 어려워도 외면하고 건너뛸 수는 없기에 몇 구절을 가져와 봅니다.

> 여호수아와 이스라엘 자손이 그들을 크게 살육하여 거의 멸하였고 그 남은 몇 사람은 견고한 성들로 들어간 고로(여호수아 10:20).
>
> 그 날에 여호수아가 막게다를 취하고 칼날로 그 성읍과 왕을 쳐서 그 성읍과 그 중에 있는 모든 사람을 진멸하여 바치고 한 사람도 남기지 아니하였으니 막게다 왕에게 행한 것이 여리고 왕에게 행한 것과 같았더라(여호수아 10:28).
>
> 여호와께서 라기스를 이스라엘의 손에 넘겨주신지라 이튿날에 그 성

읍을 점령하고 칼날로 그것과 그 안의 모든 사람을 쳐서 멸하였으니 립나에 행한 것과 같았더라(여호수아 10:32).

그 날에 그 성읍을 취하고 칼날로 그것을 쳐서 그 중에 있는 모든 사람을 당일에 진멸하여 바쳤으니 라기스에 행한 것과 같았더라(여호수아 10:35).

그 성읍을 점령하고 그것과 그 왕과 그 속한 성읍들과 그 중의 모든 사람을 칼날로 쳐서 하나도 남기지 아니하였으니 그 성읍들과 그 중의 모든 사람을 진멸하여 바친 것이 에글론에 행한 것과 같았더라(여호수아 10:37).

이와 같이 여호수아가 그 온 땅 곧 산지와 네겝과 평지와 경사지와 그 모든 왕을 쳐서 하나도 남기지 아니하고 호흡이 있는 모든 자는 다 진멸하여 바쳤으니 이스라엘의 하나님 여호와께서 명령하신 것과 같았더라(여호수아 10:40).

이 모든 구절이 서로 다른 성을 칠 때의 이야기거든요. 이미 우리가 헤렘의 의미에 대해 묵상하긴 했지만, 그럼에도 불구하고 이런 말씀들을 볼 때면 아픈 마음이 드는 것은 어쩔 수 없습니다. 특히나 저는 마지막 인용본문에서 "호흡이 있는 모든 자는 다 진멸하여 바쳤으니"라는 구절을 읽을 때마다 마치 저의 숨이 끊어지는 듯 마음이 먹먹하고 괴로워집니다. 하나님께서도 분명 아프셨겠지요. 모든 생명을 이 땅에 지어 내어놓으시면서 '살아라' 하셨던 창조주이신 걸요. 약한 생명은 '살려라' 그렇게 사람들에게 당부하신 구원주이

시거든요. 그런데 헤렘(진멸)이라뇨.

조심스럽지만 저는 여기서 여호수아의 방식대로의 '헤렘'이 과연 여호와의 진정한 뜻이었을까? 여전히 이런 반문을 하게 됩니다. 이런 본문을 읽으며 실제로 많은 신앙인들과 학자들이 구약의 하나님을 무자비하고 폭력적인 존재라고 보았습니다. 신약 이후의 교회 지도자였던 마르시온 같은 경우는 아예 구약의 여호와를 신약의 신과 다르다고 주장하다가 이단 정죄를 받고 축출되었지요. 이만큼 걸림돌이 되는 잔인한 장면들이 '여호와'의 이름으로 수행된 겁니다. 하지만 저는 '여호와'의 이름으로 수행된 가나안 정복전쟁 사건들은 여호수아가 믿었던 만큼의 신(神) 이해에서 나온 행동이었다고 생각해요. "여호와의 명령이 아니라고? 당신도 이단이네?" 이렇게 빨리 판단하지 말고 들어주셨으면 합니다. 여호수아의 이런 행동은 그 당시의 문화적 한계 안에서 해석해야 한다고 봐요. 그 어느 누구도 당대의 사회문화적 전제로부터 자유롭지 못하니까요.

오늘날은 받아들여지기 힘든 문화적 전제입니다만, 당시 여성과 아이들은 주체성을 가진 온전한 인격이라기보다는 '전리품'으로 여겼던 문화였습니다. 다른 성을 무력으로 쳐서 취할 때 보통은 위협이 되는 군사들은 제거하지만 '전리품'으로 취할 수 있는 재산목록들은 소유하는 것이 '문화적 당연'이었다는 말입니다. 금은보화는 물론 여자와 아이들, 그리고 가축들까지요. 승리자의 당연한 권리라고 여겼죠. 그러나 여호수아는 자신의 공동체에게 이런 승리자의 전리품을 허용치 않았습니다. 모두 다 '헤렘'하라고 명령하죠. 이는 여호수아의 신앙적 결단이 아니었을까요? "아깝지만, 탐나지만, 취하면 향후 금전적으로 도움이 되겠지만, 우리는 여호와의 질서대로 살아갈 거다. 자족하며, 일상의 필요만큼 만으로 살아갈 거다. 그러니 모두 헤렘하라."

'야훼 전쟁'(여호와의 이름으로 수행된 잔인한 헤렘 전쟁)을 변호하고 미화할 생각은 없습니다. 그 어떤 명분으로도 여호수아서에서 일어났던 같은 방식으로 역사에서 이런 전쟁이 재현되면 안 된다고 믿습니다. 오늘날 이슬람 근본주의자들 중에서도 폭력화한 집단이 수행하는 잔인한 죽임의 사건들도 그 기저에는 이런 종교적 맹신이 자리 잡고 있거든요. "여호수아가 틀렸다는 말이냐? 그가 잘못했나?" 저에게는 이를 판단하고 평가할 권위가 없습니다.

그러나 한 사람의 신앙인으로서 고백한다면 저는 '감히' 사람의 생명을 '헤렘'하라는 것은 여호와의 직접계시는 아니었을 것이라고 믿습니다. 여호수아의 해석이었겠죠. 가나안적인 요소와는 결코 타협하거나 섞이지 않겠다는 굳은 결의, 물질적 탐심으로 인해 그 결심을 흐리지 않겠다는 각오, 자기 자신의 욕망을 '헤렘'하려다 보니 이런 방식의 전쟁을 수행했던 것이 아닐까요?

여호와께로 돌이키는 삶

여호수아 9-10장에서 우리가 읽고 느껴야 할 것이 무엇일까요? 저는 제가 '감히' 섣부른 판단이나 해석을 하기보다는 '의미'면에서 배울 바에 더 초점을 두고 싶어요. 본문에는 이스라엘의 소식을 들은 가나안 족속들의 두 대비되는 반응이 나옵니다. "허, 우리가 진멸의 대상이라고? 웃기는군, 자 우리가 힘을 합쳐서 저들과 싸워보자. 우리의 힘을 빼앗길 수는 없지." 이렇게 생각하며 연합했던 가나안 도시국가들이 있습니다. 그러나 한편에는 여호와가 살리시는 하나님이라는 것을 믿고 그 질서에 속하려는 무리도 있었습니다. 바로 기브온 족속이지요. 저는 기브온이 '살리시는 하나님'에 대한 믿음을 가졌을 거라고 생각해요. "하나님께서 우리를 헤렘의 대상으로 선포하셨지만, 그것은 우리를 미워해서가 아니라 우리가 가졌던 문화 때문일 것이다. 우리가 정말로 돌아서기로 마음을 먹는다면 하나님께선 우리에게도 헤세드를 베풀어 주실 것이다." 이것이 기브온 족속이 가졌던 깨달음이자 믿음이라고 생각해요. 기브온 족속은 하나님이 기존 가나안 사람들을 헤렘(진멸)하시려는 이유를 깨달았습니다. 하나님께로 돌아간다면 구원의 하나님께서 우리를 구원해 주실 거라고 믿은 것이지요.

오늘날의 그리스도인을 돌아보면 우리가 하나님의 '헤세드'를 입은 사람들이라 하여 너무나 확신에 차 있는 경우를 보게 됩니다. 우리는 어찌 살거나 여호와의 은총 가운데 있을 것인 양 자만하죠. 반면에 같은 신앙인이 아니거나 신앙을 가지지 않은 사람들을 대할 때 마치 '헤렘'의 대상으로, 그들은 죽어 마땅한 존재로 여길 때가 있어요. 정죄의 대상에게는 어떠한 변화의 기회도 기대하지 않고 나의 확신 속에서 상대방을 헤렘의 대상으로 규정해 버리는 것이지요. 헤렘과 헤세드의 대상을 미리 규정해 버리는 행동은 예수님께서도 몹시 싫어하시던 행동이었습니다. 세례자 요한도 같은 말을 했지요. 구원받을 족속이라고 자만하지 말라고요.

그러므로 회개에 합당한 열매를 맺고 속으로 아브라함이 우리 조상이라 말하지 말라 내가 너희에게 이르노니 하나님이 능히 이 돌들로도 아브라함의 자손이 되게 하시리라(누가복음 3:8).

회개라는 것은 돌이킨다는 것이거든요. 오직 삶의 방식을 하나님께서 기뻐하시는 방식으로 돌이킨 사람만이 하나님의 헤세드를 입는 것입니다. 아브라함의 자손이라고, 혹은 그리스도인이라고 해서 그것이 자동으로 헤세드를 입는 '구원의 티켓'은 아니라는 말씀입니다. 하나님의 방향으로 나를 돌이키는 것이 회개입니다. 그렇다면 자신들의 목숨이 달린 절박한 상황에서 하나님께로 돌아서려고 했던 기브온 족속의 모습은 좀더 열린 마음으로 지켜볼 필요가 있습니다. 기브온 족속은 비록 거짓말은 했을지언정 구원의 방향으로 자신들의 삶을 돌이켰습니다.

여호수아 9장 27절을 보면 후에 기브온 족속이 이스라엘 공동체 가운데서 어떤 일을 하며 사는지에 대한 기록이 있습니다.

그 날에 여호수아가 그들을 여호와께서 택하신 곳에서 회중을 위하며 여호와의 제단을 위하여 나무를 패며 물을 긷는 자들로 삼았더니 오늘까지 이르니라(여호수아 9:27).

성전을 위해 노력 봉사하는 일을 담당하며 살았네요. 종 삼아도 괜찮다고 했던 족속이니 이 일들이 '낮은' 일이었다고 생각할 수도 있겠습니다. 그러나 '거룩한 성전을 위한 구별된 노동'이라는 측면에서 본다면 특별한 소명으로 해석할 수도 있겠죠. 혹은 이스라엘과는 다른 가치관, 다른 문화적 습속, 다른 종교적 습관을 가진 족속이었으니 이들과 '섞여' 사는 것을 막기 위해 이들을 분리시켜 살게 했다고 읽을 수도 있겠습니다. 보통 회막 일을 하던 사람들은 일상에 있어 이스라엘의 일반 회중들과는 떨어져서 지냈거든요.

이제는 헤렘과 헤세드가 더 이상 무섭기만 한 단어가 아니었으면 좋겠네요. 그 동안 배운 라합, 아간, 기브온 족속의 모습을 다시 한번 돌아봅시다. 우리 삶 속에서 헤렘해야 할 것이 무엇인지, 하나님의 헤세드는 무엇인지 깊이 묵상하는 기회가 되었으면 합니다. 하나님의 진정한 목적은 사실 헤세드에 있다는 것도 기억하시길 바랍니다. 그렇게 묵상을 하며 살아간다면 우리의 삶 자체도 하나님께서 기뻐하시는 선택이 가득한 삶이 될 것입니다. 또한 많은 사람들에게 헤세드를 끼치는 삶을 살 수 있을 것입니다. 우리의 일상 가운데 내 안의 어떤 부분을 '헤렘'할지 깊이 묵상합시다. 어떤 것을 태워 없애야 할지, 어떤 부분을 하나님께 온전히 번제물로 드릴 수 있을까? 그런 드림 이후에 받는 하나님의 은총, 헤세드는 이웃을 살려내는 선한 힘으로 작용할 것입니다. 함께 기억합시다. 헤렘은 나에게로, 헤세드는 너에게로~

기도

하나님, 오늘은 기브온 족속이 하나님의 헤세드를 입었던 이야기를 공부했습니다. 당신의 사랑과 은총이 우리 온 인류에게 열려 있음을 기억하게 하여 주시옵소서. 행여 우리가 그리스도인이라는 이유 하나만으로, 혹은 하나님의 은총과 사랑을 더 많이 받았다는 교만함으로 우리 이웃과 형제자매를 배척하거나 헤렘의 대상으로 내버려 두는 일이 없는지요. 언제나 하나님께서 사랑을 베푸시는 모습을 본받아 저희들도 헤세드를 나누는 삶을 살게 하여 주시옵소서. 우리에게 헤세드를 베푸시기 위하여 자신을 십자가 위에서 헤렘하셨던 예수님의 이름으로 기도합니다. 아멘.

'헤세드'를 베풀기 원하시는 하나님의 성품을 기억하며, 우리도 하나님께 받은 '헤세드'를 이웃과 나누는 삶을 삽시다.

삶, 그 은총의 바다

1판 1쇄 인쇄 2016년 3월 25일
1판 1쇄 펴냄 2016년 4월 4일

지은이 백소영
펴낸이 한종호
디자인 임현주
인 쇄 영림인쇄

펴낸곳 꽃자리
출판등록 2012년 12월 13일
주소 서울시 강서구 등촌로 197
전자우편 amabi@daum.net
블로그 http://fzari.com

ISBN 979-11-86910-04-7 93230
값 15,000원